躺着赚钱

写给女性的理财小红书

张小乘◎著

电子工业出版社·

Publishing House of Electronics Industry

北京·BEIJING

图书在版编目（CIP）数据

躺着赚钱.2，写给女性的理财小红书 / 张小乘著.—北京：电子工业出版社，2020.8

ISBN 978-7-121-38705-0

Ⅰ. ①躺… Ⅱ. ①张… Ⅲ. ①私人投资－通俗读物 Ⅳ. ①F830.59-49

中国版本图书馆 CIP 数据核字（2020）第 039255 号

责任编辑：刘　伟

印　　刷：三河市君旺印务有限公司

装　　订：三河市君旺印务有限公司

出版发行：电子工业出版社

　　　　　北京市海淀区万寿路 173 信箱　　　　邮编：100036

开　　本：720×1000　　1/16　　印张：17　　　字数：299 千字

版　　次：2020 年 8 月第 1 版

印　　次：2020 年 8 月第 1 次印刷

定　　价：59.80 元

凡所购买电子工业出版社图书有缺损问题，请向购买书店调换。若书店售缺，请与本社发行部联系，联系及邮购电话：（010）88254888，88258888。

质量投诉请发邮件至 zlts@phei.com.cn，盗版侵权举报请发邮件至 dbqq@phei.com.cn。

本书咨询联系方式：（010）51260888-819，faq@phei.com.cn。

前　言

之前因缘巧合，我写了一本《躺着赚钱：一看就懂的懒人理财盈利技巧》的小"黄皮书"（封面是黄灿灿的颜色），想不到自己并非"网红"，书倒挺受欢迎。其实，比起按部就班地写投资方法和技巧，我一直都更想写出一本"让女人开开心心地看懂投资的书"，期望被打上"买买买"标签的女人，也能从花钱里悟出更多赚钱的"图景"。

这里，首先纠正一些小小的认知偏差：

- 理财就能赚大钱——并非如此，最重要的是维持钱的真正价值体现（保值），然后才是增值；
- 钱少不用理财——理财是一种能力，而且是一份需要刻意且长期培养才能获得的能力，在钱少的情况下，适当参与理财，是一种学习的过程，为你打开一个新世界，让你可以从另一个角度去看待生活。

本书想做什么

如果你抱着"看完一定能赚很多钱"的想法来读这本书，那么它很可能并不那么适合你。这本书更想做到以下几点：

- 启发一些投资的灵感，拽着你将"脑触角"伸向远方；
- 分享一些开拓认知边界的方法；
- 从有意思的角度切入，弄明白一些专业问题；
- 获得一点看懂重要资讯的能力；
- 冲破现实的盒子，更好地理解这个世界的运作规则。

你要做到有趣且有可能赚到钱。如果你只是想看投资实操技巧，那么还是看《躺着赚钱：一看就懂的懒人理财盈利技巧》更好，它更工具化一些。

在生活里，我们难得能感受到一些细微的被人忽视的美，在投资里也一样。

时不时被消费主义诱惑的我们，偶尔也穿戴华丽地去接接地气，看看这个世界实际的样子，更重要的是，要成为一个更有趣、更有好奇心、更敏锐的女人，在自己创造出的更多奇幻体验里，悟到投资与世界、与生活、与人心的"通理"，然后顺理成章地找到自己的财富地图。

一提到投资，我们首先想到的是一堆枯燥的数据和深奥难懂的现象，好像缺少能激发出很多女人心里的那股"在钱的世界里依然充满灵动"的能量。

所以，本书尝试从女人生活的 30 个高频场景出发，"脑洞"出有料的经济知识、"撩拨"起有趣的投资机会。像孩子学画画，从最直接的感知出发，先不管画得好不好，我们要让投资这件事可以自带香气地铺出更有温度的一条路。而前 6 章的场景，都会给出从生活到经济思维下的投资灵感，落地到最为直接的资产，画出一张简单的资产图谱。

我个人一直相信，女人是一个家庭的灵魂，她的趣味维度、思考模式、生活态度等，能影响到丈夫，更直接影响到孩子。而同投资这件事紧紧绑在一起的思维模式，其实就是：如何让生活变得更好。

即使你看完这本书依然没怎么学会投资，至少也能得到一点小的启发：一个人最好能懂一点金融知识，读一点经济学常识，不一定靠这些知识赚多少钱，而要用这种思维方式避免跌进更大的坑；另外，在这个丰满思维方式的过程中，我们要让自己变得更有趣。变得更有趣这件事，和优雅、美丽一样，是需要花时间、花钱去培养和训练的。

我想要说明的是，为了降低入门门槛，本书在细节上做了一定的简化，有很多并不严谨的脑洞类思考，内容也相对广泛，如果碰到感兴趣的章节，你可以阅读一些更专业的书籍。

感谢在这本女性理财书中给予我很多启发和帮助的朋友：我的线上专辑《漂亮理财手册》制作人罗萌、朱镇极，我的投资伙伴张简等。

好了，下面准备进入这场为女性设计的投资"游戏"吧，先来做一下热身，然后给你看看"游戏"地图。

如果这本书能够对你有所启发，你可以加我的微信交流：misseleph。

下一本书，我想写给有了孩子的父母，在第一本小"黄皮书"里，很多读者对第 8 章"财富传承"的评价非常高，所以我想写一些能在孩子财商教育上用得上的案例。对这样一本还没有影子的孩子财商书感兴趣的父母，也欢迎加我的微信沟通，我想起码和 100 位在这方面有自己想法的父母聊一聊，来验证或完善我想写的内容。

在开始正式进入"战场"前，宣读一份安全声明：

本书中涉及的举例与分析，所提及的公司、股票与各类资产仅作为案例使用，用来阐述相应的方法或知识点，非具体的投资建议。

本书提到的一些工具网站，部分规模比较小的不排除未来会因为转型、停止更新等无法获得最初的服务，我将在公众号和知乎专栏"张小乘的玩赚世界"给出替代选择。

张小乘

2019 年 11 月

提示：书中部分案例使用的 Excel 表格、小工具等，在相应位置有下载说明文字，相应下载请扫描本书封底对应二维码。

每章有一张思维导图，内容为本章的大致思维架构，与本章标题并非一一对应，请知悉。

目　录

Chapter 1

4 节大脑热身操 & GAME MAP（游戏地图）

这一章的 4 篇小文，就是 4 个维度的大脑热身操！
用来舒缓脑神经，把大脑激活，找找感觉。

准备好了吗？
开启戏剧女王模式，放开了想，
如果你是内敛型的，可以自带表情包……
赚钱不易，先靠演技铺陈底色，
就喜欢看你更戏剧化的样子，
"For Love & Money（为了爱与财富）"。

本章思维导图

有关恋爱、周期、自己与金钱的亲密关系，从这里收获一些看问题的方法。

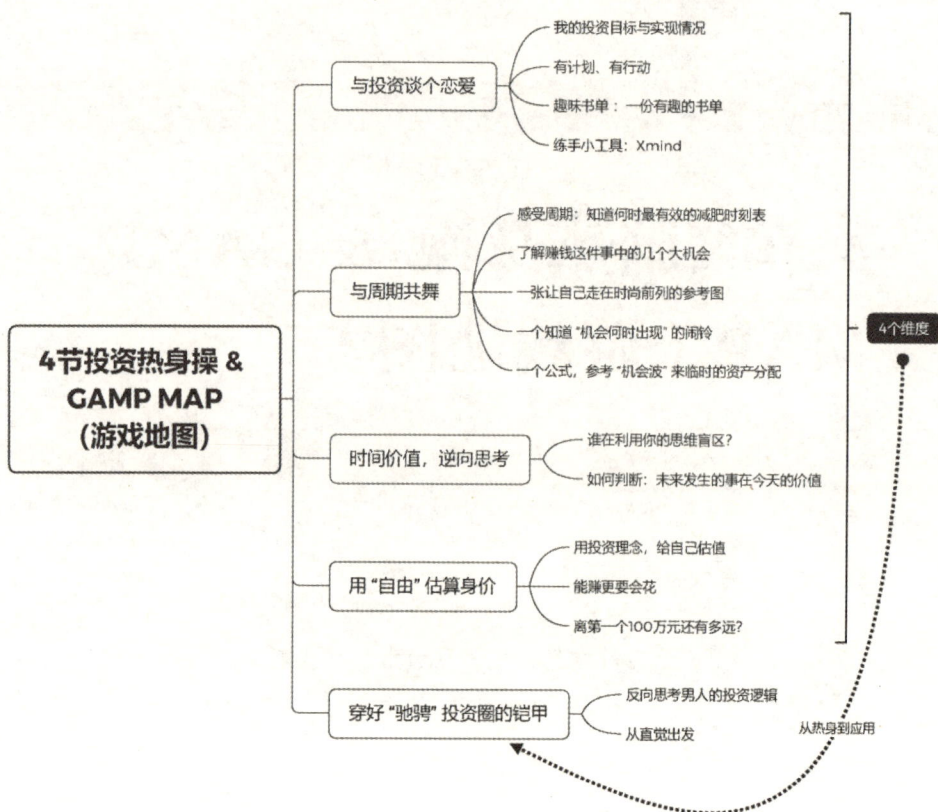

4节投资热身操 & GAMP MAP (游戏地图)

- 与投资谈个恋爱
  - 我的投资目标与实现情况
  - 有计划、有行动
  - 趣味书单：一份有趣的书单
  - 练手小工具：Xmind

- 与周期共舞
  - 感受周期：知道何时最有效的减肥时刻表
  - 了解赚钱这件事中的几个大机会
  - 一张让自己走在时尚前列的参考图
  - 一个知道"机会何时出现"的闹铃
  - 一个公式，参考"机会波"来临时的资产分配

- 时间价值，逆向思考
  - 谁在利用你的思维盲区？
  - 如何判断：未来发生的事在今天的价值

- 用"自由"估算身价
  - 用投资理念，给自己估值
  - 能赚更要会花
  - 离第一个100万元还有多远？

- 穿好"驰骋"投资圈的铠甲
  - 反向思考男人的投资逻辑
  - 从直觉出发

4个维度

从热身到应用

1.1　怦然心动：像谈恋爱一样对待投资

首先聊聊投资上的感觉，也是常见的一个问题：理财从哪里起步？

很多网上文章或图书的常见理财流程如下：先存钱，再买基金……

不过我觉得，如果当前你对理财一无所知，与其按部就班地操作，不如先设定一个小目标，让生活变得更丰富多彩，毕竟理财的目的就是如此！

有个刚毕业的姑娘说：我把 1 万元钱放余额宝里面，一个月的收益才能买一中杯星巴克，没什么意思……

我和她讨论："余额宝的曾经月收益够你喝一大杯，现在只能够喝一中杯，看起来差别不大，但这个差别背后，是几亿元、几百亿元的资金变动，搞明白了这个，后续才能抓住其他机会。"

余额宝年化收益率从接近 7%下降到 2%的这段时间里，我们经历了 P2P 年化收益率超 20%的时光、亲历 A 股上证指数冲上 5000 点，也经历了 P2P 行业规模逐渐萎缩、A 股上证指数跌至 3000 点以下等过程，你买的不仅仅是余额宝，也是一个"投资情报"，只是大部分人不在意或没看懂。

很多枯燥的理财和投资知识背后，都有一些有意思的推理，这本书"舍本求末"，就从这些有意思的推理开始。

《怦然心动》（*Flipped*）这部电影和这一章非常搭配，也希望你可以先回味一下自己人生中"怦然心动"的时刻，带着这份感觉来体会下面的内容。

Part 1　看一看这几年我的那些投资目标

先说每年年初的"设定目标"，目标设定起来很简单，但坚持执行很难。据统计，只有不到 10%的人能完成设定的目标。最近 5 年，我偏爱用"取悦自己"的方式去完成一个个小目标，让自己乐在其中的同时也更愿意坚持。它们的共同特点是能"撩"到自己的心弦，在享乐的同时也更愿意成长。

1）2015 年，买几手腾讯股票，实现"成为腾讯股东"的野心（当时腾讯股票约 120 港元/股）。

2）2016 年，在东南亚某国用不超过 20 万元人民币的首付，投资一套房子。

3）2017 年，开一家符合自己需求——"科学健身+合理轻食"的健身工作室，做合伙人的话约需 40 万元。

4）2018 年，收藏数字货币作纪念，当时比特币约 4000 美元/个。

5）2019 年，因喜欢日本的秩序感，买一份可以到日本医疗的保险，顺便了解海外就医这个行业。

6）2020 年，还没有完整的计划，但觉得长期加班可能不利于身体，所以想结合健身往康复类方向寻找机会。

这些计划，都充满了一定的占有欲、一点点的虚荣心和很大的娱乐性，最终不一定能赚到钱，更多的是个人乐趣！原则是不占用个人太多的资金（依自己的财力而定），即使全部亏损也不会借酒消愁、一蹶不振。

Part 2 这 5 年的目标实现了吗

目标很美好，最后实现了吗？

2015 年购买的腾讯股票，在很长一段时间内让我比较激动（涨幅接近 3 倍，从 2015 年的 120 港元/股到 2018 年高点的 400 港元/股），也让我在港股、美股投资上找到了适合自己的方式：没太多精力分散在港股和美股上，所以就买自己喜欢的公司，研究后"赌"自己的眼光，赚钱了高兴，亏损了就当鼓励这些公司了。就像我一个朋友在 2019 年 bilibili 二季度财报表现不佳时，去"应援"了它的股票，完全是出于喜爱。现在看，收获颇丰。

2016 年在东南亚买的一套房产涨得还不错，在涨幅 50%左右已抛售。投资海外房产听上去很美好，但过程很烦琐，不太适合自己，今后如有机会，会重点衡量后再操作。

2017 年作为小股东入股了一家健身工作室，同时考了两份教练证书。这是一个竞争白热化的行业，身处其中才能体会创业的不易，虽在短短 5 个月内实现了收支平衡，并在浦东区域做到了评价榜第一、上海市评价榜进了前三，但让我对自己有了更清晰的认识：白手起家的生意，我只适合做小股东。

2018 年收藏的数字货币，一度下跌幅度过大。去美国旅行时，还和朋友饶有趣味地研究数字货币 ATM 机的使用和背后的知识。2019 年其价格又坐过山车，但我对其的态度一直是以好玩为主，作为收藏品保留一点即可。

刚动笔写这本书时，2019 年刚开始，未来个人计划涉及海外医疗、保险、康复行业，算是未雨绸缪。目前，已把国内养老服务的现状，考察了不少。

总体来说，一点点完成这些让自己"怦然心动"的事，有一种点亮成就的小感动，生活里也多了不一样的体验。更重要的是，在不断尝试中找到适合自己的投资方法，掌握了投资这些资产的技巧。这不但是认识自己的过程，也是认识钱的过程。

脑洞大开：数字货币算共同财产吗

近几年，以区块链技术应用的数字货币盛行，其中最有名的当属比特币。也有人推荐将部分财富换成比特币存储。只要个人保护好密钥就很难丢失，即使别人发现密钥也不知道在哪里看余额。

但数字货币算婚后共同财产吗？——这是衍生的另一个有意思的问题。

在这个市场中，世界上各个国家都在完善相应的监管制度。数字货币作为一种并不被广泛认可的资产，也受国家、家庭，以及人们预期的影响，是一份资产价格图景的有趣案例。

有没有读懂我的"初心"？把每一个计划都当作纪念自己对新鲜事物的一次Crush（迷恋）——短暂、热烈但又羞涩的爱恋。投射到投资里，可以用 3 个关键词解释。

- 短暂：不沉迷在"一定要赚钱"的想法中，不参与有"赌博"性质的投机。
- 热烈：有热情地学习和计划相关的一切，如 2018 年学习数字货币的运行机制，以及相关的区块链知识。
- 羞涩：囊中羞涩，浅尝辄止，理解相关原理即可。

如果想在投资理财这条路上走得更远，先静下来想一想：你的怦然心动处在哪里？跟随这本书的节奏，一起慢慢体会和发现吧！

Part 3　计划的行动力

面对有趣的计划，怎么执行最好？

以 2018 年我的计划（收藏数字货币）为例，说明如下。

（1）对于数字货币和与其相关的区块链知识，因为最初不了解，就先从信息获取开始。

- 关注相关的公众号，这是国内资讯的来源。
- 使用 Feedly 阅读软件，搜索并订阅包括 blockchain 或 cryptocurrency 关键词的新闻，这是国外资讯的来源。
- 在音频 App 里搜索相关课程，梳理体系化的知识。

这样，每天上下班时间，听一听最新的新闻，逐渐就会发现这个圈子的变化：彭博社开设了数字货币专栏、人民网开设了区块链的专栏、中国人民银行数字货币进行内测等。

（2）从这个角度出发，可以发现很多投资通用知识，如可将判断 A 股、汇率走势的一些指标修正后套用到数字货币上。观察每一条突发新闻出来后行情的变化，就对市场有更真切的感觉——目前，市场里参与投资的大部分人不够理性。

你肯定会问：那你还学习什么？——我很庆幸，自己还拥有感兴趣并产生好奇心的东西，有愿意去详细了解它的行动力！

作为一个"中年少女"，我很珍惜每年有这样一个心动时刻。如果没有乍见之欢，我们又怎能把投资理财上升到爱的高度，久处不厌呢？

执行力大考验 01：设定一个取悦自己的计划

用几分钟时间想一想，在投资理财上，你今年对什么最感兴趣？既可以是诺贝尔奖这样一个主题，也可以是黄金这样的具体品种，还可以是"特斯拉"这样的公司……

一时想不到？我来启发你一下。

- 时事新闻：2018 年 10 月份，诺贝尔奖颁布后，我去找了近几年诺贝尔奖主题的整合文章，看是否能悟出点生活的美学，没想到有一段时间迷上了研究气候与历史的关系，并在自己投资研究体系里尝试加入周期框架等相关的知识；
- 身边好友：有几次从不同的朋友那里多次听到"汽车之家"这个公司，然后去查询了它的股票走势和公司的业务情况；

- 个人体验：有一阵子经常感冒，整天喝粥配榨菜，于是查询了涪陵榨菜的股票走势。

类似这种习惯我一直保持着，由此及彼，就像在电梯里遇到有眼缘的人，老不打听一下也许就错过了，老打听一下呢？一切皆有可能！

书上常说：女孩子要多谈几次恋爱，才能找到最适合自己的那个人。投资也是，趁年轻多从股票、基金、债券等投资品种上尝试，才能在岁月静好的阶段找到最适合自己的投资品种。在投资上，我是从一个"集邮女"做起的，每年集一个。在了解它们的过程里，发现问题并逐步点亮每一个盲点，差不多连续 5 年，你就会发现它们连成了一大片亮色：原来投资理财是这么回事儿！就像有句话所说：越好奇，世界的轮廓越为你无限张开。

继续向前，就会发现：机会不是听别人所说，而是从自己的脑袋里"蹦"出来的。这样，即使在**市场不好时**，你也可以赚到钱或少亏钱。

附：玩一把，多少闲钱比较合适

看过《躺着赚钱》这本书的读者应该都知道，我喜欢把东西用数字化表示：

- 用公式回答"你到底要花多少精力去理财"；
- 用一张 Excel 表格讲述"你的 FU Money（实现财务自由的钱）到底是多少"；

……

本书里这样的案例也有很多。

以上所说玩一把的闲钱多少比较合适？有兴趣的读者，可以参考《躺着赚钱：一看就懂的懒人赚钱盈利技巧》里的《触动你紧张神经的亏损点在哪里》一文，这里给出大致的参考：

- 闲钱数目>你一顿正餐的平均标准×30。即使全赔了，也就是每天少吃一点，或去掉一杯奶茶、一杯咖啡的钱而已，一个月就省回来了。
- 闲钱数目<总流动资产的 10%。即如果手上有流动资金（余额宝+现金）3万元以上，那么玩一把的投资闲钱，不要超过 3000 元，即使全亏损，也就和刚买完一堆衣服后它们就打了 9 折一样，虽然心理上不爽，但生活仍继续精彩。

然后根据这两个标准进行相应地调整，即你投进去的钱亏损严重，也不影响你的正常生活。

如果算下来后，发现自己的闲钱不够多，这也没关系，再少的钱都可以先"玩"起来！后面还有迷你资金的玩法渠道和方法介绍。

趣味小单子 01：接着！启发你计划灵感的一包补给剂

从这篇文章开始，你会陆续收到这样一份"趣味小单子"，包括书单、小工具等。这本书本身是一份引导，如你对某一部分感兴趣，也许从书单里能获得更多启发。小工具是我用过觉得能提高学习和研究效率的工具，如表 1-1 所示。

表 1-1　趣味小单子 01

名　称	简　介	备　注
趣味听读单《脑科学揭露女人思考的秘密》	神经学教授洪兰的一次 Ted 演讲，在实验室中研究男女大脑不同造成的行为差异	帮助你思考更合适女性特质的投资方向
《自私的基因》	体会人在社会中各种行为的原始动机	跨入投资里，研究人的行为是必修课
好用小工具 微信读书	阅读工具，积累看书时间来换买书钱，对我来说每个星期保持 3 个小时的阅读量基本就实现免费看书了	看书奖励的营销方式会有变化，仅供参考
Feedly	快速订阅国外资讯网站资讯的 App	建议碎片时间使用
Xmind Zen	思维导图软件	结果直观易用

如你发现比推荐里更好的图书、工具或电影，请不吝联系我（微信：misselphe），经过甄选后，我会在后续印刷版本中更新，并写上"某某推荐"的字样。

快开始你的计划，给赚钱这件事儿涂上一抹恋爱的樱花色，体验与钱"恋爱"的悲喜！

1.2　与周期共舞：让自己与周期步调一致

生活中的很多事儿，我们可以自己控制，如制定锻炼计划、进行自我提升等。也有些事儿我们无法控制，如挡不住的经济大潮、裹挟全球发展的技术或投资浪潮……

我们想过好这一生，就是控制好自己能控制的，对不能控制的事儿有一点预判，顺势而为。这一篇就说一件个人无法控制的事情——周期。这里，把我们的认知以时间维度展开并拉长。了解历史，才能看清现在。

大部分女人，是一群周期狂魔，你可能听过很多女性朋友说起护肤、减肥话题：生理期后的一周，坚持去健身房打卡，然后涂美白淡斑精华（据统计，这段时间是身体和皮肤新陈代谢最旺盛的时候，效果事半功倍）。

女人生来与周期密不可分，所以从生理闹钟到投资闹钟，应该能流畅地"滑"过去。

Part 1　感知周期，从直觉到视觉

周期，无所不在，大到经济运转，小到生活的一周七天。先从女性最熟悉的生理期来说，如想找出规律，第一步是把周期视觉化，图 1-1 所示可能是女人一生中最为关注的、有着自身规律的"周期图"。

早在 100 年前，就有一个叫玛丽·史托普斯的女人惊世骇俗地放出了一张依此而来的变形行情——一个健康女性自然欲望的出现周期，比西蒙·波伏娃（《第二性》作者，法国存在主义作家）和阿尔弗雷德·金赛（美国生物学家，二十世纪最具影响力的人物之一）还早几年涉足这样一个禁区。《唐顿庄园》中也提到此书。

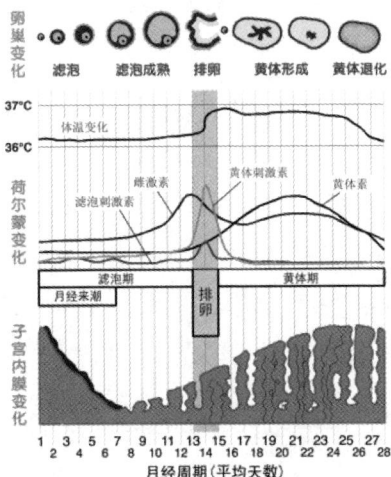

图 1-1　女性生理上的"周期图"

（来源：维基百科）

生活中，女人比男人更能真实地感受周期的波动。无论是身体呼叫："有颗卵子又要被排出去了，你不能把它浪费掉!"还是在生活中对经济大环境的感知。

从图 1-1 中可见一个大致规律：了解自己"吸引力值"最高的时段，而男人则可以用这张图了解"什么时候和这个姑娘沟通效果会更好"。

我个人很喜欢健身，曾经按照健身与身体激素水平的相关理论，把健身的最优运动按照周期进行排列。

再比如女人热衷的时尚，在不同时期的设计中，总会出现一些似曾相识的物品，这种大相径庭的视觉感其实就是在一个 Fashion Cycle（时尚周期）里。图 1-2 所示就是这样一份图，它分别代表前卫（Fad）、流行（Fashion）和经典（Classic）的盛衰周期，一个是短周期、一个是中周期，而另一个是长周期。你一般会在哪个位置追赶什么潮流？

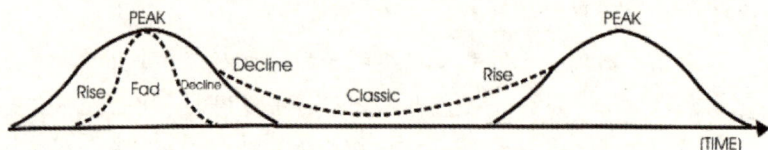

图 1-2　时尚周期图（来源：康奈尔大学）

Part 2　投资这件事里，一生中的 3 次机会

在投资中，同样存在这样一个周期。

康德拉季耶夫（俄国著名经济学家，昵称为康夫）提出的经济周期理论告诉我们：人的一生中，理论上只有 3 次能快速赚钱的机会。如果 3 次机会都没有抓住，则基本上不可能成为超级富豪。如果能抓住 1 次机会，至少能成为一个普通的中产。

这个大数据统计结果的来源，是人一生中的黄金年龄只有 30 年，即 20～50 岁。而同时，经济周期像波浪一样，大约以 10 年为 1 个单位。也就是说，除个别意志力、能力强悍者以外，大部分人在自己的黄金年龄，顺着时代的势头奔跑，最多有 3 次"彻底改变命运"的机会。

这是一个对长周期的判断框架。

"我们在做人生财富规划的时候，一定知道每个人都是在社会的大系统中运行的，社会大系统给你时间和机会，你就有时间和机会，没给你机会，你在这方面再努力也用途不大。"——被称为"周期之王"，曾任中信建投证券首席经济学家的周金涛在 2016 年 3 月 16 日的演讲中说。

虽然现在看内容有一定的局限，但我们可以参考总体思路。在股神巴菲特、金融大鳄索罗斯和世界上最大的对冲基金——桥水基金创始人瑞·达里奥的成功历程里，其中很大一部分因素就是"被给了机会"，如把经济周期和他们的成功历程结合起来，就会看到很多巧合，如图 1-3 所示。

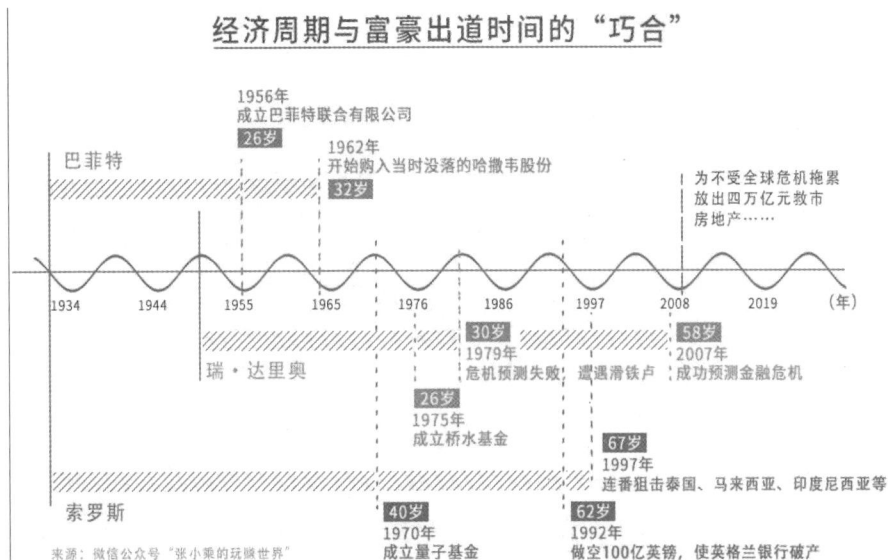

图 1-3　巴菲特、索罗斯和瑞·达里奥的成长与世界经济发展的经济周期吻合，巴菲特自己也说自己是抽中了 Ovarian Lottery（卵巢彩票）

我曾经想：索罗斯的每一次行动，如成立公司、做空英镑等都处于一个经济周期的"波峰"，这使得他总能在击破泡沫中获利？而与他同一年出生的巴菲特，每一次投资则基本都在波谷，这是否注定了他能更准确地发现价值低谷，而瑞·达里奥的投资原则则与预测经济周期密切相关，正如女性处于安全期时，再努力也很难生儿育女，而在排卵期时利用科学计算时间，可能一击即中。

一个人最幸运的是在自己精力最旺盛的时候赶上好的时期。以 1997 年亚洲金融危机以后的中国为例。

● 20 世纪末，由时代周期看近期的煤矿业神话，似乎是个必然。

- 2008 年前后，房产以及几乎所有资产都处于短期低点，我研究过当时的 A 股市场，有 50% 左右的股票价格在 4 元以下，而在 2019 年 3 月想找价格 4 元股以下的股票，基本都是处于退市或有一些问题的股票。
- 2010—2013 年，智能手机的爆发把很多人的事业推向高点；2009—2019 年，成长股 70% 多的涨幅来自和智能手机相关的产业链。

每一个周期的起伏，都对应着上升通道的重构，个人机会的取舍。在这样的周期中，你扮演哪个角色？就像我问自己的一个问题："如果你的一生只有 3 颗卵子，你会怎么办？"

从"仅拥有 3 颗卵子"的角度去看，也许能从女人的感性角度，得出更深刻的感悟，如"如何事半功倍地过好这一生"，以及激发一些想法，提升一些行动力。

我们可以换个角度考虑，如果你是音乐爱好者，要知道在什么时候上场，恰好奏响人生的主旋律；如你是星座迷恋者，要把握好"水逆"周期和上升的点……

Part 3　用周期论给自己规划：人生的坐标感

对个人来说，怎么找到"个人红利期"的最佳时间点？也就是说，经济从波谷走向波峰所带来的机会你能把握住吗？目前的你处在周期里的哪一个坐标点？

如"70 后"可以依靠房产投资、"80 后"通过移动互联网红利实现财富的迅速增值，"90 后""00 后"还能简单地复制他们吗？很难！

根据经济周期理论推算，在 1985 年后出生的人，第一次时代给予的机会大概是在 2019 年。很多年轻人在 2019 年年底说："没有发现好运气降临啊！"虽说理论推算只是参考，但也不能简单否定。毕竟这一年基金公司的收益非常不错，99% 的基金是正收益（见图 1-4）。我个人的 A 股收益率超过 70%，大概跑赢了上证指数 55%，是非常满意的一年（见图 1-5）。更何况，在这一年，在抖音和 B 站的生态下，很多个体主播实现了财务自由。但这一年不是"撞"上的，而是有准备的、有积累的那些人正好碰上了。所以，周期绝不是"撞大运"，而是一个在人生规划当中大概率把能力"变现"的时间节点。

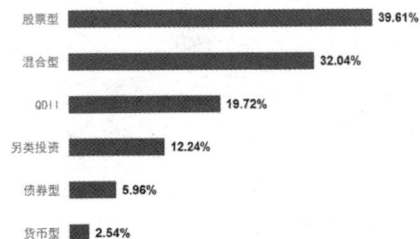

图1-4　2019年，在大部分散户喊亏钱时，市场上所有基金的平均收益率为22.41%。基金的火爆发售很自然地发生在2020年年初，不论2020年业绩如何，为什么散户总是慢一步？

图1-5　我在2019年的A股成绩（上线为我的收益，下线为上证指数）。大多数年轻人"跟风"在2019年3月才入市，然后一路阴跌，而错过了能让整年轻松获得不错正收益的1—3月

📋 **灵感小卡片：计划你孩子的出生时间**

> 很多女人在人生的某个阶段会想：什么时候生孩子更好？是龙宝宝，还是天蝎宝宝？除了属相和星座，也许可以看看周期。

周金涛在2016年的演讲中给所有人的投资建议：2016年和2017年卖出投资型房产和新三板股权，买进黄金。中间休息两年，2019年年初回来（资产可能在低位）——这就是一个典型的、根据自己对周期的感知做的一份未来规划假设，进而锁定人生机会大致范围。这样的判断未必兑现，经过严谨的思考更为重要。

我关注各种周期，并将其落实到"资产理论持仓"规划上，这里简要说一下原则。

- 用最新的数据和行情不断验证和缩小理论周期点的范围，让"危机中心"定位更准确。
- 在可能的周期低点来临前，减仓并持有现金，其余时间持有优质资产。
- 越接近危机减仓越快。
- 当危机到来时，持有大量现金准备买入相对便宜（超跌）的资产。

当然，虽然听起来像不实用的大道理，但对个人来说，值得去努力感知，不一定是为了投资，在生活中面临选择时也一样。这里讲的是人生的坐标感，给自己定位，并设一个"机会闹钟"。

所以，为了你人生中那仅有的 3 颗"卵子（机会）"，先武装你的脑袋，再让周期的规律给你一个大的方向指南，但想更好地掌握自己的"人生"，还需要不断地修正、精确定位自己，在机遇的闹钟响起时，能以艳压群芳的姿态赴一场投资"盛宴"。

黄金玩家启示 01：经济学家们如何利用周期预测市场

经济学家在最开始研究经济周期时，用眼睛建立视觉图像，与从直觉触发到建立视觉图像的过程类似。

1）一个周期化的经验规律

把历史数据转化为图表后，看峰值和低谷，并发现规律，周期最大的作用是"大概的假设"，康波周期一定是 10 年吗？不一定，也许变成 12 年，也许变成 9 年。

2）当前数据与逻辑验证

把历史数据视觉化后，在以后的日子里到了市场拐点时（如不知道市场是触底向上还是继续深跌），到这个周期框架中寻找未来的大概率方向。

通俗一点来说，看见树叶变化就知道天气要变化（数据与逻辑），但天气变化是因为秋天开始，后面有漫长的冬天，还是冬天就要过去，春天即将到来？首先要根据"季节规律"去验证和判断（周期）。

宏观经济分析师大概这样判断拐点："（1）从时间上看，差不多是下行周期；（2）按照行情方向判断要继续下跌；（3）再验证一下……"再加入更多数据和市场情绪验证，然后，就会看到分析师拿着洋洋洒洒的报告：拐点要来了！

我们也可以和经济学家这样一步步判断，但可以更简单有趣。

执行力大考验 02：把时尚数据化，研究香奈儿的流行周期

图 1-2 的时尚"周期图"，分为前卫、流行和经典 3 个不同的周期波动，你肯定遇到过这样的事情：看到林青霞年轻时的街拍，很多人都说"这穿搭现在也不过时"。你能去研究一下过去的时尚，画出大致波动的周期图吗？

这是一份从直觉到视觉感知,再到搭建周期框架的变形体,你能否试着完成?如贝雷帽、蕾丝元素的流行周期等。

或自己研究香奈儿公司在过去 100 年里如何天才般地踏准了天时、地利、人和的节奏,推出"小黑裙、5 号香水、2.55 包包"等畅销不衰的经典产品,这其实也是西方女性穿搭史的缩影……

一个符号般的奢侈品牌,一定也是周期之王。

趣味小单子 02:与周期有关的听读单（表 1-2）

表 1-2　趣味小单子 02

	名　称	简　介	备　注
趣味听读单	《美的历史》	一本有图为证的美的历史演变,你可以从最感兴趣的领域感受周期	无
	100 Years of Beauty	搜索看一看:100 年来女人发型如何演变	视频文件
值得关注	洪灏、郭磊	比较深入周期研究的金融圈名人,可以关注他们的公众号	无
	《涛动周期论》	"周期之王"周金涛的书	后面内容会比较深奥,但值得读一读

1.3　钱的时间价值，不懂别乱投

这一段大脑"热身操",如果看过斯皮尔伯格导演的电影《头号玩家》可能会更有感触,主角拿到第一把钥匙的秘诀就是逆向开车通关。

这篇讲的就是逆向思维,无论前面的恋爱型投资计划、无所不能的周期,还是这一节的时间价值,都是想让我们在正式投资前,把脑子"打开",以便在后续阅读中冒出更多灵光一现的想法。

时间价值被太多的人讨论过,一句话总结就是:早得到的总比晚得到的要好。如果想要别人晚一点获得,就需要多给一些补偿。

具体在钱上,作为"延迟满足"的补偿,就产生了利息,即相同数额的钱在不同的时间点有不一样的价值。如今天的 100 元,在一年后变成了 108 元（因为有利息,以 8% 的年利率计算）,相当于一笔钱在时间维度上增值了。

但反过来思考呢？一笔钱减去时间又等于多少？贬值？看起来似乎很简单的一个推理，若加上生活中的一些盲点，也许很多人都没有得出答案。

Part 1 利息概念的逆向大发现

生活中常见的几个例子：

- 一项彩票的奖金是 100 万元，但最后其实只兑现了 65 万元，为什么彩票公司能合理地少兑现 35 万元？
- 买了一份保险，说 30 年后可以赔付 100 万元，但实际上，30 年后只能拿到 30 多万元，你相信吗？

是不是看上去不可能？从利息的常识上反推，就非常容易理解。这也是本篇要介绍的"现值"概念。

先看图 1-6 所示的钱与时间的数轴关系。在日常生活中，人们很容易理解：按通货膨胀估算，现在的 10,000 元相当于 5 年后的 15,000 元左右。但人们常常忽略：5 年后的 15,000 元，相当于现在的多少钱呢？

现在通过逆向思维，来修正你对未来的很多"妄念"。注意，这是一个系统性思考未来的方法。即未来可能发生的事，在今天的价值到底是多少，从而让你现在做更合理的选择。

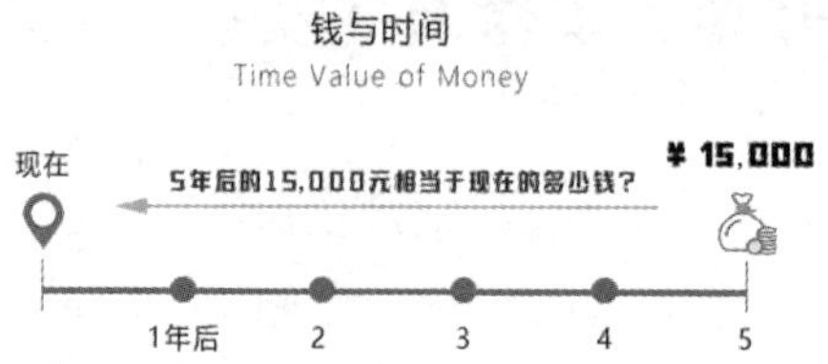

图 1-6 5 年后的 15,000 元相当于现在多少钱

很多有趣的案例，都利用了人们头脑里的逆向思维盲区，让你做出很多"看上去很美好，其实并不划算"的选择。

美国的加利福尼亚州政府曾通过广告，宣称它有一项彩票的奖金为 100 万美元，吸引了很多人购买。只不过它的奖金是这样发放的：在 20 年内每年付款 5 万美元。

很多民众看到这个广告，头脑的第一反应是 100 万美元（5 万美元×20 年）数额巨大，于是赶快购买期待中奖。但稍微思考一下就会发现，它宣称的 100 万美元并不是奖金的真正价值。因为，未来的 100 万美元和现在的 100 万美元不是一个概念，下面，来计算一下相当于现在多少钱，工具很简单，使用 Excel 软件即可实现，如图 1-7 所示。

D5　　=D4/(1+B1)

	A	B	C	D
1	无风险利率	5%		
2				
3	第n年		每年付的奖金（美元）	每年奖金的现值（美元）
4	1	现在	50000	50000.00
5	2	未来	50000	47619.05
6	3		50000	45351.47
7	4		50000	43191.88
8	5		50000	41135.12
9	6		50000	39176.31
10	7		50000	37310.77
11	8		50000	35534.07
12	9		50000	33841.97
13	10		50000	32230.45
14	11		50000	30695.66
15	12		50000	29233.96
16	13		50000	27841.87
17	14		50000	26516.07
18	15		50000	25253.40
19	16		50000	24050.85
20	17		50000	22905.58
21	18		50000	21814.83
22	19		50000	20776.03
23	20		50000	19786.70
24			1000000	654266.04

图 1-7　100 万美元的现值计算（以当时 5%的无风险年利率计算）

从图 1-7 可知，把未来每一年收到的 5 万美元都以 5%的无风险利率（即仅存到银行就能达到的收益，现实中可粗略参照余额宝的年化收益率）计算大致现值，然后加起来再看，这份 100 万美元的奖金承诺缩水成了当下的实际价值仅 65 万美元左右，瞬间少了 35 万美元。

再以一个比较知名的购车案例作为参考。

美国有两家经销商同时卖一辆 10 万美元的车，你选择去哪家买？

A 经销商打 85 折，也就是 8.5 万美元卖给你。

B 经销商“免费送车”，买一辆 10 万美元的车，送面值 10 万美元的 30 年期贴现国债，也就是说 30 年后返还 10 万美元。

选哪家？大部分人第一反应选 B，当年也的确是 B 经销商的生意更好，因为大家感觉花 10 万美元送 10 万美元，这辆车相当于免费赠送。事实真的是这样吗？

用“经济脑”简单计算一下。

面值 10 万美元的 30 年期贴现国债，意味着你 30 年后才能拿到 10 万美元，现值多少？

以这个案例发生当年的无风险利率 8% 计算。

$$10 \text{ 万美元} / (1+8\%)^{30} = 9940 \text{ 美元}$$

也即经销商只需要花费 9940 美元就能买到一张在 30 年后兑现 10 万美元的债券。这时再来比较一下这两个经销商给予购买者的选择：

A 便宜了 1.5 万美元；B 便宜了 9940 美元。

大多数人在想当然之下，做了并非真正合理的选择。

是不是很有趣？当然，这儿并不是让大家处处计算得失，不过作为一个理性的人，要有所选择地去算计。首先，我们要知道怎么算，然后在重要的事情上启动算法，让选择更理性。以上这类"思维盲区"案例在购买保险时大量出现，你看上去非常划算的保险方案并没有预期的那么好。

Part 2　保险中被"玩坏"的小把戏

Excel 模板下载：保险中重要的现值计算

保险经纪人可能会告诉你：等你 50 岁以后，万一有了重病，可以赔付 100 万元的保险金……这样说当然没错，但却把现在和未来的价值混到一起，画了"甜饼"影响你的抉择而已。要知道，所有的保险精算师都是现值计算的高手。

理解了现值概念，你就可以快速计算：50 岁时候的 100 万元，现在价值是多少。被折现后，这想象中的 100 万元在 50 岁时够用吗？

我曾经在公众号（张小乘的玩赚世界）上写过一系列教大家如何用 Excel 看清保险的文章，其中一篇《保额 100 万元……通胀 N 年后赔回来还够用吗？》的文章就是对现值的思考。图 1-8 所示作为示例（Excel 模板下载说明见本节开头），供大家在考虑理赔和投保数额时考量。

【用Excel看清保险】系列		
预计长年平均无风险利率：	3.50%	保险年限（年）：30
保单年度 （第 N 年）	问题一 真实保额（万元）	问题二 倒推需购买保额（万元）
1	100	271.19
2	93.35	262.02
3	90.19	253.16
4	87.14	244.60
5	84.20	236.32
6	81.35	228.33
7	78.60	220.61
8	75.94	213.15
9	73.37	205.94
10	70.89	198.98
11	68.49	192.25
12	66.18	185.75
13	63.94	179.47
14	61.78	173.40
15	59.69	167.53
16	57.67	161.87
17	55.72	156.40
18	53.84	151.11
19	52.02	146.00
20	50.26	141.06
21	48.56	136.29
22	46.92	131.68
23	45.33	127.23
24	43.80	122.93
25	42.31	118.77
26	40.88	114.75
27	39.50	110.87
28	38.17	107.12
29	36.87	103.50
30	35.63	100

图 1-8　今天说的 100 万元的保额，以 3.5% 的年利率计算 30 年后拿到的只是 35.63 万元；
如你希望 30 年后拿到的保额是今天 100 万元的价值，那么现在投保的金额是 271 万元

"你在未来第 N 年触发理赔，所能得到的 100 万元赔付，今天值多少钱"，在第 2 列中都标明了（以 3.5% 的年化通货膨胀率计算）。以极端案例来说，如 30 年后触发理赔，得到的 100 万元仅仅相当于今天的 35.63 万元，你会觉得够用吗？这又触发第 2 个问题："如果想在 30 年后获得'与现在 100 万元等值赔付'，要把自己的保费提高到多少呢？"这在第 3 列给出了说明。

于是，在遇到这种情况时，就会在现在保费的付出和未来的实际得到之间做更全面的权衡，这就是学习现值后的思考，这类思考模式在投资里应该是一种习惯。现值，最能体现"活在当下"（折现未来）这 4 个字的精髓。

《奇葩说》的主持人蔡康永在某一期结尾时说：我们人生中最宝贵的是时间，而不是金钱。我想，对金钱来说，最宝贵的也是时间。

执行力大考验 03：试做某互联网公司 IPO 时的估值分析师

现在，让我们回到 2015 年某互联网公司准备上市前，国际顶尖分析师如何做公司估值分析。其核心是"钱的时间价值"的简单计算，在此简化说明一下，给出一些既定的数据：

- 假设该公司的资金成本是 9%，即贷款发展业务，需付 9% 的资金年利息；
- 给出当时分析师预估的 2015—2022 年该公司每一年的自由现金流；
- 给出算好的该公司在 2022 年到无限远的价值（2022 年及以后）。

有了 3 个数据，怎么计算，是不是有了大概的头绪？

估值的关键是把这家公司未来能赚到的钱，折算成现在的价值。公式如下：

企业的价值=未来 N 年的自由现金流现值总和+N 年之后直到无限远的价值现值

这是目前很成熟且广泛应用的 DCF（Discounting Cash Flow，现金流折现估值模型）估值方法。因为，估算未来现金流不可能时间太长，所以第一部分估算 8~10 年即可，其余到无限远的时间则进行打包计算作为第二部分。这里画出一个 Money 的时间轴，如图 1-9 所示。

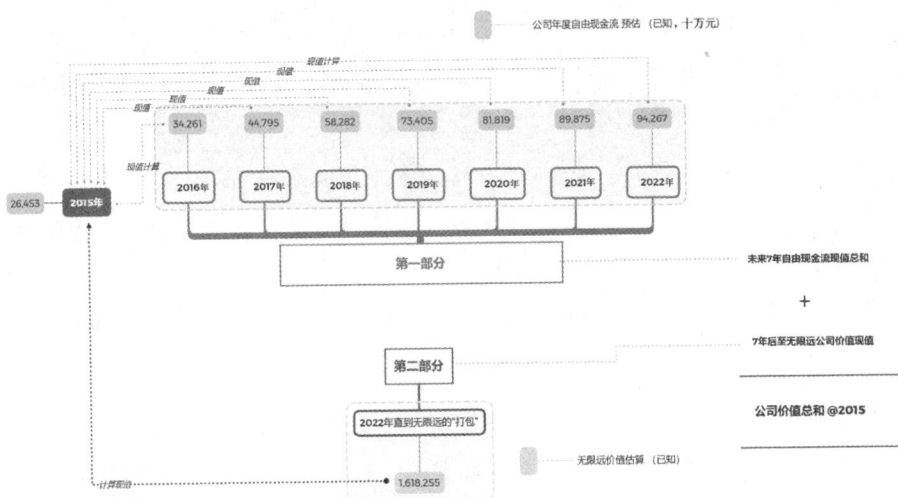

图 1-9 公司的估值

这里未必要真的一步步算出股价，对现值在金融分析上的作用有一个概念即可。仅一个现值概念，就能从识破商家的伎俩，到理解寿险里核心部分，再到给一个公司估值，是不是已经可以应付大部分的生活场景了？

黄金玩家启示 02：行业分析师对 "股价估值" 的纠结

证券与投资公司中很多行业分析师，如食品行业、汽车行业，他们日常工作中常做的一件事情，就是给研究的公司估值。

估值的其中一种方法就是用现金流折价模型进行分析，计算所分析的公司未来产生多少现金流，以及这个现金流折现的话 "现值" 多少。

现实情况是以这样的估值方法，计算出来的股价未必会被市场认可，如有分析师计算出未来一个月内某只股票的估值为 100 元/股，但在这期间市场仅给予了 50 元/股的成交价。问题出在哪儿？

单从这个模型来说，可能出在这里：用一个怎样的 $N\%$ 代入计算的现值（上面假设为 9%），这个 $N\%$ 只是当下市场适用的无风险利率值（约等于银行存款利息、余额宝年化收益率）。对于未来的情况，谁也不知道会出现什么变化，因此，依然是个概率游戏。

如用 9% 这个数值做计算，而未来资金成本既可能越来越高，也可能越来越低，如修正为 10% 或 8%，这家公司未来现金流折现回来就会比现在更少或更多。关于利率走势的重要性，在后续章节详说。

所谓投资分析，就是找寻一个大概率的取胜机会。因为，几乎所有的方法都不完美，要多方互相验证。

趣味小单子 03：让你更深刻地把 "现值" 印在脑中（见表 1-3）

表 1-3　趣味小单子 03

	名　称	简　介	备　注
趣味听读单	《你的未来值多少？》	对于现值思维在生活中更多的小启发	
	《价值评估：公司价值的衡量与管理》	从现值引发的公司估值，对这一块有兴趣的用户可以系统去读一读	英文名是 *Valuation*

1.4 根据自己的"自由现金流"估算身价

前面说了投资的恋爱属性、神奇的周期和重要的时间价值,这一节试着把自己放进现金流里去,会得到什么结果?

其实,和女人们经常讨论的话题一样:选护肤品,先了解自己是油性皮肤还是干性皮肤,选口红色号先测自己肤色冷暖。认清自己和金钱之间的关系,是投资中永无止境的必修课。现在,从现金流量表说起。

前面学习了给公司估值的方法,即用公司未来可能创造的自由现金流,估算折合到现在的价值。如把这个方法运用到一个人身上呢?你自己正在创造以及未来可能创造的自由现金流大概有多少?这些东西能否反映出你的现有身价?

Part 1 用投资理念,给自己估值

Excel 模板下载:非完全靠谱身价计算器

上面专注现值的概念,但没有说清自由现金流到底是什么。简单来说,我们可以把它当成所有可以自由支配的收入(即收入减去必要的消费,必要的消费里面不包括口红、赶潮流的时装和奢侈品等花费)。以朋友 Nicole 示范。

她预计未来 10 年处于收入上升期,今年减去必要的消费后,自由支配收入是 5 万元,这个数她觉得可以用年增长率 15% 来估算。但 10 年后,收入可能会进入滞长期,自由现金流的增幅每年只有 2% 左右(均以通货膨胀率 5% 计算),公式如下。

Nicole 的身价 = 未来 10 年自由现金流的现值+10 年后的剩余价值的现值

计算结果如图 1-10 所示。

预估通胀率	5%
前10年预计工资涨幅	15%
第11年开始工资涨幅	2%

第N年	1	2	3	4	5	6	7	8	9	10	11+	剩余价值
	Now	第2年	第3年	第4年	第5年	第6年	第7年	第8年	第9年	第10年	第11年	
年收入 (元)	50,000	57,500	66,125	76,044	87,450	100,568	115,653	133,001	152,951	175,894	179,412	5,980,390
现值 (元)	50,000	54,762	59,977	65,689	71,946	78,798	86,302	94,521	103,523	113,383		
加和 (元)										778,901		3855013
整体估值 (元)										4,633,914		

红色字体部分请按照自己的情况填写

图 1-10 Nicole 的身价计算。在下载的 Excel 表中根据自己的情况调整红色字体部分即可

从图 1-10 中可以看出，Nicole 的目前整体估值 463.4 万元，这个数字意味着什么？简单来说，如果在自由市场，这就是她全部的个人价值，且很可能被狠狠地压价。

Part 2 能赚更要会花：让未来更有想象力

看了上面案例后，对照公司的估值再想一想，为什么一些投资人那么看重公司的自由现金流而不是利润？就像美国的亚马逊公司，几乎没太多投资人关注它的利润。而且，每年它都将大笔的自由现金流投入到物流、云计算等领域中。这些投资"吃掉"了本应有的利润，但这却让亚马逊的未来变得更有想象力，与它的科技股身份更匹配。

年轻的你呢？同样是一份可用"想象力"估值的资产，每一年你把可支配的钱花到了什么地方？是否能给你未来的身价提升创造想象空间？之所以用自由现金流，是因为除能赚能存的钱外，你是否有"运营"自己的能力，这也是别人衡量你"身价"的重要指标。

这也是本书一直强调的：存钱有必要，但会花钱更重要！——两者之间怎么平衡，要通过你个人的"现金流量表"去看，即你的收入支出表。由此就从个人身价，切换到身价保卫战。

笔者在写这一节之前，随机找了 5 个 20 多岁的女孩调研沟通，粗略统计了一下她们的收支表后发现，收入一项只有工资，支出这一项却多种多样，一句话：钱不够用。

财务自由到底是什么？其实，就是有一个足够多且稳定的现金流，能覆盖你的生活，再有多出来的钱谈谈理想。这儿，提出**第 1 个问题：钱不够用的情况，在 N 年后能改善吗？怎样改善？**

Part 3 第 1 关：要过几年，我的钱才够花

Excel 模板下载：每 3 年的收支计划表

建议每个人都给自己一个解决方案。这里给出的是简易版：即准确描述 N 年后自己想达成的目标（如 3 年后），关键是"准确描述"。

这里列举几个例子，如表 1-4 所示。

表 1-4　准确描述要达到的目标而不是泛泛而谈

项　　目	准确描述　（✓）	泛泛而谈（×）
工资收入	3 年内，实现 30 万元/年的收入	想多挣钱
理财收入	每年要有 1 万元理财的收入	要学理财
旅行支出	每年准备不少于 6 万元，安排不少于两次的出国游	每年都去 1 个国家
消费支出	按照"年通胀利率+2%"的增长，来定每年的消费支出	保证自己的生活品质
结余	每年存 4 万元以上，为首付大概 100 万元的房子做准备	想买套房

一份 3 年后的现金流量表就制作出来了（表格下载见小节开头），如图 1-11 所示。

		第一步	第二步		
		你的 3 年目标能把表做平吗？	你的目标和现实总会出现差距吗？		
	收支项	固定期限的目标：3 年	不断做动态平衡，体会"差距"		
			第 1 年（示例）	第 2 年	第 3 年
收入	工作收入	¥300,000	一年后工资涨幅不如预期，但因为国家将税扣平了，但要加把劲		
	理财收入【如：利息、分红、房租收入、股权收入等】	¥30,000	股市不太好，季频宝收益下降，情况不妙，期待牛市		
	总收入	**¥330,000**	¥80,000		
支出	生活支出（必需）	¥150,000	有些支出象		
	生活支出（其他）	¥100,000	有超支迹象		
	偿还贷款与保险支出	¥10,000	正常		
	总支出	**¥260,000**	¥90,000		
	总结余	**¥70,000**	¥-10,000		

红色字体部分请按照自己的情况填写

图 1-11　从准确的目标衍生而来的个人未来现金流量表

- 第一步，按假设的情况分析，所有这些目标在一定程度上可以把表做平，甚至结余更多（如无法让收支平衡，说明目标不切合实际，需要调整）。

- 第二步，可以看到这张表随目标实现的状况有一个动态调整，如 1 年过后，你发现自己偏离了目标轨道，为让你的计划能在现实里达成平衡，这时就给第 2 年敲响"警钟"，需要努力开源节流。

普通人很难坚持长期记账，上面这张表也只是一个粗略的计划，相对来说比较容易执行。

每 3 年甚至每年做一个大概的计划，贴在你容易看到的地方，每过一段时间，看目前的收入和支出在这张表里是否平衡。否则就找原因，是收入提高太慢，理财没达到预期收益，还是消费太多，结余目标没有实现？

如果说，"什么时候钱能够用"是一个姑娘对生活的最初挣扎与期盼，那么接下来，很快就会走到第2个挣扎的关口。

Part 4　第2关：离第一个100万元还有多远

Excel 模板下载：离 100 万元还有多远

这里抛出第2个问题：**离第一个100万元还有多远？**如能结余100万元，或买一套在自己名下价值400万元的房子。

上面是在收入与支出中找最佳平衡点，这个问题则要有一个非常明确的任务——在现金流量表上，把重点放在节流和开源上。

你可能会说，每年存10万元，连续存10年即可。那么，这里先计算一下：现有存款多少、你能达到的理财收益是多少？如想在35岁前完成100万元的存款目标，每个月需要存多少钱？

大家按照自己的情况进行计算，我有一个同事曾经的梦想是在35岁时实现她的第一个100万元，如图1-12所示是她填写的表格。

你的出生年月	1988年10月
现有稳定存款	¥300,000
攒钱目标	¥1,000,000
想几岁前达成目标（岁）	35
预估你的存款能达到的平均年化收益率（理财投资或存银行）	6%
计算结果	
你今年年龄（岁）	31
距离目标达成还剩下几个月？（月）	39
你存款能够贡献的数（理财复利计算）	¥364,416.19
从现在起每个月应该攒多少钱？	**¥17,690.85**

图1-12　实现"100万元存款"梦想要做的事儿。显然，不动任何存款+每月必须存下近1.8万元的硬性指标不是每个人都能达到的

如果这个目标一定要达成，从图中可以得出两个解决方法：要么把实现目标的时间推迟，要么提高自己的收入和理财能力。图1-13所示为修改了其中的两项才最终达到平衡，即把目标往后移两年，并提高理财收益两个点，然后按计划好好存钱。

你的出生年月	1988年10月
现有稳定存款	¥300,000
攒钱目标	¥1,000,000
想几岁前达成目标（岁）	37
预估你的存款能达到的平均年化收益率（理财投资或存银行）	8%

计算结果	
你今年年龄（岁）	31
距离目标达成还剩下几个月？（月）	63
你存款能够贡献的数（理财复利计算）	¥455,952.51
从现在起每个月应该攒多少钱？	¥9,836.51

图 1-13　根据自身情况修改目标的实现时间，比自己想象要清晰很多

从以上两个问题可以看出，在不同的人生阶段：不能让钱不够用的时间持续太久，否则，你的第一个 100 万元目标可能一直实现不了。

同时，我们会发现一些理财建议里有前后矛盾的地方。

（1）强制存款：在现金流量表里（在结余项目里）必须给自己留下不少于工作收入的 10% 进行存款。

（2）加大支出：投资自己更重要，每年加大教育培训的支出以有效增加工作收入。

（3）提升衣品格调：通过衣物、背包提升自己的格调，让自己在职场获得更多尊重和赏识等。

每一条建议单独看都很有道理，但放到一起就会出现流入和流出不均衡的情况，导致目标太高无法实现。这里就将所有结果放到一张表上，用明确的目标做取舍。然后根据个人的实际情况，做出有利于自己的选择！

1.5　穿好去投资圈"驰骋"的铠甲

前 4 节内容是大脑的"热身操"，其实就是建立思维模式，只有把思维方式训练得更为多元和严谨，它才会发挥真正的作用。下面，穿好护卫铠甲去投资圈"驰骋"吧！如反过来使用男人的投资方法、从直觉出发等。

Part 1　把男人的投资方法反过来用

如我们想进入投资理财这个竞技场，要穿上什么样的铠甲战衣？先分享一次

与某资深行业分析师的讨论。

该分析师在自己的领域钻研很深，专业度受到很多人的肯定，但后来转行了。他说自己"猜不透人心"，因为他擅长逻辑推理，能把各种数据、逻辑线梳理得非常清楚，但研报发出来的时间点却不讨巧。虽然事后看，他的每一次结论都是对的。

我个人猜测问题出在如下阶段，即一个市场天然存在多种逻辑线，如你认为A原因导致下跌，我认为B原因接下来会平稳，而整个市场是诸多逻辑的一个综合权衡反映，这个结果是动态的，在短时间内甚至出现错误的结果。具体到这个朋友身上，即在他发声或建仓的时间点上，权衡结果未必落在他关注的那一条线上，即使最后证明他是对的，但期间要经历很长时间的波折。

对比投资思路后我发现，我的切入点和他的完全不同，他用理性数据分析，我凭感觉验证。所以，后来我们见面，谈一些投资上的东西，我说感觉，他说逻辑，配合完美。以我个人体会为例，女人要想快速投资入门，把男人的那一套反过来用即可。

据统计，投资圈里女性交易员更激进。我个人的片面解读是，当感觉对了，逻辑也到位以后，常用直觉思考的女性更能突破某些限制。也就是说，女人可以穿上的第一件投资战衣是：用直觉感悟人心。我将其分为两部分：

- 第1部分，感受整个时代的新需求，把握大方向（本书第1～7章）。
- 第2部分，感受特定时间点的市场情绪（本书第8章）。

Part 2　从直觉出发的投资游戏

附：投资能力4大关卡攻坚战图谱

曾经有个同事，在小学时她爸爸就带她进券商大户室，教她看股票的K线，但直到现在她都没搞明白K线的用法，或者说对这样的技术分析完全没兴趣。

但有没有想过，技术分析不仅仅局限于行情软件上的K线图，还在每天看到的新闻里、银行信贷经理的抱怨里、餐厅邻桌的对话里、闺蜜们的炫耀里，以及小区车型的变化里……

畅销书《眨眼之间：不假思索的决断力》（*Blink*）主要讲的是人的"瞬间决定"（Snap decisions），作为《纽约客》杂志的记者——作者 Malcolm Gladwell（马尔科姆·格拉德威尔）没有将其写成严肃的学术著作，而是讲了很多有趣的小故事：从 Getty 博物馆中的一个文物，到如何在 15 分钟之内判断一对夫妇在未来的 15 年内是否会离婚，再到汽车销售商如何通过潜意识思维获得更多的销售额等。很多内容会让你一开始看到时感到很吃惊，仔细想想又觉得确实如此。

女人在爱情上的直觉已经被激活，现在换到投资领域中挑战一下自己。当你披上战衣，站在投资竞技场的门口，先查看一下整个战场的疆土。这本书从头到尾，也是 7 级技能挑战，陪你一起在投资领域"打怪升级"。

- Level 1：学会从生活里找线索，这里有一些方法、一些刻意启发自己脑细胞的套路（第 2 章）。
- Level 2：培养把这些线索组合起来并"落到投资标的"的能力（第 3 章）。
- Level 3：在投资里加一些"多样"的指标进去当佐料（第 4 章）。
- Level 4：打开一张更大的地图，学会判断"大框架"，做交叉检验（第 5 章）。
- Level 5：打怪升级的路上集满了资产技能点的你，已可以创建自己的投资组合（第 6 章）。
- Level 6：回营！升级自己的防御装备（第 7 章）。
- Level 7：认识自己才能重新出发，更好地认识世界（第 8 章）。

本书的大致脉络也基本是在闯关，课表就像一张少女系的全球投资 Game Map，如图 1-14 所示。

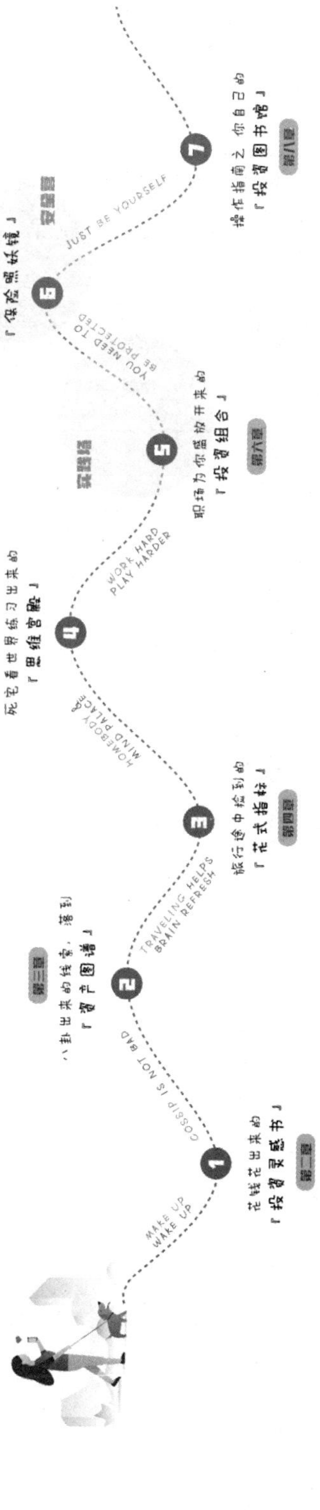

图1-14　本书投资地图

现在，站在赛道的起点，把眼光放远一点。想在投资上获得超高的收益，通常是长时间准备后的一次爆发。就像，我们不可能随便就遇到 Mr. Right（完美先生）一样。

下面，从"买买买"的生活场景里训练自己的投资常识，驱动其变成可以让你做出"瞬间决定"的直觉，然后开始第一笔"宠物养成系"的投资实践。

趣味小单子 04：更有效地利用直觉（见表 1-5）

表 1-5　趣味小单子 04

	名　称	简　介	备　注
趣味听读单	《眨眼之间：不假思考的决断力》	文中提过的一本关于瞬间决定的书	有趣的潜意识决定
	《算法之美：指导工作与生活的算法》	告诉我们如何更有效利用直觉，什么时候应该把决定权交给命运，这本书把计算机科学的智慧转化为人类生活的策略，引导读者做出明智的选择	—

Chapter 2

"买买买"里的投资灵感

这一章,从讨好你的"购物欲"开始,

毕竟想要用钱赚钱,

需要我们有一个灵活、丰富、有趣的脑袋。

"买买买"就是一个体验生活的绝妙手段,

同时,在脑袋里"书写"出一份投资灵感书。

不要因为执着于"扮靓"

而冷落你的想象力、求知欲和好奇心。

女性是最好的消费零售行业研究员,

"想赚钱?先用会花钱表达 Chic(优雅的)态度"。

本章思维导图

> "投资（以后再买，延迟型消费）和消费（现在就买，即时型消费）并没有什么本质的区别，投资只不过是在时间维度上的平衡消费。"——欧文·费雪。

- "口红经济"
  - 了解口红经济的故事与启发
  - 不断吸收外来信息，思考后的新动力
  - 行动力考验：思考明星产品；找生活坐标
  - 启示：从身边物品观察经济大势
- 图像化衣橱
  - 算计你的购物车
  - 管理衣橱的经济学分析
  - 衣橱内衣物的投资诊断表
  - 衣橱投资风控表
- 从机场免税店看买房逻辑
  - 免税店招商是机场股的业绩保证
  - 免税店为什么愿意承受高额房租
  - 从流量到人口，房产投资思维
- 经济思维研究购物行为
  - 扔和买的经济学逻辑
  - 购物中的心理学因素分析

"买买买"中的投资灵感

消费行为分析

从消费（花钱）到投资（赚钱）的思维转变

- "吃货"的投资经
  - 投资前的考察要素：环境/行业/竞争
  - 实地考察：人流/服务/回头率
- 和盈亏有关的3个简单指标
  - 指标工具
  - 市盈率/市净率
  - 净资产收益率
  - 趣味小单子：财务知识

投资的考察要点

2.1　你真懂"口红经济"吗？转个弯再瞧

这一章，从购物角度来看怎么投资。"买买买"和投资有关系吗？当然有。跳出购物圈来看，"买买买"其实是一个赚钱的入口。

这里，先从一些和你息息相关的事儿了解经济指标——想赚钱，要先会花钱。

Part 1　"口红经济"，不那么准

可能大家最熟悉的"买买买"的经济指标就是 Lipstick Index（口红指数）了，由雅诗兰黛前总裁 Leonard Lauder（李奥纳多·兰黛）提出。

其背后的逻辑如下。

在经济出现衰退时，女人会更为疯狂地购买像口红这种"可负担的奢侈品"，当出现这种现象时，正逢 2001 年美国"9·11"事件。传奇影星伊丽莎白·泰勒也留下一句名言："给自己倒杯酒，然后涂上唇膏，一切都会好起来。"口红销量就这样成为衡量经济向上或向下的一个另类指标。但我们真的可以把 Lipstick Index 作为投资参考吗？我的答案是：可以，但需要根据情况来定。

如果仅局限在"口红"这样一种物品上，《经济学人》杂志在 2009 年提出质疑——There is no clear correlation（没有明显的关联），并给出美国 GDP 和口红销量的对比图（见图 2-1）。

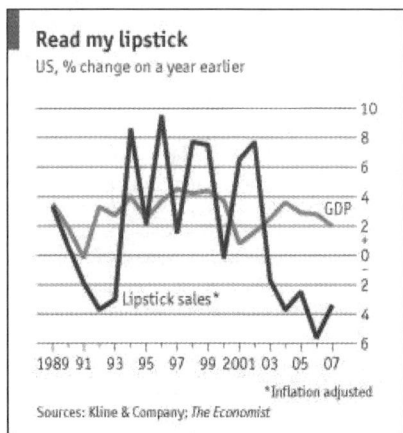

图 2-1　GDP 与口红销量对比

经历"9·11"事件后经济略显萧条的美国，口红销量上升了11%，但在其前后，我们看不到这两个数据之间绝对的此消彼长的关联。看到《经济学人》这张图，你可能脱口而出：就知道这种指标不可靠！但在投资时，别急着对任何东西下定论，因为市场的变化常常出乎意料。

这个指数的后续表现如何？2008年发生了全球金融危机，事后据此为题材拍摄了很多著名的影片，如获得2011年奥斯卡最佳纪录片奖的《监守自盗》，以及《大空头》《华尔街》等。按口红经济的逻辑，这一年的口红销量数据应该会非常亮眼，但现实是相反的。

不过，换个角度来看，我们会发现口红经济的逻辑在这一年依然成立。

Part 2　那些新上位的"口红"——指甲油

图2-2所示是欧莱雅集团1999—2009年的口红与指甲油销量走势图。可以看到，1999—2000年、2001—2007年这两个阶段口红销量和经济呈现出完美的反向关系。到了2008—2009年的金融危机期间，指甲油取代了口红，在"口红经济"中上位，销量急速上升。

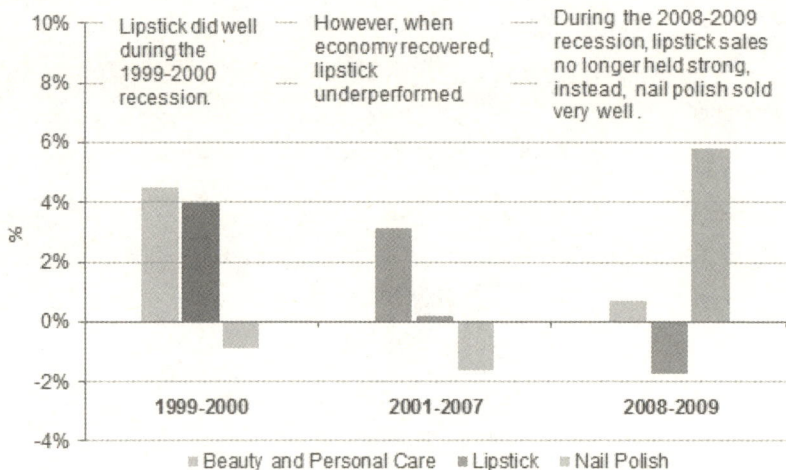

图 2-2　2008 年金融危机时期，指甲油替代口红占了"口红经济指标"的 C 位
来源：*Euromonitor International*

从上面可知：口红经济里的"口红"是类似"约数"的存在，并非特指口红，而是泛指"廉价的非必要之物"，如指甲油、睫毛膏、香水、丝袜等，对消费者起

"安慰剂"的作用。

口红经济，教会我们观察类"口红"产品的销量，即当人们感觉现实生活中压力大的时候，需要什么安慰。处于不同经济周期、不同国家和不同年代的人，需要的东西可能不同。如果我们能精确定位，就会发现一个很好的投资机会。

我们要跟随时代的变化去发现和思考，不要把自己限制在一个类似定论的思维中，不要只关注"口红"这个单一产品，从而判断它有效与否（我们学习一些方法、规则时，容易陷入固化思维，要试着打破、解构和重组，发现背后的东西）。

Part 3　当"口红经济"在中国时，该如何思考

以上说的都是欧美这些成熟市场，即经济不好对某些 Affordable luxury（可负担的奢侈品）来说并不是坏消息，这时就看你能否判断谁能从中脱颖而出。那么，"口红经济"诠释的逻辑在中国适用吗？

不少人都会非常自然地将其套用到中国市场上，认为在经济一般的时候"口红"卖得好！我认为不够全面。没有经过认真、深入思考的事情，不要轻易输出到自己的直觉中。

知识小卡片：发现"年轻"的奥秘

直觉，来自你的多次认知。它通过你接收的新资讯，不断去伪存真、填充丰满之后再次反哺给直觉系统，这是一个不断 loop（循环）的优化过程，需要经过大量的锻炼。

在第 1 章，我说女人走近投资的诀窍是启动自己的直觉，但你一定听过很多资深投资人说："在投资决策中，最忌讳的就是站在自己的有限认知角度做出判断。"

是不是很矛盾？是！所以，要摆正心态，对现实中的事情保持好奇心，多问为什么，并做一些探究，在这个过程中把你的直觉训练得更多元，也能探索得更广、更深。这是"思考自己思考的过程"（My thinking about my thinking），思维模式如图 2-3 所示。

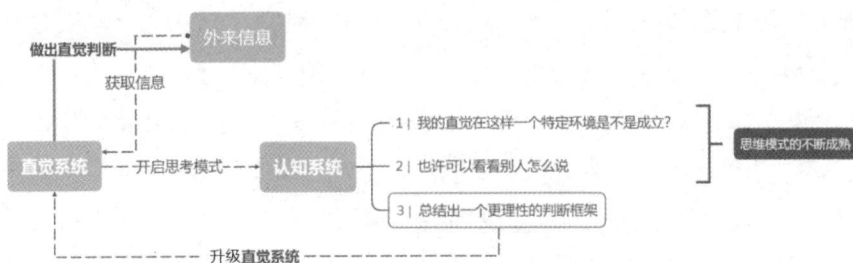

图 2-3　不断被优化的直觉系统，仰仗两点：不断吸收新的外来信息，以及开启思考的动力。这一过程中不断壮大的是你的认知（长期储备）和直觉（瞬间决策）

有的人在年龄增长后，会变得思维迟钝、判断力缺失。部分是因为成长环境的被动因素，让他们无法接收大量有效的外来信息，弱化了开启思考模式的动力。想变年轻吗？从训练自己更敏锐的直觉开始！

下面引出两个问题，用你对生活的感知来判断一下。

- 口红在中国的销量，你觉得增长快吗？
- "没有口红就没法好好生活"的中国姑娘越来越多了吗？

下面简要分析一下。

- 口红在中国的销量，直觉上应该增长很快。从供应上来说，近期出现以口红为主打产品的品牌，如玛丽黛佳，屈臣氏、资生堂也扩大了彩妆的运营线，口红就是主打产品之一。如果销量不好，就不会有新的入场者。
- "没有口红就没法好好生活"的姑娘，直觉上越来越多，为什么？2017 年春晚过后，搜索量高达 162 万次的"董卿口红"，以及范冰冰在小红书试色口红的惊人带货量等，让我身边一直对口红不那么感兴趣的姑娘也想试一试。

口红销量应该很好，实证后得到一组数据，如图 2-4 所示口红的搜索指数波动。

再看天猫商城的数据，图 2-5 所示是天猫商城口红线上月度销售额（亿元），从 2015 年开始，整体处于从快速上升到震荡上升的过程，每到年末都有一个高峰。

口红和面霜百度搜索指数（2014/4-2017/7）

资料来源：百度指数，信达证券研发中心

图 2-4　来自信达证券研报。从 2014 年 4 月—2017 年 7 月大家对口红、面霜这两个关键词的搜索量可以发现：面霜处于平稳并微量上升趋势，而口红的搜索量每一年都有较为显著的变化

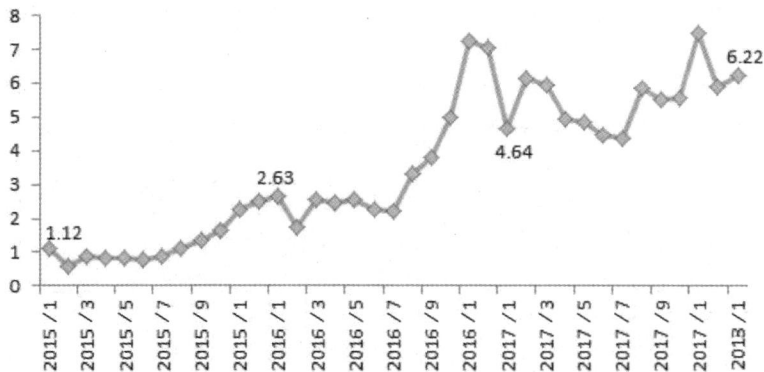

图 2-5　以中国 6.75 亿的女性人口去看，每个女性每月都在天猫商城为口红花费了 1 元钱，是不是很惊人？

来源：决策狗、天猫商城、天风证券研究所

是不是发现了我们和美国市场的不同之处？在中国，口红销量的增长，更多的是基于姑娘们生活体验的升级！下面我们继续验证。

2017 年丝芙兰发布《女子唇妆图鉴》勾画出中国女性的口红消费图景（见图 2-6），统计结果显示"'90 后'买的口红最多，'70 后'买的口红最贵"。口红消费群体的基数和年龄分布持续扩大，离不开大众美妆意识的逐渐觉醒——大家的购物车结构在发生巨大的变化！

图 2-6　CBNData 通过阿里大数据，观察女性购物车里彩妆组合的变化。2014 年基本只购买基础护肤品，2015 年逐渐购买基础彩妆，2016 年开始内容显著多样化，进化到 2018 年越发细分。对口红的追逐历程对应着很多女性从美妆"菜鸟"到"行家"的蜕变史

知识小卡片： 在 2018 年，香水在重要类别中消失了

> 香水从 2017 年年初开始，在购物车中占据重要位置，而 2018 年则没有。从整体大环境来看，2018 年经济处于下行预期，那么，香水可以作为一个观察点吗？这需要我们一起思考，有兴趣的可以自己观察和验证一下。

那什么是中国的"口红"呢？齐鲁资管首席经济学家李迅雷在 2018 年 8 月的报告《消费现口红效应，收入增速向下粉丝经济向上》中指出："与口红相类似，相对廉价的文化娱乐活动，也成为经济衰退时人们倾向选择的消费支出。当前国内'粉丝经济'的爆发，或许也反映了宏观经济回落过程中，人们需要依赖偶像进行心理补偿的因素。"

简单总结一下：

（1）经济指标的背后都有浅显的逻辑，虽然不能以偏概全地作为判断的依据，但可作为我们迈出的第一步：把自己的直觉连上投资圈的"Wi-Fi"。

（2）不要被任何经济指标固化住你的判断，思考无极限，可以拉出更长的链条。

从这里开始，锻炼一下自己的嗅觉吧！

趣味小单子 05：抛开口红消费，感受"体验升级"中钱的流向

把口红经济移到成长经济体环境中看，会发现一个新问题：当人们的眼界打开、生活理念发生剧烈变化的时候，他们的钱会流向哪里？逛街 Shopping（购物）时，也可以提一些问题，然后寻找答案。验证的数据去哪里找呢？符合需要的基本要求是清晰明了，"颜值"够高，如表 2-1 所示。

表 2-1　验证数据来源举例

	名　　称	简　　介	备　　注
简单漂亮的数据	Loreal Finance	欧莱雅有个 Loreal Finance 的网站，其中的"报告"栏目除可以获得想要的数据之外，视觉效果也非常好，而且还能展示它的实时股价	当你"中毒"一支 YSL 后，可以看欧莱雅公司发布的业绩报告。如欧莱雅 2018 年第一季度的业绩：以兰蔻、圣罗兰美妆、阿玛尼美妆以及科颜氏为代表的高端化妆品部门创下 10 多年来的最高季度涨幅，且这些品牌的年增长率均超过 10%。以中国为代表的亚洲市场推动了这一部门业绩的持续强劲增长
	百度指数与微信指数小程序	搜索"百度指数"或用微信搜索"微信指数"	当你觉得某项消费将成为潮流的时候，可以去谷歌、百度或微信里面搜索相关关键字查看其热度，就像上文列举的口红热度一样
	CBNData	一个简单易用的消费类报告网站	无聊时可以看《2018 年美妆趋势报告》《女装连衣裙风格研究报告》等
	Kantar 消费报告	定期看 Kantar 的各类消费报告，在官网留下邮箱即可	

执行力大考验 04：定位！你在为哪家公司贡献不菲的销售额

我随机做了一个小调查，身边的朋友几乎没有人知道 YSL 的母公司是哪家，包括一位向我推荐过 YSL 口红的小姐妹。其实，YSL 的母公司就是大名鼎鼎的欧莱雅。

你可以根据喜欢的化妆品品牌补充下面的表格：看你在给哪家公司的销售额

添砖加瓦，知道那些被美妆网红或明星力荐以至于卖断货的护肤彩妆单品来自哪家公司，如表 2-2 所示。

表 2-2 公司和品牌（仅供参考）

公司	股票性质	上市代码	旗下品牌（部分名单）
宝洁	美股	PG.N	SKII
联合利华	美股	UN.N	清扬、多芬 美国化妆品品牌 Beauty Bakerie 韩国珂泊亚（Carver Korea）
雅诗兰黛	美股	EL.N	Clinique（倩碧）、La Mer（海蓝之谜）、LAB SERIES（朗仕）、Prescriptives、Origins（悦木之源） 化妆品品牌 Bobbi Brown、M·A·C 男性香水品牌 Aramis 7 大美国顶级时装品牌之一，比如 Donna Karan、Michael Kors 等进行香水的贴牌生产
科蒂	美股	COTY.N	香水品牌 CK、Chloe、 Davidoff、Marc Jacobs 等，平价彩妆品牌 Rimmel（芮谜）、美甲品牌 OPI 巴黎世家（Balenciaga）、Vera Wang adidas 个人护理及香水系列
欧莱雅	法股	OR.PA	兰蔻、圣罗兰美妆、阿玛尼美妆、科颜氏
拜尔斯道夫	德股	BEI.F	妮维雅
资生堂	日股	4911.T	Shiseido、ZA、安耐晒、NARS、CPB（肌肤之钥）、The Ginza（银座）、IPSA（茵芙莎）、Bare Minerals（贝茗）、BENEFIQUE（碧丽妃）、Dicila（蒂思岚）uno、欧泊莱
爱茉莉太平洋	韩股	002790.KS	AmorePacific(爱茉莉太平洋)、HERA(赫拉)、LIRIKOS（俪瑞斯）、Laneige（兰芝）、innisfree（悦诗风吟）
上海家化	A 股	600315.SH	六神、美加净、双妹、清妃、佰草集、adidas 个人护理及香水系列（OEM）
拉芳家化	A 股	603630.SH	拉芳、雨洁、美多思
珀莱雅	A 股	603605.SH	珀莱雅、悦芙媞

执行力大考验 05：找一个你生活中的经济指标

看到经济指标就发怵？不需要太严谨，敢于去想、去行动最重要。

某知名投行团队在考察迪士尼的业绩时，特别调用资源，获取了一个实时的数据作为重要判断依据，即迪士尼的停车场满"座"率数据！

《经济学人》杂志非常有名的"汉堡包指数"，是用汉堡包在全球的定价看不同国家的钱在"值钱"这件事上的排名（见第 4 章）。日本用水产市场上金枪鱼的拍卖价看经济景气度。

你也可以通过你敬佩的人忽然进入哪个行业里，来判断行业景气度或潜力。

你身边有什么小物品能和经济走势关联起来吗？你也可以想一想，如果在经济拮据时会缩减的第一项支出是什么，有了闲钱后第一个想消费的属于哪一个领域，然后去找数据实证一下。

黄金玩家启示 03：格林斯潘关注的纸箱与内裤

别小看这些貌似不够严谨的指标，曾任美联储主席的艾伦·格林斯潘（Alan Greenspan）在位时会关注一些非常规的经济指标来判断美国经济的走势，瓦楞箱出货情况（Corrugated box shipments）就是其中之一。因为大部分商品主要采用纸质包装，纸板畅销意味着企业和消费者在购买产品，消费市场被全面看好。

艾伦·格林斯潘还有一个论调：男士内裤越畅销，经济形势越好，反之亦然。因为在经济不景气的情况下，男性不得不节省消费开支，因此短期内不更换新内裤。

把"不严谨"的另类经济指标（多为欧美经验）做一下归纳，如图 2-7 所示。

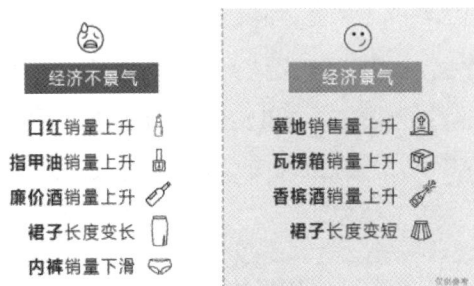

图 2-7 "不严谨"的另类经济指标

2.2 一份图像笔记，拯救失败的衣橱 Portfolio（组合）

女人之所以喜欢购物，有一部分原因是从变化的流行色彩中获得强烈的新鲜感。这一节我们将"钻"进你的衣橱。那这和投资有什么关系？先简单指出两点。

- 作为为流行和时尚买单的个体，站在整个产业链条的底端往上看，就会发现：建立独立审美的方法和培养投资判断力的进阶路径惊人地相似。
- 切入投资的路径：如何找到适合自己的投资品种→如何建立组合→如何止损。提升这些能力的第一步，从衣橱开始。

Part 1　流行到底如何影响着你

这里先还原行业的运作模式，因为这是投资任何一个行业的必备技能。电影《穿普拉达的女王》里有一段经典台词（以下为个人译文）。

你挑了那件蓝色的条纹毛衣，你以为你自己是按你的意思认真地选出这件衣服……而你从没搞清也不知道的一个事实是：在 2002 年，纽约时尚界中流砥柱奥斯卡·德拉伦塔（Oscar de la Rent）的发布会上第一次出现了天蓝色礼服，然后，伊夫·圣罗兰（YSL）展示了天蓝色军服系列，很快这种颜色就出现在随后的 8 个设计师的发布会里，然后风行于全世界各大高级卖场，最后大面积地流行到街头，甚至天蓝色服装可以在廉价卖场买到。

这种天蓝色，产生了上百万美元的利润和数不尽的工作机会，还有为之付出的难以计算的心血……你觉得你穿的这件衣服是你自己选择的，以为你的选择是在时尚产业之外的，但实际上不是这样的，你穿的衣服实际上是别人替你选的。

这段台词展示了高级时装一步步地在普通人身上普及的过程。这里希望你抬起头，逐层往这个产业链上看：尖端时尚界对流行的"独立判断力"是如何建立的，以及他们如何揣摩流行时装市场中普通人的心理。其中的学问和投资中的理性投资者对市场的判断极为相似。

Part 2　关于"算计"你下一季购物车的讨论

从电影台词中"走"出来，很多人可能都听说过的色彩界"一哥"——Pantone

（潘通）公司，该公司每年发布两次下一年度的流行色。该公司除了做专业研究，还会召集很多顶级设计师讨论下一年度的流行色。

也就是说，2019 年第一季度你的衣橱里刚新添了一件珊瑚橙色衣衫时，一群人已在筛选下一个流行色，算计你的下半年的购物车了，如图 2-8 所示。

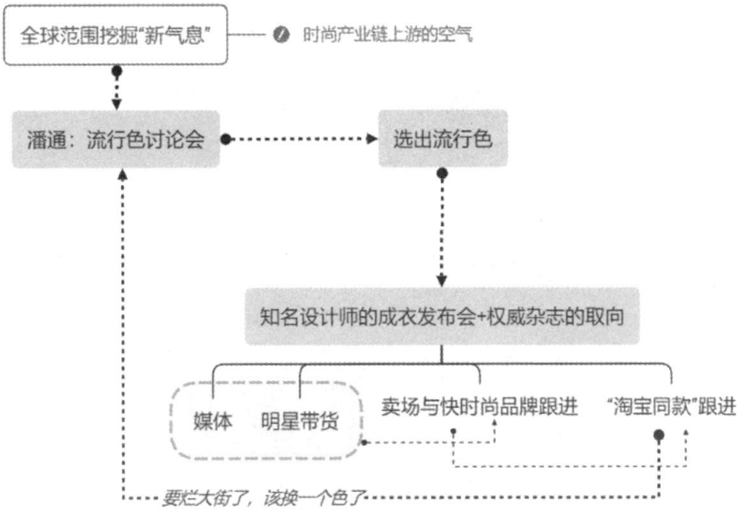

图 2-8　在通常情况下，一个设计师、一位杂志社主编、一名网红主播的选择，决定了你大概率会穿什么颜色的服饰。珊瑚橙色是潘通公布的 2019 年度代表色

搜索一些资料，你会发现这个讨论过程并不是随意定的：该色彩被选择基于很多因素——包括正在制作中的电影、收藏界的新气息、巡回中的艺术展、下一年度的新款轿车、当红的新晋艺术家、新的思潮等，也可能来自科技和有视觉冲击力的新材质，甚至是全球瞩目的即将举行的赛事。

也难怪潘通官方表示："每年的流行色都是我们在全球文化中看到的色彩快照，它是情绪和态度的表达。"

我们会发现，这和一个用心投资的人所做的准备工作完全一致。从流行色诞生的流程中，可以得出一个结论：不盲目追逐潮流。有自己独特审美眼光的女人，一定眼界开阔，不断接纳新事物，甚至有可能引领潮流。

审美和投资，不论是寻找"流行点"还是发现"机会点"，过程都类似，下面说一下如何投入到买卖中。

Part 3 反扑："下一季的衣橱"管理术

我之前看过一篇潘通色彩研究所执行董事的访谈。

记者："在发布新一年流行色后，潘通在做什么？"

执行董事："我们将开始记笔记，记录下我们所看到的内容，互相分享储存的图像，并分析出有启发的信息。这是一个持续的过程，总是很有趣。"

读完这一段话，来为你的衣橱做一份图像笔记！

从这份衣橱笔记开始，类似的投资思维也同步开启，不再成为"被市场任意摆布的小白"。先看下面的两张表格：衣橱投资诊断表和衣橱投资组合风控表。

1. 一张"扎心"的衣橱投资诊断表

Excel 模板下载：衣橱投资诊断表

闲暇时，仔细看一下你的衣橱，同时填写图 2-9 所示的诊断书表格。

（1）自己都喜欢且尝试过哪些风格？

（2）衣橱里目前的主要存货归类。

（3）哪一格完全空缺，而哪一格完全填满？

你想要打造的风格 (最好是单选)		〇《欲望都市》凯莉风	〇 ……			
		〇《迷雾》惠兰风	〇 ……			
		〇 周冬雨型的时尚风	〇 ……			

分类 根据自己需要的场景规划		衣服	裤子|裙子	包	配饰	鞋	品牌或店铺备注
居家							
工作商务	夏						
	春秋						
	冬						
休闲办公	夏						
	春秋						
	冬						
健身							
酒吧夜店							
重要场合							
度假	海滩系						
	户外系						

可以根据你自己的需求修改然后打印出来辅助整理

图 2-9 衣橱投资诊断对照表

如果你仔细还原自己的衣橱影像并归类，会发现展现在表格上的问题大致分为 3 类。

- 重复与空缺：一堆重复的衣服，它们的总花费可能超过几万元。也有一两栏完全没有合适的衣服，这会引发一些临时需要，而急忙添置后重复使用概率极低。
- 优化衣橱：横向查看每一个季节、不同场合下，现有的衣物组合度高不高，能不能轻松组合出多种搭配。如有"配了衣裤但缺少搭配的鞋子""有特别喜欢的衣服却完全找不到完美的搭配"这类状况，说明还需要优化。
- 梳理品牌：一切完成后，梳理一下品牌。如某品牌在你的衣橱里出现"穿搭率"很高的状况，以后可以多逛逛，反之亦然。

2. 容不下 "无用欲望" 的衣橱投资组合风控表

Excel 模板下载：衣橱投资组合+风控表

发现问题后，下面这张表格是你下一步优化衣橱组合的"风控表"，在上一张表的基础上，把你不喜欢的"负资产"全部剔除，然后不断修正补充。

和潘通的色彩研究员挑选颜色一样，记录、筛选、更为直观地使用图像，然后确立自己的风格，并形成自己的稳健组合，示例如图 2-10 所示（如不清楚，可在本节下载说明中下载查看）。

"你想要打造的风格"这一栏，由于受外界新鲜刺激的影响，肯定能列出不少，因为所有人都想有自己的独特风格。使用以下 3 个方法，用最低的成本完善自己的穿衣风格。

- 延迟满足：不要看到"××同款"就立刻下单，尝试利用逛街试衣的机会，确认该风格是否真的适合你。
- 以租借代买：如你很难抵挡商场里购物的冲动，也可以使用"租借来试穿"工具，如阿里巴巴投资的"衣二三"就是这样一个共享衣橱。
- 小配饰替代：以相对便宜的小配饰匹配当前流行的元素。如 2017 年流行的鱼网元素，你就可以在这一季用十几元钱买双鱼网袜，来表达自己的时尚态度。

分类 根据自己需要的场景规划		衣服	裤子|裙子	包	配饰	鞋	风格贴图参考
居家		珊瑚绒套装 ×1		NA	NA	拖鞋 ×1	请自行贴图
工作商务	夏	短袖T恤 ×10 内搭 ×5 外套 ×10 半裙 ×10 长裙 ×4	长裤 ×2 裙子 ×3 连衣裙 ×3	小皮包 ×4 大皮包 ×3	耳环 ×4 薄款防晒围巾 帽子 ×2 皮带 ×3	高跟皮鞋 平跟皮鞋	
	春秋	短袖T恤 ×2 内搭 ×3 外套 ×10			围巾 ×2 项链 ×5		
	冬	内搭毛衣 ×2 毛衣 ×2 大衣 ×2 羽绒服 ×1	长裤 ×2 保暖紧身袜 ×3 裙子 ×2		围巾 ×2 帽子 ×4 手套 ×2	靴子	
休闲办公	夏	T恤 ×5 薄外套 ×4	牛仔短裤 ×2 裙子 ×1 哈伦裤 ×2 连衣裙 ×3		耳环 ×6	休闲鞋	
	春秋	休闲西装 ×2	牛仔长裤 ×2 休闲长裤 ×2 阔腿裤 ×2	帆布包 ×4 休闲双肩包 ×3			
	冬	内搭毛衣（同商务）×2 休闲毛衣 ×3 羽绒服 ×1 休闲外套 ×2					
健身		健身上衣 ×3 外套 ×2	健身裤（长）×2 健身裤（短）×2	运动背包 ×2	健身胸罩 ×3	跑步鞋 2 力量训练 1	
酒吧夜店		闪闪衣 ×1	性感小黑裙 ×1				
重要场合		暂缺	暂缺	手包 ×1	手表 ×2 项链 ×2 耳环 ×2 戒指 ×2 披肩围巾 ×2	高跟战鞋	
度假	海滩系	比基尼 ×3 连体泳衣 ×1 潜水服 ×1		大行李箱 ×2 登机箱 ×1	太阳镜 ×2	夹角拖鞋	
	户外系	滑雪套装 ×1 登山套装 ×1		户外背包 ×2	帽子 ×2 围脖 ×2 眼镜 ×2	户外鞋 ×2	

图 2-10 知道"自己喜欢什么"（贴图）、"适合什么"（不断删减贴图），以及"有什么"（存货清单）、"缺什么"（连线贴图与你的存货）等，全部匹配起来也不那么容易

在表格中不断贴上在杂志或购物网站上看到的喜欢的衣品（最好是全身搭配的照片），并与自己现有的衣物匹配。坚持一段时间，衣物自然趋向于稳定的类型，也会形成主色系。一旦把一张异类风格的图贴上去，就会自动启动大脑验证"这个时尚元素该如何消化"的问题。

- 根据不断优化的贴图匹配相应的衣物。另一方面，如某件衣服或某双鞋子能和表格中的存货搭配出更多的组合，那它就是一笔成功的投资。
- 确立核心单品，买质量最好的，而不是重复购买价格中等质量一般的，至少要在重要场合和工作商务这两栏中有一两套可以完美组合的"战衣""战靴"。
- 有新欢就果断抛弃旧爱，把衣橱存货稳定在一个令人舒服的数量。

- 对于那些根本没法在这份表格中立足的衣服，及时清理止损。

衣橱，应该是女人在花费金钱比例中占比最高的一部分。以上是用一个局部法，让你看到衣橱和投资中几乎一模一样的金钱术。

规划衣橱，和规划理财一样，都要先知道自己要什么、适合什么，以及自己有无。再有独立审美的女人，也会在冲动之下买一些无用的衣服，就像在投资界，判断力强如巴菲特或达里奥，也有很多交易上的深刻教训。把它当教训就好，这会为今后的正确投资贡献更多的力量。

规划好了衣橱，你就往投资理财成功方向迈出了一大步。

善待衣服，它会让你更美；善待金钱，它会让你更富足。

2.3　机场免税店中"万万没想到"的买房逻辑

前面学习了在以口红为代表的生活中很容易观察到的"另类经济指标"，以及在衣橱里感受到的"投资组合的优化与风控"过程，这一节说一说生活中闪现的选股逻辑。

先去看机场免税店。对于免税店，女人的话题大多集中在两个问题上：在这个免税店买什么最划算？各地机场免税店的必买清单都有什么东西？

下面带你看一看机场免税店的生意是怎么做的。

Part 1　免税店是机场股飙涨的一个重要逻辑

先到中国香港交易所看看上市的北京首都机场股份（0694.HK）股票，图 2-11 所示为其 2017 年年初的涨幅。你能发现其背后的主要逻辑吗？

这波接近 25%涨幅的背后逻辑是首都机场免税店的重新招标。

一般来说，N 年一次的免税店招标，对机场股来说很可能是股价变动的重要影响因素。为什么？免税店与机场的租约一般为 5～9 年，如机场国际客流量逐年增多，给免税店带来源源不断的客源，到了续租期，房租必然会大幅提升。机场股股价之所以应声上涨，就是因为市场经济发展迅猛期间，投资者料想机场的未来收入会因为这部分房租的大幅上涨而增加。

图 2-11　2017 年 2 月 24 日是首都机场免税业务招标项目正式发布招标公告的时间

这一效应在国内经济发展迅猛期表现得非常明显，如首都机场上一轮和免税店的签约大概在 2007 年，那时机场的客源量远不如今天，所以销售额分成比例只有 20%～25%。新一轮签约的分成比例直接参照国际成熟机场的 45% 来制定，反映到股票上，北京首都机场股份股价等来的是这样一条爆发路径，如图 2-12 所示。

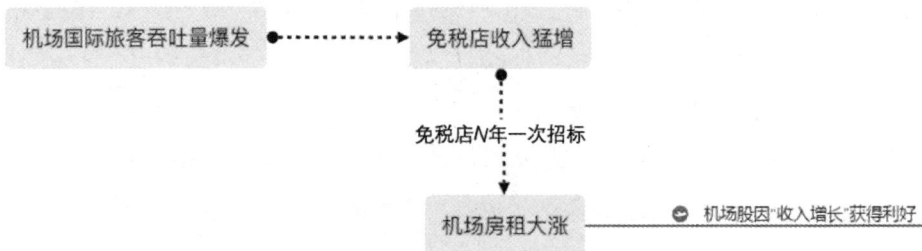

图 2-12　首都机场与免税店的逻辑关系，与机场股价的爆发路径

Part 2　一份让人"惊掉下巴"的房租合同

能让女人买得很开心的免税店，交给机场的年租金大概是多少呢？

在深圳宝安国际机场和深免公司于 2017 年签的"入境免税店房租协议"中我们可以看到最重要的两处：（1）租金标准，（2）合同期间机场的收入预估，如图 2-13 所示。

四、《商业（进境免税）租赁合同》的主要条款

（一）协议的有效期

协议有效期为 3 年。经双方协商确认，可以延期，延期最长不超过两年。

（二）租金标准

合同采取月保底租金或月营业额（销售额）提成租金两者取高的方式，其中月保底租金单价为￥10,008.00 元/平方米，月保底租金合计：￥3,773,016.00 元；月营业额（销售额）提取百分比为 35%。

并且，合同约定自起租之日第二个自然年度起保底租金单价按上一年度深圳机场国际旅客吞吐量增长比例的 50%逐年递增（国际旅客吞吐量以国家民航局公布数据为准），租金增长幅度最高不超过 10%。

五、《商业（进境免税）租赁合同》对本公司的影响

本合同签署后，在合同期内三年预计将给上市公司带来总计 15,122 万元的收入；若三年合同期满后延期两年，预计五年内共计带来 28,174 万元的收入。具体情况如下：

本协议营业收入期间	本协议预计租金收益金额（万元）
2017.8-2017.12	1,902
2018.1-2018.12	5,007
2019.1-2019.12	5,506
2020.1-2020.12	6,053
2021.1-2021.12	6,656
2022.1-2022.8	3,050
合计	28,174

图 2-13 深圳机场 2017 年 6 月租赁合同的公告（来源：深圳机场官网）

从中可以看到很重要的 3 点：

（1）保底月租金为 1 万元/平方米，每个月保底交 377 万元，为什么保底呢？因为还有另外一个计算方法是租金为销售额的 35%，两者比较取较高值。

（2）保底租金并非固定不变，每年随国际旅客吞吐量上升而上升。

（3）深圳机场签下这份 3 年的房租合同，总预计收入约为 1.5 亿元。

Part 3 算一算，免税店每天卖掉多少"小棕瓶"才能保本

如你从日本旅行完回国，在入境免税店买了价格为 557 元的 1 瓶雅诗兰黛滋

养霜，那么这 557 元钱大概仅够该免税店 5 分钟左右的房租。

图 2-14 所示是根据公开信息整理出来的入境免税店房租（出境免税店租金更高）。作为第一梯队的北京首都机场，其 T2 航站楼免税店每天的租金成本是 227.39 万元（以 1 年 365 天计算），保底月租金为 16.60 万元/平方米。

机场	航站楼	免税店公司	房租签约日期	签约年限	经营面积（平方米）	保底租金		销售额提取模式		机场在合同期内预计收入（亿元）
						月租（万元）	年租（亿元）	首年月保底销售额（万元）	提取比例	
广州白云机场	T2	中免集团	2017/10	8年	3544	1152.2	-	3292	35%	12.65
北京首都机场	T2	中免集团	2017/5	8年	416.56	6916.67	8.3		47.5%	30.3
	T3	日上	-	-	1938.72	18333.33	22		44%	-
深圳宝安机场	T3	深免集团	-	-	1818.73	-	-		20%	-

图 2-14 白云机场的国际客运量约为首都机场、浦东机场的 50%。数据来源：每日经济新闻《签下白云机场部分免税店 8 年经营权，中国国旅免税业务再扩张》、方正证券《中国机场商业史系列》（仅供参考）

Part 4 机场：流量，比什么都重要

机场凭什么收那么多钱？其核心是机场内国际游客的吞吐量能给免税店带来更多的生意。不仅是互联网行业，机场运营也是一个极度追求流量变现的行业。在一线城市机场的流量变现中，排名第一的是免税店租金，而不是大家认为的"机场允许飞机起降所收取的航运费"或各种广告费用。

如觉得机场上市公司财报太复杂，你可以迈出投资研究的第一步——从国际

旅客吞吐量增速数据看机场的生意。

A 股和港股有 5 家机场类上市公司，A 股有上海机场（6009.SH）、白云机场（6004.SH）、深圳机场（000089.SZ）和厦门空港（600897.SH）；港股有北京首都机场股份（0694.HK）。

选择上海机场和深圳机场，从 2017 年年报看国际旅客吞吐量数据，如表 2-3 所示。上海机场旗下的上海浦东国际机场的旅客吞吐增速每年在 10% 以上，深圳宝安机场有一轮爆发式增长，每年增长 20%~30%。

表 2-3 机场旅客的吞吐量增速

2017 年	国内旅客吞吐量增速		国际旅客吞吐量增速	
	上半年	下半年	上半年	下半年
上海浦东国际机场	11.37%	4.52%	3.05%	7.44%
深圳宝安国际机场	22.3%		32.4%	

如你经常出国旅行，对国际旅客的吞吐量有一些直观体会，也可以从身边朋友的旅行习惯中观察。

我有一个做导游的朋友，一和他聚会时我就会打探：国人现在爱去的旅游景点是哪儿？人员与以前同期相比的增加幅度是多少？

根据这个逻辑，我关注过越南的机场，因为越来越多的人去越南旅行。去过越南的人就知道，那里的机场设施不完备，也没有高端的免税店。一旦那里的机场扩建或重新招标结果会怎样？这也是中国机场发展后给予我的一个投资启示。

我们看一下反例：在 2017—2018 年失去了不少中国游客的韩国，在免税店行业排名第一的乐天免税店 2017 年的销售额同比减少约 600 万元人民币，营业利润约合 1490 万元人民币，较前一年锐减 99.2%，创历史最低水平（数据来源：川财证券、韩联社）。随后，韩国的机场和免税店从 2017 年 9 月开始为"租金是否应该降低"进行激烈讨论。

Part 5 看，有人用机场流量做房产投资指标

再发散一下思维，机场的流量也折射出一个城市的活力。

我的一个朋友在 2016 年去成都买了房子，她的直觉是"成都双流机场忙起来了"，而把这一直觉落实到数据就是国际机场协会和 BAA 官网每一年提供的年度总旅客吞吐量。她前几年买下成都房产并坚定持有的理由就是成都双流机场在这一榜单中的排名每年都在上升，从 2011 年首度进入全球前 50 名开始，2013 年排名上升 2 位、2014 年排名上升 6 位、2015 年排名上升 8 位、2016 年排名上升 5 位、2017 年排名上升 1 位，达到全球第 26 名，如图 2-15 所示。

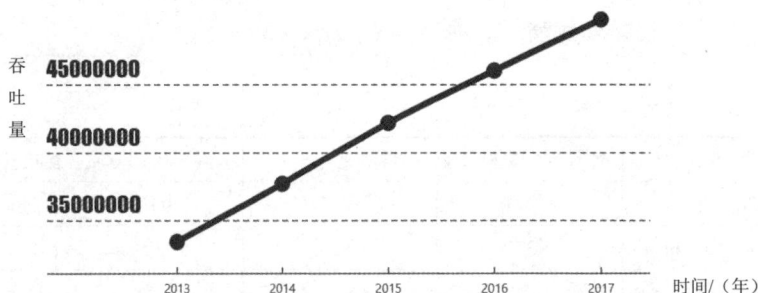

图 2-15　成都双流机场从 2013 年以来的年度旅客吞吐量，一直在快速增加。带动着其在全球机场的"繁忙度"排名也一路蹿升

类似数据也可以从非常准的大数据平台上获得，如在《年度民航机场发展总结》中可以看到当年的机场龙头公司，也可以感知新生代机场的崛起，如图 2-16 所示。

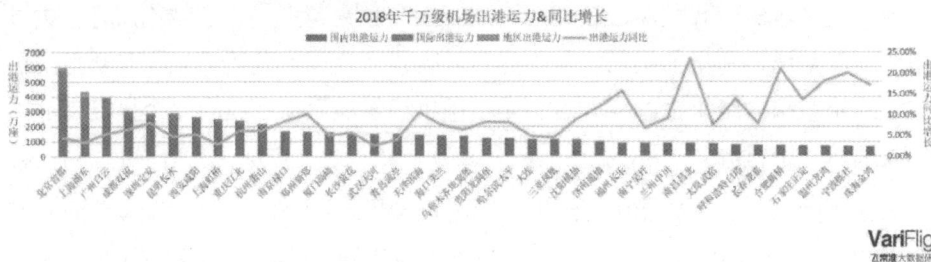

图 2-16　2018 年千万级机场出港运力及增长

需要注意的是，以上推理与发散更多是为了开启投资逻辑的思考，但有效的逻辑也会失效。因为投资里没有必然！先用有趣的方法入门，然后形成自己的逻辑，不断完善即可。

执行力大考验 06：找一找，中国最大的免税店和你心仪的城市

（1）机场和免税店相辅相成，你知道在中国免税业版图里，哪家公司最大吗？

小提示：中国唯一的一家主营免税店业务的上市公司，它旗下子公司中免集团和日上中国（2017 年 7 月被该公司收购），拥有中国绝大多数大型出境离岸港口的免税店，包括北京、上海、广州、香港、南京、三亚等城市。目前，它在全球免税店中排名第八。

如果把它的业务拆分，那么就会发现旅行社业务虽然占据 60%营收，但利润的 80%来自免税店业务，并且这块业务利润快速增长的关键是出境游旅客的流量增大。

它是谁？这几年在我们这群"勤俭持家"的女人扶持下，股票走势如何？

（2）你最看好中国的哪个城市能在未来挤入准一线？或从全球来说，有没有看好的潜力股？用前面给出的数据出处，在机场吞吐量排行里找它的位置吧！

执行力大考验 07：回溯浦东机场的免税店招标

浦东机场 T2 机场免税店的经营权在 2018 年 3 月底到期，可以查看浦东机场所对应的上海机场（600009.SH）股价，在免税店经营权即将产生变化时候的走势，和其他机场比较一下，看看它的表现是否在这一阶段特别突出？

2.4　和自己好好说话 01：花钱是一场修行——购物欲拆解

本书中笔者会根据需要写一篇"和自己好好说话"的随笔，希望用户不仅拥有发现赚钱机会的能力，也能看清自己。

笔者曾坠入购物漩涡：无聊时逛街看有什么好买的，不想自己还有多少钱，或把购物小票藏起来，在真实花费上对大脑撒谎，也有不少东西买回来后一次都没有用过。

📑 **知识小卡片**：什么是"粉红税"

> 瑞士宝盛银行发布的《2018 年亚洲财富报告》中有这样一个统计：女性在 42%的情况下会比男性支付更多的钱来购买同样的商品，俗称"粉红税"，即女性更容易冲动购物。

从之前的指标、组合、风控中跳出来，说一说购物欲。有人说投资是一场修行，笔者认为购物也是，都要"战胜自己"。这儿笔者把它分为两个层面。

- 用经济思维去量化：能清晰地发现问题，并做出比较和选择；
- 用直觉感悟：跳出购物和经济维度，用神经学、心理学等维度看待面临的问题并找到解决的方法。

今天试着从这个层面解决"无用的购物欲"问题。

Part 1　经济思维：告诉你"扔不扔""买不买"的 ROI

好好整理衣橱，必然会面临扔还是不扔的灵魂拷问。用经济学的 ROI（Return of Invest，投资回报率，ROI=净收益/投资成本）来看就一目了然了，如表 2-4 所示。

表 2-4　衣服扔与不扔的成本收益分析，假设要扔的衣服有 10 件（此处仅为举例）

	投资成本	净收益	备注
扔	0	空间变大 300 元，二手售卖收入（10 件×30 元）	30 元一件的标准，以闲鱼 App 普通衣物平均售卖价计算
不扔	900 元	一年大概穿 20 次（10 件×每件 2 次）	衣物占据空间大约为 1/4m²，如 10 m²的房租是 3000 元/月，年租金就是：3000÷10÷4×12 =900 元

从表中可以很快计算出，如果不扔，这些"鸡肋"衣物每次的穿衣成本，即：

$$穿衣成本=900 元/20 次 = 45 元/次$$

这时"扔不扔"的问题就变成"你愿不愿意花 45 元租一件并不太喜欢的二手衣服"？如还没法衡量，那就以租衣市场价来比较，在衣二三、女神衣橱这类租衣 App 中，一件普通衣服价格为 5 元/天（以 2018 年包月价计算）。如要租轻奢品牌衣服，按 3 倍价格计算，也即 15 元/天，仍然比保留这些衣服便宜很多。答案是不是一目了然！

同样的方法适用于"买不买"的问题，很多资深时尚博主说必备经典单品一定要买最好的，可以用 ROI 解释。花高价购买穿着频率高且时间长的衣物配饰，和花低价买穿不了几次就压箱底的东西相比，算一下投资回报率就知道前者普遍更高。

回到投资上，要想把投资做好，就要学会多角度分析"这个价格值吗？""我该不该抛掉？"

Part 2 直觉感悟：把自己当成"小白鼠"，投进自建的实验室

再说直觉训练，尝试把自己当成实验室里面的小白鼠。

一个世纪以前，德国心理学家 Emil Kraepelin 提出"购物癖"概念。美国的《医学日报》曾刊文："真正使我们快乐的东西并不是购物带来的，而是我们在购物时候的憧憬带来的，即想象使用这些新物品时候的情景，设想着未来的新生活等。"

上面提到的心理诉求，是人性中难以避免的部分。对我个人来说，每当发现一个大家都很难抑制的人性本能时就会很兴奋，因为"也许可以利用它赚钱"。于是，面对自己难以克服的东西时，我会做一些探索实验。

看了心理学书籍后，我也试图从神经学中找寻答案。"当无法抑制购物冲动时，大脑里究竟在想什么？"以下是我在一些文献中找到的实验方向。

女性身体需要血清素的细胞比较多，但制造的血清素总量不足，所以女人往往需要借助购物这样的外部刺激来感受快乐，从而造成对购物的"行动控制障碍"。

（1）找到实验方向后，目的也相对明确：找让身体分泌更多血清素的方法！

（2）研究血清素和肾上腺素，即"快乐的化学物质"，了解做什么能刺激它们分泌。尝试早起接受日光浴、规律健身、为自己搭配更多营养丰富的食物。

觉得我写偏了？但我挺享受这种"感知自己+体会改变"的过程，如表 2-5 所示。

表 2-5 刺激血清素分泌实验（个人尝试型实验，仅供参考）

实验目的	让自己的身体能"在不借助购物的前提下"制造更多血清素	
实验周期	三个月	
实验方法（每天）	早起，晒太阳走到健身房	晒 20 分钟日光浴促进血清素分泌
	每天吃一根香蕉，把下午茶的零食改为一小包优质坚果	补充色氨酸——制造"血清素"的原料
	在健身房内快走 40 分钟	运动能促进身体的各种激素分泌，包括血清素、多巴胺和内啡肽，都是能带来积极自我认知的激素

注：我不是运动或心理方面的从业者，所提方案仅从看清自己思路出发。

因为精力更为集中，实验结果让我在投资中更顺畅。培养起规律的运动习惯后，让我有动力考了 SPI（北美运动学院认证）证书。在 SPI 教程中有一张人体激素分泌峰值图表（见图 2-17），即人体激素到达一个峰值后，持续运动会消耗更多的卡路里。

通常人们是以"如何更高效减脂"看这张图，而我针对自己的情况这么理解：我需要在做交易时让自己的激素达到一个峰值，是不是可以尝试坚持"每天开盘前 40 分钟慢跑"去达成。

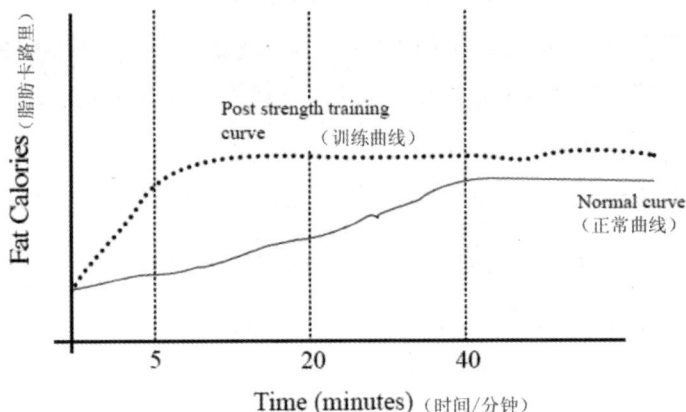

SPORT PERFORMANCE INSTITUTE

图 2-17 人体激素分泌表。激素达到峰值的两种方法：跑步 40 分钟或无氧运动 30 分钟+跑步 5 分钟

以上是我"努力更了解自己"的一个实操过程，这般训练后让我把注意力从购物转到"打开新视野"的学习和探索中，无形中也养成和保持了很多受益一生的好习惯，如坚持运动、保持好奇心等。

华尔街见闻金牌财经节目《付鹏说》的主讲人说过，投资的人同样需要肾上腺素，而他觉得对自己最有效的方式是极限运动。

以上是用"经济脑"为自己拆解问题并发现解决方法的过程。

- 既然可用这种方法"读懂购物欲"，那么是不是可以照搬"读懂自己的投资行为"？我觉得道理一样。
- 如有人买一份资产时很少考虑自己还有多少流动"弹药"，在下坡的山腰上 All in（全部投入）后没有退路。
- 亏损后再不想打开账户看一眼。
- 同样遇到买不买、抛不抛、如何克服天性中不利于投资的因素等。

《华尔街股市投资经典》的作者吉姆·奥肖内西认为主动型投资者必须具备7个特质，即长期视角、注重过程、不预测走势、耐心和坚持、精神力量、相信概率及纪律性。

这一节里着重提到注重过程、提升精神力量和保持纪律性这三点。我也将在后面章节中通过减肥这个高频场景展开说明其他几个部分。

很多人都说"漂亮的女人自带烧钱属性"，但怎么烧出不一样的火花，还需要加一点理性的"调料"在里面。通过这一阶段性的头脑风暴，希望可以让你找到一些方法从"无用的欲望"中解脱出来，这会在未来的投资和生活中让你受益匪浅。

2.5　选一只消费股，先问"它是怎么赚钱的"

从消费到投资消费股，从这一节开始慢慢过渡。

前面说了从纯花钱转向投资的发散思维模式，及通过"如何克制购物欲望"的方法看清投资的复杂性。现在，着手找一两只股票或基金练手。

新手选股最关键的是心态，不要在乎一时的涨跌，用喜欢这个公司、鼓励它的心情去看待你可能长期持有的股票——这是我个人比较崇尚的投资入门方法。

这里从购物涉及的消费股开始选择。消费类股票分两种：一种是必需品，一种是可选品。必需品就是不买不行的商品，如日用品、医药、食品等；可选品有汽车、家电、娱乐等。如通过前面内容找相关标的："口红经济"可以看上海家化，机场与免税店则可以看掌握着免税店的中国国旅等。

怎么选择？优先找你能看懂"怎么赚钱的"公司。

Part 1 一个"吃货"的投资修养：三个考察点

先开启"吃货"的投资模式，以呷哺呷哺为例。其显而易见的特点是翻台率很高；运营成本低，客单价较高（客户容易多点）；标准化程度高，容易扩张，现金流非常棒。该公司在港股上市，2016 年 1 月到 2018 年 6 月不到 3 年涨幅达 600%，如图 2-18 所示。

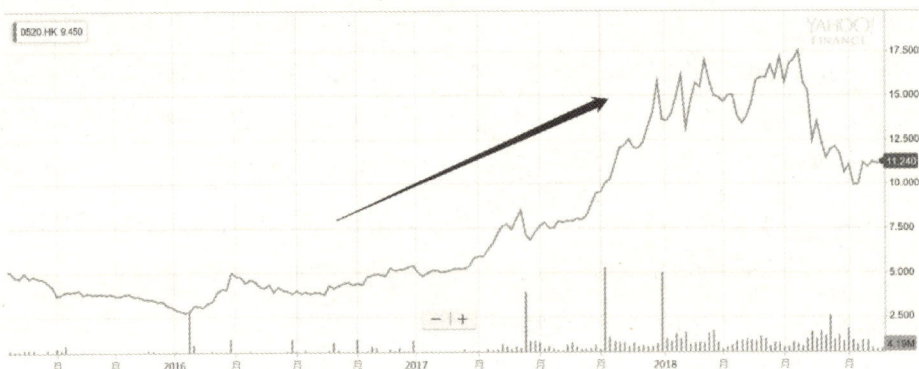

图 2-18 呷哺呷哺股价走势图

在吃喝玩乐时，你是否会有一个直觉：这个生意能赚钱！

到这一步，你其实已通过直觉发现了"一个可能的机会"。接下来，锁定背后的上市公司从以下三点来验证。图 2-19 所示是教大家如何选择消费股。

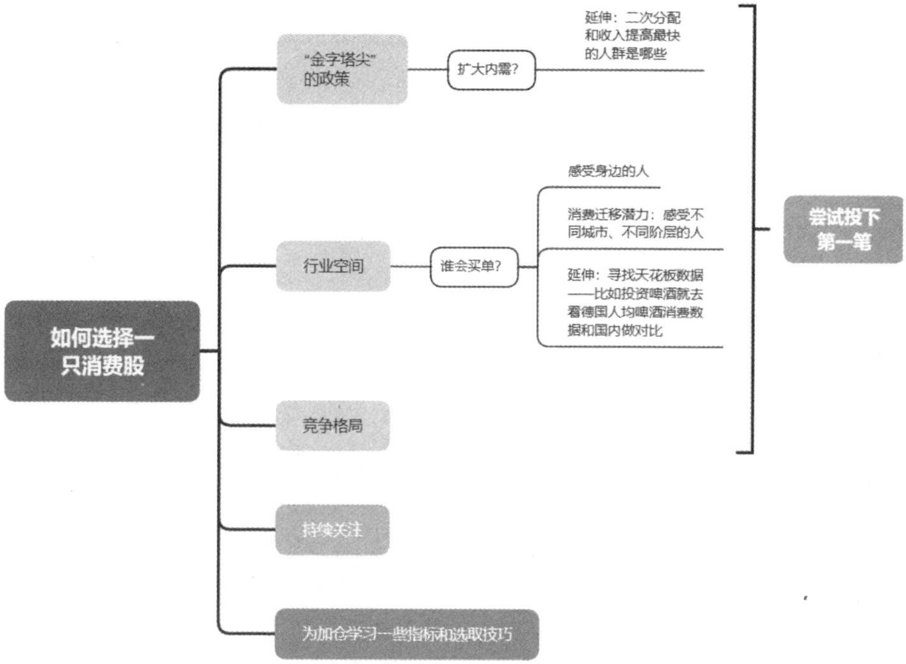

图 2-19 消费股的选择与验证中的基础

- 大环境：是否提"扩大内需"鼓励大家消费，再深挖下去，比如收入提高最快的人群是哪些。
- 行业空间：这个生意还未辐射到的这个城市的其他人以及其他城市的人，将来会为它蜂拥买单吗？再深入一点，消费的天花板在哪里，如最爱喝啤酒的德国人年均消费多少升等，就是一个啤酒消费天花板的参考，即理论上中国消费者啤酒消费再怎么升级，也不太可能超过这个数。
- 竞争格局：你认为这家公司的竞争对手是谁，目前什么状况，它能挤压对手占据更有利的位置吗？

下面从 2018 年硝烟四起的咖啡市场来看星巴克股票投资。

Part 2 把三个观察点放到星巴克上

我有个持有星巴克股票的同事，几乎每天下午都会喝一杯星巴克咖啡。某天，他在朋友圈看到一条消息："告别星爸爸（人们对星巴克咖啡的昵称）转战 Luckin（瑞幸）咖啡之后，每天咖啡摄入量从 1 杯变成 2 杯……"联想到公司开会喝的咖啡也变成了楼下某个咖啡新品牌，他立刻启动是否要卖出星巴克股票的调研。

当然，并不是说在那个时间点上星巴克股价可能会跌，而是要养成这种发现问题就要马上动手解决的思维。该朋友之所以在 2012 年买入星巴克股票，也是从这三点出发。

- 大环境：2012 年，中国刚刚富裕起来的人群，处于非常明显的消费转变期，如华尔街当时有一个针对性的组合就是"买入星巴克，卖出麦当劳"，即环境变好后，手上钱变多的这些人会消费什么产品。
- 行业空间：2009 年开始，星巴克在中国大面积布局店面，相当于开拓了一个巨大的行业空间，这个空间让当年在欧美市场无法实现利润增长的星巴克，其股票实现困境反转成为十倍股（见图 2-20）。
- 竞争空间：现在是否抛出，因为在 2019 年这段时间里，竞争者多了起来。

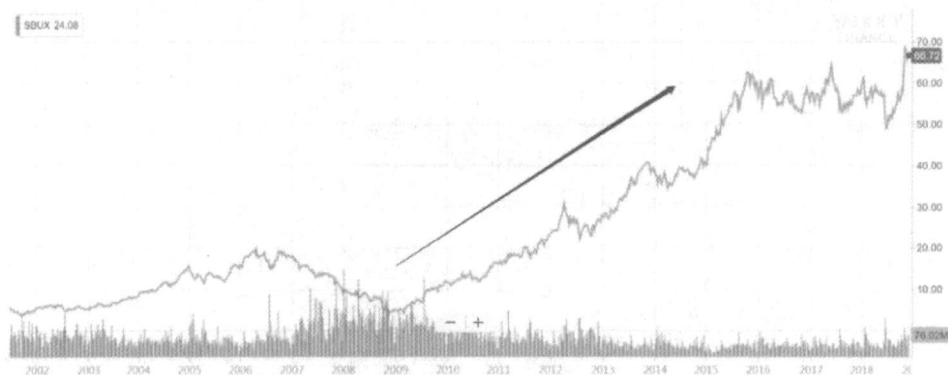

图 2-20　2009 年开始，星巴克股票走势与其在中国开店关系

以上是围绕前面所说了解一门生意的思维线。对我的同事来说，在这样一条线的引导下，可以不断接收新信息，进一步观察，勾勒出咖啡市场竞争格局的实时图（见图 2-21）。毕竟，自己有钱投资在里面，认真一点总没错。

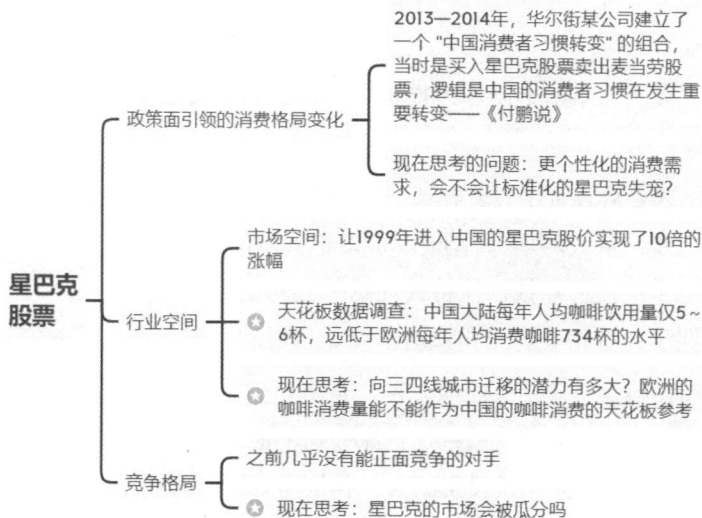

图 2-21 基于 3 个重点，发散出来的星巴克投资实时分析参考

Part 3 每个月做一次"股东视察"

从星巴克的投资回到呷哺呷哺，通过三点简略判断，可以尝试投资一下。

建议投资后保持每个月去一次的频率，当作股东考察，毕竟，已有小肥羊从港股退市的案例。你要不断地把看到的变化用大脑过滤一遍。

（1）看扩张、看人流；（2）看服务，看店长或店员是不是老面孔，从最细微处感受公司人员流动情况；（3）看走出这家店的顾客表情，是"说"下次还来还是再也不来。

还可以看冬夏客流量的差异，观察一个完整的周期。就像有人说大概率赚钱的机会是在 5 月份买"啤酒股"，因为夏天快到了，啤酒公司股票在这个时间段从历史数据上来看大概率会涨——消费类股票都存在周期特点。

自己的观察是一方面，现有的资讯和验证是另一方面。如从新闻或者分析报告里看到，呷哺呷哺进军南方市场并不顺利。那么你外出游玩或出差，就可以考证不同地方的火热度。

这需要耐心！不是上午听消息买入股票下午该股就能大涨这么简单。投资大师彼得·林奇认为，选择身边经常能看到或消费的公司对应的股票会更好。不断地考察和感受消费者的反应，积累多维度的信息，会体会到这只股票本身在市场里的演变。

从以上案例总结一下：作为投资小白，如何不费多少精力就能选择一只不错的消费股呢？

- 第一步：从直觉出发"看到一个有赚钱能力的公司"，看懂它的赚钱逻辑。
- 第二步：从大环境、行业空间和同行竞争这三点验证你的直觉。
- 第三步：投一点钱，保持关注这家公司的生意。
- 第四步：看相关新闻和报道，结合自己的观察掌握更多的信息。

我曾跟在蚂蚁金服工作的朋友说，希望他们开发一个功能，即每消费一笔钱，只要关联到上市公司品牌，就推送这家公司的股票行情+相关市场新闻和报告，作为一个经常从生活灵感出发投资的人，我很需要这个功能。

下一节，依然讲如何买一只消费股，并实现大概率的获利，这时就需要加入一些指标，来辅助判断。

执行力大考验 08：哪一只股票，能激发你的味蕾

想跨入"吃货"行列，先列一下你给以下几家餐厅贡献了多少营业额，有没有给你"这家肯定很赚钱"的印象？如果有，按以上讲解的 4 步走，如图 2-22 所示。

公司	市盈率（TTM P/E）	截至 2018 年 12 月 21 日涨跌幅
港股		
呷哺呷哺（HK.00520）	33.5	157.36%
唐宫中国（HK.01181）	10.9	57.45%
味千中国（HK.00538）	5.2	18.35%
大快活（HK.00052）	20.4	17.90%
翠华（HK.01314）	17.8	-10.78%
大家乐（HK.00341）	24.1	-16.70%
稻香控股（HK.00573）	7.7	-29.61%
美股		
麦当劳(NYSE:MCD)	30.2	41.45%
百胜(NYSE:YUM)	33.5	29.69%
星巴克(NASDAQ:SBUX)	30.2	3.98%

数据来源：Bloomberg，云锋金融整理

图 2-22　港美股部分上市餐饮企业

黄金玩家启示 04：30 年前的一场投资实验

彼得·林奇说过"千万不要买任何无法用一支笔将公司业务简单描述清楚的股票"，即能简明清晰地说清楚商业模式的公司才值得买。

他做过一个投资实验，实验对象是初一的学生，他们在老师带领下做股票投资，投资原则是彼得·林奇定下的 3 条：（1）股票池里至少有 10 只股票；（2）其中一两家能提供相当不错的分红；（3）在决定选择一只股票前，必须清楚说明这家公司业务是什么。

很多学生选择了迪士尼（娱乐）、Kellog（食品）、沃尔玛（零售），原因是这些品牌在生活中随处可见。

实验从 1990 年 1 月 1 日到 1991 年 12 月 31 日，标普 500 收益率为 26%，学生们的股票池收益率高达 69.6%，其中仅有两只股票下跌，盈利最多的股票上涨超过 300%，初一的学生在这一时期比专业投资者做得更出色。虽然这场实验是在美国做的，可能和国内不同，但方法类似。即使我们不能像专业交易员一样"满屏都是我的老朋友"，但至少先与你生活中遇到的公司背后的股票成为"老朋友"。先用一小部分金额磨炼操作方法，然后和大盘指数比一比收益率。

2.6 提高篇：自带香气，撩开股票的三个指标

目前，你可能已经关注或持有一只直觉认为会上涨的股票，也时不时考察背后的公司。接下来，再给你的股票"照 X 光"，看看光鲜表面背后的黑白图像。在大致了解股票"健康度"的同时，逐一排除明显的致命伤，然后再考虑是否用更多的真金白银为它鼓气。

能否记住下面 3 个指标不重要，重要的是要理解：了解工具，才能用好工具。

Part 1　找个漂亮点的股票指标工具

交易软件上有很多交易指标。持有股票一周左右，就可以看看市场趋势和利好动向：买的人是否增多（从交易量上来看）、最近涨势如何（看 5 日均线、10 日均线）等，按照自己熟悉的指标来选择即可。下面根据我个人投资特点，说一下投资长短的大概界定。

- 短期投资：几天到一两个月的时间。
- 中期投资：半年到 1 年左右的时间。
- 长期投资：1 年以上，更多是 3~5 年甚至更长。

对中长期投资来说，基本就是在好公司里面买到足够便宜的公司股票。有经验的投资人都有自己的一套体系，对于普通工薪族来说，很难有精力和时间去研究。这里，就找一些便捷和成熟的指标来看。

投资小白刚接触各种财报分析指标时都有点害怕，但一些小工具可以帮你。如亿牛网中就把一些基本指标（包括价格、市盈率、市净率、股息率、ROE 以及市值）用图表形式展示出来，方便直观，对女性比较友好。

这一节初步学习指标，并了解怎么使用它们。为了更形象，我们把该指标放到一家你作为老板的香水店里理解：这些略显枯燥的指标到底代表什么。

Part 2 数字越小越好看的市盈率

以老板视角看市盈率（Price/Earnings，P/E，又写为 PE），就是一句话："这个员工有多便宜？——工资对比工作能力来说，要判断性价比高不高，这个比值当然越小越好看。"

$$PE = 每股股价/每股盈利$$

市盈率是每股股价和每股盈利的一个比值。按字面意思来看数字越小越好看，也即分子上的股价相对于分母的盈利水平来说，比较低。那我为什么说数字越小越好看，而不是越小越好呢？下面，一点一点分析给你看。

从图 2-23 所示中能得出什么结论？以 C 汽车公司股票为例说明，从历史数据来看，相对其盈利水平，它的股价越来越低（PE 数字越来越小）。

但以上只是理论知识，切换到更贴近生活的场景，即我们经营一家香水店，一起把 PE 指标放进店里试算一下。

这家香水店今年盈利约 10 万元，有个人想用 60 万元收购你的店。这个 60 万元的价格对应你每年盈利是不是 PE 概念？你可能会想：60 万元 6 年就能回本，6 倍市盈率，是不是卖便宜了？

这时就思考第二层：香水店适合用 PE 衡量吗？

　　PE 考量的是持续经营的价值，每股盈利参照现有数字。而对于这样的香水店来说，香水不是必需品，再结合前面讲解的经济周期和"口红经济"看，每年的盈利不稳定，具有周期性特点，加上成本上升或不可抗力带来的关店风险挺高，基本上没有持续稳定盈利的属性，即并不适合用 PE 衡量。

图 2-23　C 汽车公司在 2018 年 4 月市盈率仅 8 倍左右。而 A 股（剔除科创版、新股和 ST 股）在 2018 年年中市盈率中位数是 36 倍，消费类行业公司的市盈率中位数是 27~40 倍。对比之下，该汽车公司的股价很低

　　往大里说，全球香水巨头——科蒂（Coty）集团 2018 年的利润为负，它的 PE 是负数，没什么参考价值。在实际使用中，PE 依然有很大的局限性，即当盈利较少甚至为负数时，PE 值会受到极大的扰动，这使得我们难以处理诸如周期行业或偶有亏损的股票。

　　通过以上内容初步判断如下：经营非常稳定的公司（如消费类公司）更适合用 PE 测算。因为经营持续性极强，每股盈利波动性不大，这类股票在 PE 到某个低点时可以关注。

　　反过来，也可以回答另一个问题：高 PE 的公司不值得投资吗？高 PE，是市场上买家对其未来每股的收益有一个极高的预期，它和稳定型的企业区别是未来分母上的每股盈利想象空间大，股价预先有了反应。这一类股票如想长期投资，需重点考察每股盈利的高增长性能否实现，甚至超预期实现。

　　从 PE 的解读可以看到，一个指标不是万能的，只有充分理解，才能形成一个有用的思考方式。记住它，继续看第二个指标——市净率。

Part 3　数字越小越让人心动的市净率

市净率（Price to book ratio，PB）是股价和公司净资产的一个比值，简单理解就是："克隆一家同样的公司，至少需要这家公司市值多少倍的资金。"公式如下。

$$PB = 总市值/净资产$$

如说 PE 衡量的是一个公司持续经营的价值，那么 PB 衡量的是账面的价值，是更为保守的估值办法。

继续看 C 汽车公司的市净率，如图 2-24 所示。

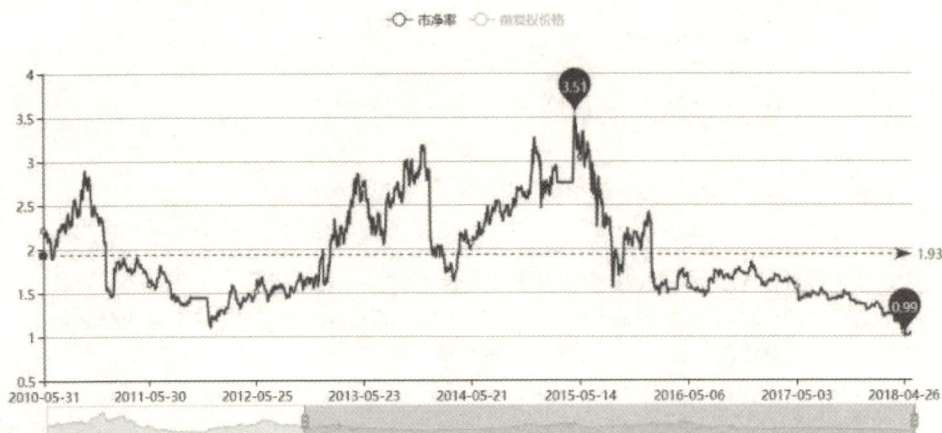

图 2-24　C 汽车公司市净率。当前市值 490 亿元，PB 值 1.01 倍，处于历史低位。这个数字意味着重新造一个汽车公司，至少需要 490×1.01＝494.9 亿元的资金

PB 非常低的公司或行业为什么值得投资？因为对想要投资该公司同一个行业的人来说，与重新创业新做一个公司相比，直接收购现有的公司更合适。

PB 适合用于哪些类型公司的股票呢？——重资产和周期性强的公司！如银行、房地产和钢铁公司。

把这个指标放到香水店，如花了 40 万元经营一家香水店，刚开店的那天，一个公司想收购，你开价 80 万元，按照上面所说的定义，相当于你给自己定的 PB 是 2。公司衡量后在你旁边自己花 40 万元重开了一家，在他的心里，你的 PB 值太高不值得投资。

而你朋友是一个香水研发师，有独立开发能力，她花 40 万元开的店就有可能被人用 80 万收购，虽然 PB 依然是 2，但这种情况下，不能被 PB 值表现出来的

"无形资产"更被看好。

这也就是为什么有些研发能力极强的高科技公司净资产很少，但股价很高，且 PB 估值居高不下的原因。你能说 PB 太高不值得投资吗？仅靠这个指标不能武断下结论，继续看 ROE（Return on equity，净资产收益率）。

Part 4　"100 元投下去能赚回多少"的 ROE

这是股神巴菲特念念不忘的指标——ROE。ROE 衡量的是投入 100 元后企业一年能为你赚多少钱。

$$ROE=企业净利润/净资产$$

"用多少投入赚多少钱"衡量的是赚钱的能力。在巴菲特看来，ROE 能常年稳定在 15% 及以上的公司都是好公司。简单来说就是股东投入 100 元，一年能赚回 15 元，差不多 6、7 年能够回本。所以 ROE 越高，说明企业的盈利能力越强，赚钱效率也越高。

苹果公司近几年的 ROE 保持在 35%，按照这个水平，投进去的本钱 3 年就能赚回来。但 ROE 绝不能只看一年，这应该容易理解。

- 个别公司通过会计手段，把某一年利润做得特别高，光看这一年则其 ROE 特别高，让投资者觉得，这个公司赚钱效率太高了，结果投下去发现第二年根本实现不了。

- 有些公司正在新项目投入期，未产生收益，会拉低某一年的 ROE，仅看 ROE 就放弃会错失机会。要知道，巴菲特投资比亚迪时，它的 ROE 只有 3%。所以，ROE 还是要结合前面所讲的变通思路，你觉得"它未来能赚钱"非常重要。

通过 C 汽车公司近几年的 ROE 指标做一些趋势性的判断，如图 2-25 所示。

需要注意：有些公司的高 ROE 是虚增的。现在把 ROE 放到香水店去观察。

你用自有资金 40 万元，加借贷 10 万元，一共 50 万元开的香水店，一年后赚了 10 万元，那么净资产收益率是 10/40=25%，而你的闺蜜用自有资金 40 万元开的香水店，一年后也赚了 10 万元，她的净资产收益也是 25%。

相同的 ROE，投资人会觉得你闺蜜的店更有价值。但在股票上，投资者往往忽略负债这个隐藏在高 ROE 背后的问题。

所以，记住一点：ROE 看长期表现，高 ROE 背后再看负债。

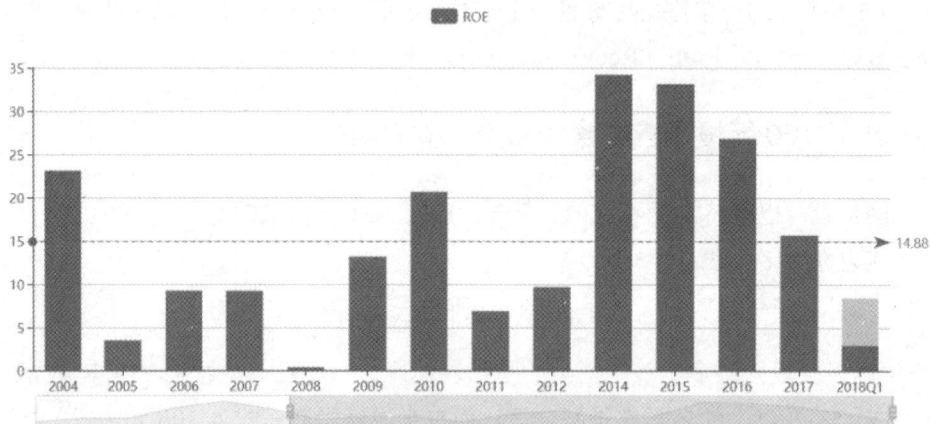

图 2-25　C 汽车公司的 ROE 从 2014 年开始下降，在 2017 年有了明显的下滑。通过搜索会发现，这是因为汽车购置税的补贴取消导致的，其受大环境影响很大

看了以上内容就会发现，投资时，如你依赖单一指标机械地买股票，很可能误入歧途。把几个看起来普通但合适的工具在你脑袋里形成排列组合，互相印证，才有可能成为一件厉害的武器。

- PE 适合一些持续且平稳经营的公司，用盈利水平去衡量股价是否便宜。
- PB 适合重资产和周期性的行业，简单判断指标如下：重做一家同样的公司，还是直接买它的股票。
- ROE 是一个赚钱效率的指标，但要识破打肿脸充胖子的情况。

只有真正理解并用自己的语言熟练地表达出来，这些指标才能真正有益于你。

执行力大考验 09：把你选的股票，放进 3 个指标里算一算

结合前面的内容，找一只消费股，然后用这 3 个指标分析，如 C 汽车公司。

- PE 来看（2019 年 3 月），8 倍市盈率，对比消费股整体 27～40 倍的水平，看上去不贵。
- PB 差不多是 1，即我"克隆"一家和该汽车公司一样的企业，不如直接买它的股票。
- ROE 很低，说明目前处于相对低位，可以看看能否反弹。需要注意，你不

能要求 PB 很低的公司 ROE 还很高。

其实这里的分析远远谈不上严谨和深入，但可以作为一个好的开始。

执行力大考验 10：给指标比较加一个新维度

上面用直觉对一家公司评判后，学会用 3 个指标描绘公司的轮廓。这里再加一个新维度：用这 3 个指标，将公司与同市场的同类公司比较，看其处于什么水平。

趣味小单子 06：了解一点公司财务知识（见表 2-6）

表 2-6　趣味小单子 06

#项目	名　　称	简　　介	备　　注
图书	《一本书读懂财报》	肖星，适合零基础的初学者	
	《用生活常识就能看懂财务报表》	中国台湾超人气财经作者、讲师林明樟 20 多年财务报表经验的总结	浅显易懂，容易上手

2.7　恭喜你，通过第一关（股票投资技能值+1）

这一关，学会"从生活里找线索"，从机场免税店到机场股、从"吃货"到怎么赚"吃货"的钱。在"买买买"的欢乐气氛里，发现了很多新线索，还扫了一眼第二阶段（落实到具体资产）和第三阶段（加入硬核指标去验证）的"地形"。这一关解锁一个新技能：了解股票这样的资产种类。

先做一道选择题，股票对于你来说，是什么样的东西？

是一张 6 位数的彩票或分享企业盈利的机会，还是就喜欢这家公司，想做它的粉丝？

股市，相当于上亿人参与的"最强大脑"游戏现场。企业发行股票融资壮大，你投资股票是基于这样一个判断："它能为我赚钱。"

这些公司股票在全球的各大交易所上市。纽约证券交易所（简称纽交所），纳斯达克交易所、东京证券交易所和上海证券交易所（简称上交所）是全世界主要的几大股票交易所，这也不难理解为啥国内很多公司的 CEO 以去纽交所敲锣为荣，毕竟它是这个行业内最知名的一家。

在亚马逊成立 4 周年，上市 2 周年的时候，CEO 贝索斯回答了斯坦福大学一位女生的提问："我有 100 股亚马逊的股票，那么我拥有的到底是什么东西？"

很多人可能不清楚股票到底怎么在帮你赚钱。其实，你投资一家公司，享受的是其不断增长的净资产复利。如果不是短期炒作，选股的逻辑就很简单：找到"有能力，并且愿意为股东赚到钱"的公司，然后从它身上获取复利。但在实际市场中，最初时，大多数人成为公司股东是为了参与分红，随着股票市场的繁荣，低买高卖变得非常便捷，让部分人忽略了公司本身的业绩。

把市场上所有的参与者对未来预期做打包折现（其中包括对公司盈利、风险的预期，以及对资金时间价值的估算），就对应某个特定时间段的股价（可以看出，前面讲解的使用现金流折现估值有些局限），如图 2-26 所示。

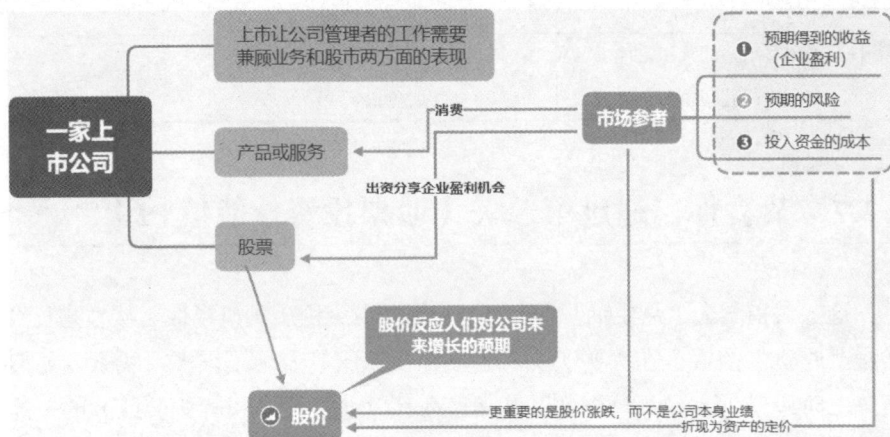

图 2-26　上市公司股票、股价和产品服务等相关关系简要解析

市场上所有参与者的预期，受经济景气度的影响，也受行业发展空间、市场资金流动性的影响，到最后会发现，如果认真分析一只股票，不能仅看这只股票，而要用到很多其他领域的知识。下面，我们一起慢慢开拓。

谁说在消费主义里女人就无法独立思考？！

Chapter 3

闺蜜下午茶的带劲儿话题

女人们总喜欢约一次下午茶，
安抚躁动的灵魂和味蕾。
一次下午茶，
似乎是对一个美好下午的最好诠释，
一次闺蜜的下午茶，就是一个"情报会议"。

本章思维导图

有些人也许一直不愿意做理性的思考，这也没关系，市场会用亏损来减少他们的影响力，直至最终用破产将他们赶出市场，把资源分配权交给那些愿意动用思考力并不断学习提升自身能力的人。

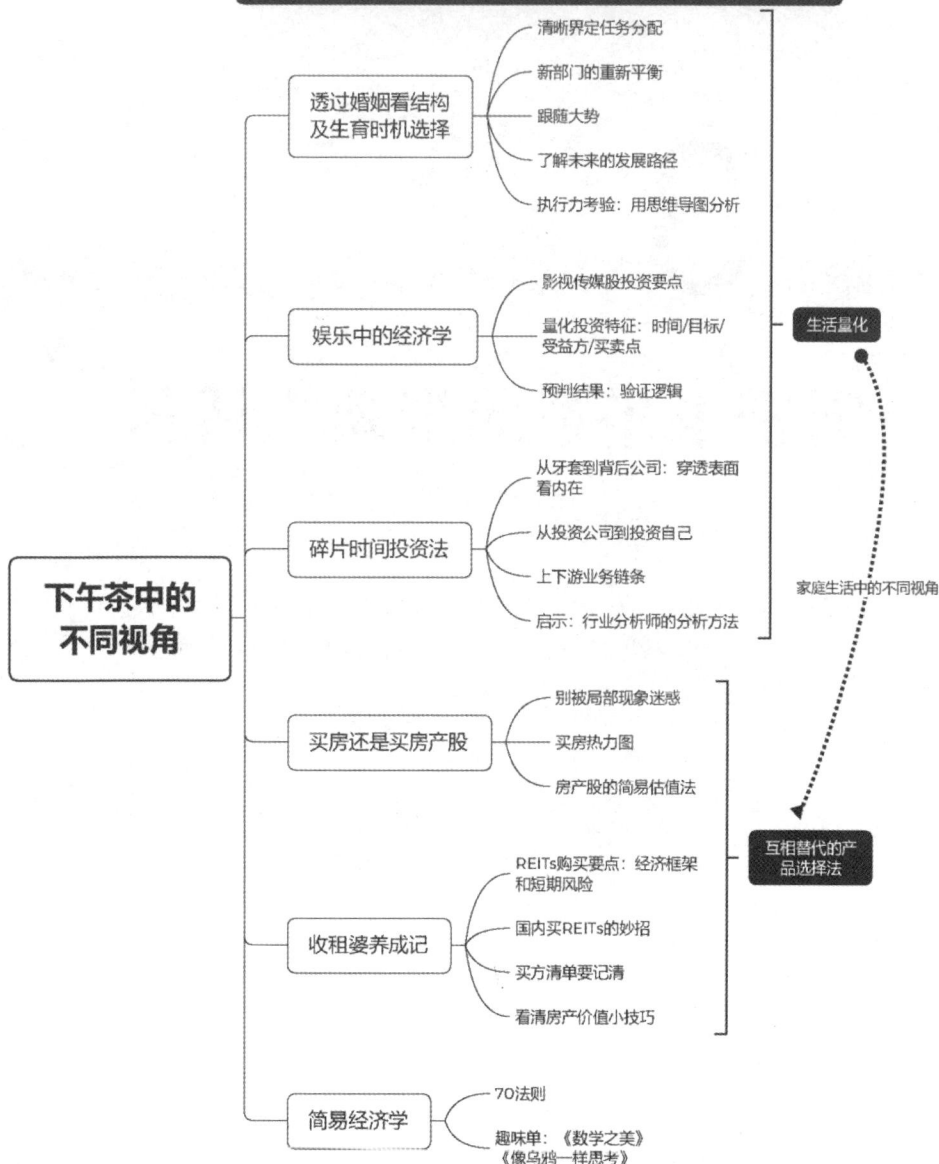

下午茶中的不同视角

- 透过婚姻看结构及生育时机选择
  - 清晰界定任务分配
  - 新部门的重新平衡
  - 跟随大势
  - 了解未来的发展路径
  - 执行力考验：用思维导图分析

- 娱乐中的经济学
  - 影视传媒股投资要点
  - 量化投资特征：时间/目标/受益方/买卖点
  - 预判结果：验证逻辑

- 碎片时间投资法
  - 从牙套到背后公司：穿透表面看内在
  - 从投资公司到投资自己
  - 上下游业务链条
  - 启示：行业分析师的分析方法

- 买房还是买房产股
  - 别被局部现象迷惑
  - 买房热力图
  - 房产股的简易估值法

- 收租婆养成记
  - REITs购买要点：经济框架和短期风险
  - 国内买REITs的妙招
  - 买方清单要记清
  - 看清房产价值小技巧

- 简易经济学
  - 70法则
  - 趣味单：《数学之美》《像乌鸦一样思考》

生活量化

家庭生活中的不同视角

互相替代的产品选择法

3.1　透过婚姻看结构

婚姻或爱情，是闺蜜在聊天时逃不开的话题。用经济思维看婚姻，可以从不同的角度获得一些相同的感悟。

1981 年，美国经济学家贝克尔在其著作《家庭论》(*A Treatise on The Family*)中首次提出"婚姻经济学"的概念，把对经济的分析扩大到人类行为的举动，这让他获得 1992 年的诺贝尔经济学奖。

如果把一段婚姻看成两个人合伙开公司，就简单多了，不管目标是赚快钱还是做百年老店，都可以用经济头脑考量两个合伙人之间的磨合与矛盾。

人类的行为规律在各个领域基本一致，区别在于当外部条件不同时，要用不同的学科去分析，这也是我们提高认知的好手段。现在，尝试把你的恋爱或婚姻拆解成一个公司的运营结构去分析，结果会如何呢？

Part 1　用 KPI 清晰界定分工平衡点

你和一个男人打算共同创立一家"公司"，意味着你们对这家公司有类似的发展期许。

> 但一定要小心初创公司的通病——依靠情怀"打"天下。

光靠情怀（爱情）打不了天下，很多刚开始"一切都不顾"的真爱最终都以创始人太理想化而走上了弯路。作为主要合伙人，你的价值体现在哪里？这在公司的长期发展中非常重要。没有任何一家公司愿意放一个闲人或能力不匹配的人在这里，何况你还是合伙人。先分析你在公司的职责范畴，如担任行政+财务总监（家务+管钱+固定资产管理）+业务 1 部（你的收入）的职务，就要想一想这些职位在公司中的考核标准是什么，如图 3-1 所示。

这时，名为"婚姻"的公司构架已完整呈现：哪一个部门是重点，哪一个部门最烧钱，哪一个部门必须赚钱等，你心里一定要清楚。如你负责了大多数支持部门的事务管理，那么，老公所负责的业务 2 部的收入 KPI 就要相应地定得很高，否则，容易让你心理失衡。

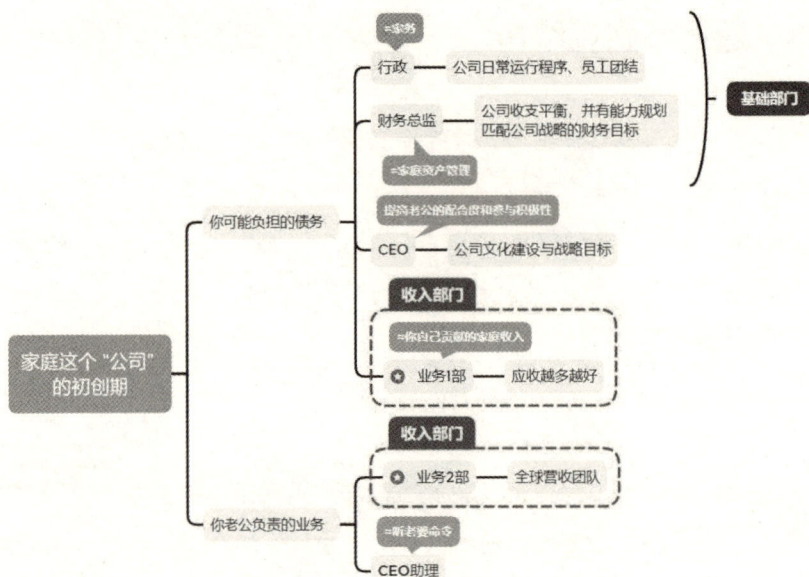

图 3-1　家庭这个"公司"初创期架构

Part 2　空降新部门，重新平衡

未来，当你们有了孩子时，谁来做这个"孵化项目部带头人（带孩子）"呢？

这时，就会遇到急速发展中的公司的通病——扩张太快，管理跟不上。

首先，项目孵化部是一个非常烧钱的部门，它的诞生必然影响你负责的业务 1 部的收入水平，而老公负责的业务 2 部的现金流能否有效支撑这个变化，是否需要融资救急（家人援助资金）？

其次，这种融资是否带有对赌协议（要知道家人的钱也不好拿，拿了钱就要受约束）？如你肩负起这个项目的带头人，是否需要招募一个经验丰富的项目经理人（保姆或老妈做劳力支援）协助？这个项目经理人和你的配合度、理念是否一致（关系的相处）？

扩张开始后，你大概会感慨：在新部门成立之初就应该打好纸稿，如图 3-2 所示。

所以，当公司原有运营格局被打破时，就要做好再平衡，或在扩张前做好一份"计划书"，从容地应对变化。

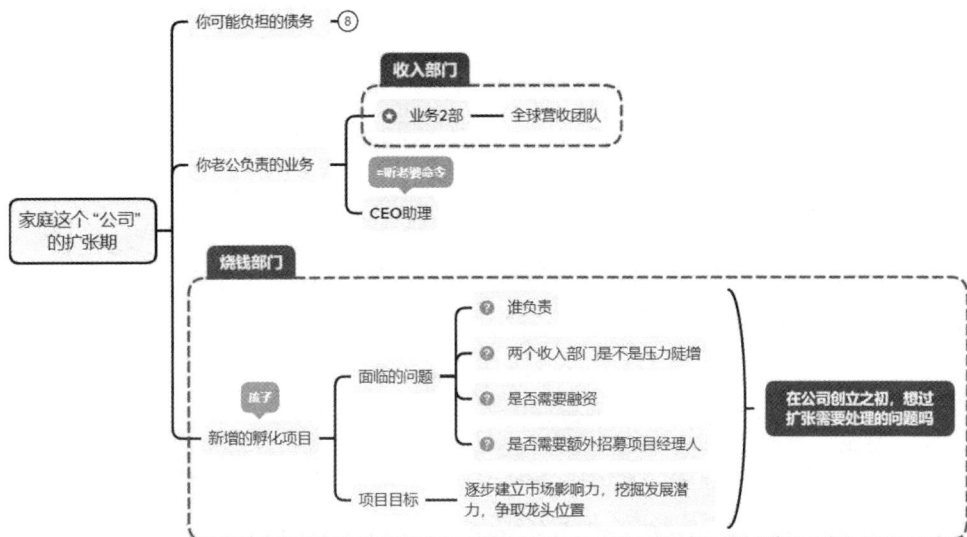

图 3-2　家庭"新增孵化项目"的大致业务安排

Part 3　业务水平不能落后

公司在顺利通过初创期的磨合、扩张期的稳定运行后，进入平稳发展期，业务稳步向上发展，是不是觉得离 IPO 不远了？但当一家公司被放到一个更大的市场上"估价"时，对公司未来发展价值贡献不多的元老管理层，很可能会面临被架空或"换血"的风险。

这时，出现奔向 IPO 的公司的通病——原管理层业务水平落后，面临"换血"风险。

这一点在婚姻中意味着什么不多说，虽然"换血"风险很大，但依然有很多人尝试。这时，可能要提前进行风险控制，保住自己在婚姻中的"资产价值"。

以上是基于传统式家庭情况做的"公司化"拆解小演示。从中可以清晰地看到，经营婚姻就像经营公司一样，若想成为百年老店，需要经营者在遇到风险和焦头烂额的运营过程中，摆正自己的位置，才能在最后输出价值与取得回报。

3.2 深入思考孵化"新部门"

关于生孩子这个话题，刚步入婚姻的女性会展开"以后想要儿子还是女儿"的讨论，备孕的女人讨论"身体调理、产前健身、家庭带娃的分工"等问题，刚生了孩子的父母则切入"什么时候关注学区房"等话题。

回顾前面的内容，在第1、2节"投资周期"里已加入孵化新部门（生孩子）计划的考量，即尽量让孩子在20多岁时赶上一个向上的经济周期。

这里加一点思考："在孩子出生时，他（她）的小伙伴大概有多少？长大时，社会年龄结构如何？"这关系到孩子在成长道路上面临的竞争，长大后承担多少社会责任等内容，并引出一个重要知识点：人口红利。

"人口红利"是2003年才出现的词语，即"劳动年龄人口在总人口中的比例在上升，由此产生了一种传说中的巨大红利"。那么，我国目前处于什么阶段？如图3-3所示（注意图中劳动年龄人口这条虚线）。

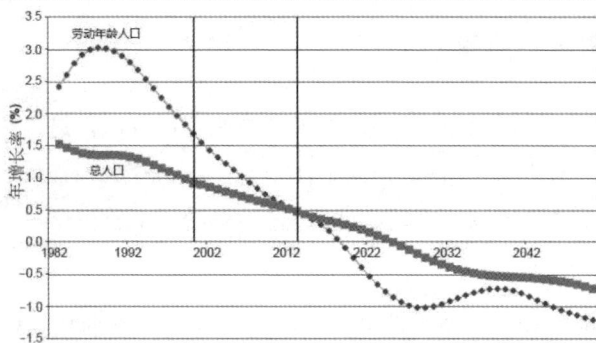

图 3-3　China's Great Economic Transformation 在 2004 年的预测

纵观全球，因女性独立、生育成本等因素，几乎所有国家的人口趋势都处于下行状态。图3-4所示为中国和印度的人口结构对比。

笔者以为，有些专家说的"经济和人口之间的关系"的观点可以听一听，但还要自己深入观察。下面简要说几点。

- 生产力变革：以前主要靠人，未来的产业升级主要靠科技。
- 用工荒：工厂"用工荒"主要是当前时代人的不同就业观念带来的，而非其他。

- 教育：教育水平和教育基础设施整体正相关。

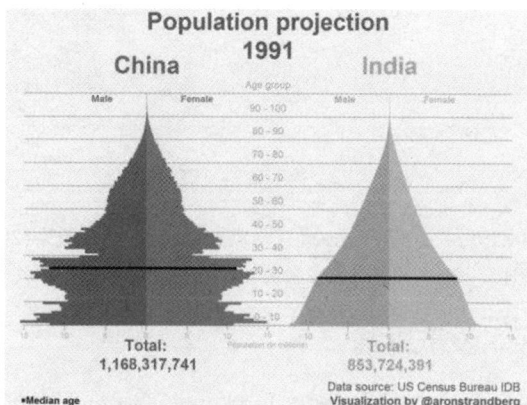

图 3-4　中国和印度人口结构对比，来源：世界人口金字塔官网（用户可自行查找）

下面看国内投资者的判断。

重点是全面地解读一个经济学上的知识点，不盲目套用。

Part 1　"小伙伴"的数量，大有意义

广发证券首席分析师郭磊在《寻找"位置感"》的讲座中提到，1980—1987年出生的人在求学、结婚等时间点上，与"中国的经济腾飞"时间跨度完美契合。

如果你是"80后"，可以切身感受这一段完整的"10年赚钱路径"，如图 3-5所示。

- 1980—1987 年：在这个时间段内生孩子的人口数庞大（即父母那一代），如图 3-3 所示。
- 1998—2007 年：上面这一拨"婴儿之潮"中出生的孩子长到 18~20 岁，是新一拨的庞大劳动人口，为我国制造业的霸主地位奠定了坚实的基础。
- 2005—2015 年：长到 25~28 岁，涌向城市的青年积累了财富，开始考虑结婚生子，个人需求爆发—买房子。
- 2015—2025 年：20 世纪 90 年代前后出生的婴儿们已 35~38 岁，数量巨大的他们，其生活水平要与世界快速接轨，会有什么新的需求？

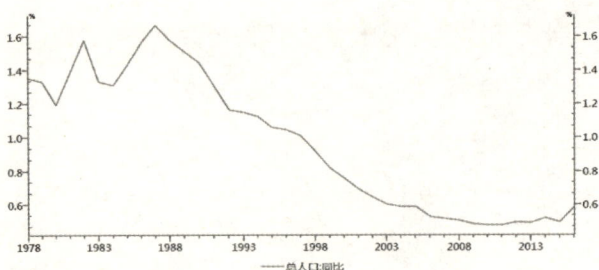

图 3-5　18~20 岁（1998—2007 年），出口周期；25~28 岁（2005—2015 年），地产周期；35~38 岁（2015—2025 年），高端制造+美好生活的周期

Part 2　两条路径，发散思路

以上是过去 10 多年，"人口红利"与制造业、地产业的共振路径。笔者投资方向之一也在"人口红利"这条线上。下面尝试分成两条线去看。

（1）谁能全部或部分复制过去 10 多年的国内赚钱路径？

（2）未来 10 年，新的需求点在哪里？

拿起笔，边思考、边画一张思维导图，如图 3-6 所示。

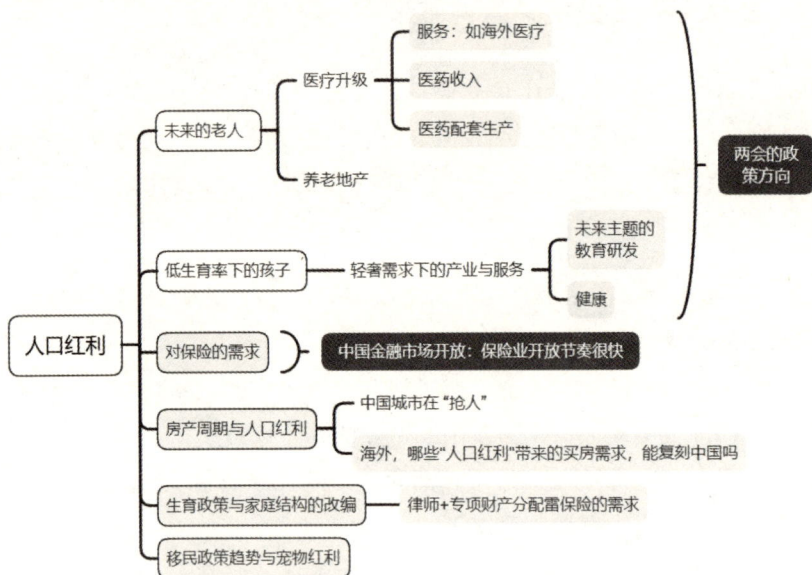

图 3-6　在"人口红利"方面的思考点（仅供参考）

发散点 1：养老需求与幼儿教育

无论《金融时报》的报道，还是国家统计局在 2019 年 2 月 28 日发布的《2018 年国民经济和社会发展统计公报》中，都提到"2018 年年末的 65 周岁及以上人口 1.66 亿左右（占全国总人口的 11.7%），在 2050 年 65 周岁及以上人口将达到 2018 年年末的 2 倍左右，到时候很可能需要数千万人为他们提供养老服务。

笔者在外出考察一些老年地产时，发现符合"80 后"审美的养老机构，每月费用目前超过万元，如上海松江区某些大型保险公司的项目，里面不少老人把市区的大房子租出去到这里养老，而且呼朋唤友。顺着这个想法，笔者还研究过尿布行业的股票投资。

当一代富有的人变成老人时，他们未被满足的需求通常是什么？意识到无法抵抗变老这件事后，哪些需求会因此爆发？

除这一拨数量庞大的老人外，还有他们的孙子与孙女，对轻奢需求都很旺盛。当前出生的婴儿的父母，小时候在竞争资源中成长，很难不把这种焦虑带入孩子的培养中。

以上思考，在 2018 年 3 月的"两会"中找到了对应的政策：个人所得税专项附加扣除，增加子女教育和大病医疗等专项费用附加扣除，从 2019 年开始执行相应的减免政策。

发散点 2：哪里还有红利

笔者有一次去越南，看见了小米、OPPO 等手机企业在那里的布局情况，即开拓东南亚地区存在人口红利的国家市场。

还可以继续思考：

- 放开落户限制的城市越来越多，也有部分城市担忧流出人口过多。毕竟，房地产周期是人口周期的一部分。
- 走出中国，看潜力型的房产市场和股票投资市场。就像手机企业开拓印度、越南市场一样，去找依然存在"人口红利"的国家，看能否将"中国过去 10 年的赚钱模式"移植过去。如该国的经济崛起会带动哪些行业，年轻人会在什么时候意识到该买房了，以及观察该国在未来科技升级的竞争中能否胜出等。

- 对于"放开二胎"笔者思考了"家族财产分配"问题，这一块专业的律师及保险经纪人还不够多。
- 联系现在的人工智能和大数据应用场景，想一想服务型机器人能否在老年市场找到广阔的应用场景。
- 除人口外，宠物市场怎么样？

执行力大考验 11：用一张思维导图放满自己的小灵感

以本节的主题为例，思考 15 分钟，思考查询哪些项目符合这一主题？试着修正或推翻笔者给出的图 3-6。只靠这一点小灵感不足以支撑一次成熟的投资，但不断地深挖、验证，在这个过程中大概率能发现新思路。

3.3 "影片买手"角色的投资机会

闺蜜们的聚会，少不了对一场精彩电影的评头论足。

阿里巴巴创始人马云在 2017 年达沃斯论坛接受采访时说："未来 10 年、20 年中国最需要什么？最后的结果是 Happiness 和 Health，双 H 战略……至少看电影能让人快乐。"

这一节，我们就从这件快乐的事出发，寻找投资机会吧！

Part 1 经验，教给我们的不是"机械地套用"

从影院发现投资机会，笔者在《躺着赚钱：一看就懂的懒人理财盈利技巧》一书中提到过这样的经历：

《泰囧》在 2012 年年底上映的时候，我在影院排队买票，一起去的朋友马上打电话给她老公："这电影太火了，是哪家发行的？"于是她立即买了光线传媒这只股票。2013 年 4 月上映的电影《致我们终将逝去的青春》，又让这只股票上涨不少——虽然当时我给自己定下的一个原则是不碰创业板，但也破例买了一些，因为《泰囧》这部电影让我掏了两次钱去看，感觉特别好，当时就想：即使股票亏了，就当高价买电影票鼓励这家公司了。

图 3-7 所示为光线传媒的股价走势图，2019 年的暑期档电影《哪吒之魔童降世》又让其股价上涨了很多。

笔者发现这一机会属于误打误撞，受买电影票时的排队情况启发，毕竟当时市场灵敏度普遍还比较低。这种做法现在还行得通吗？看一看 2019 年春节期间大热的电影《流浪地球》上映时，作为投资方之一的北京文化股价的走势，如图 3-8 所示。

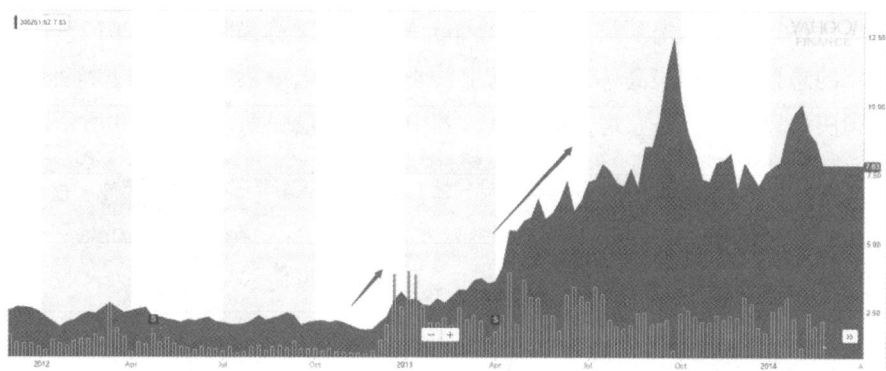

图 3-7　一次误打误撞，享受了光线传媒股价两轮上涨的福利

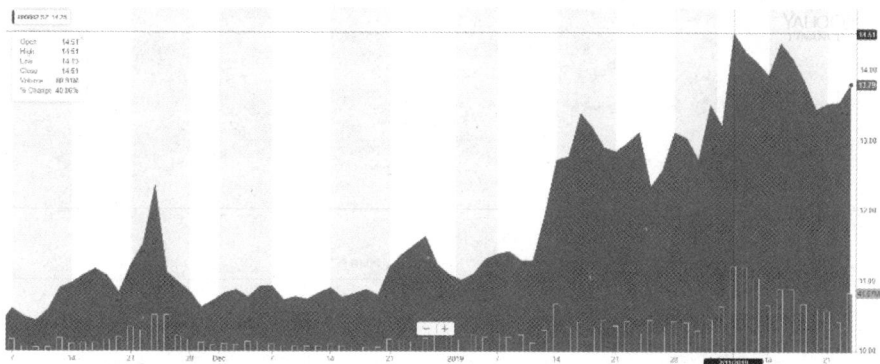

图 3-8　《流浪地球》春节期间（2019 年 2 月 5 日）上映，到春节后第一个交易日（2月 11 日），就已经涨到一个阶段性的高峰了，这意味着：看排队再下注机会极小

给笔者的启示是，唯有变化才是不变的机会。每次觉得可以用经验再来一次时，简单的"套用"可能并不管用，要提醒自己发现不一样的角度，找到新思路。

Part 2　假扮"影片买手"，问自己一些问题

既然"机械地套用"已失效，那就提醒自己，从"撞"机会，转为量化一些

机会点的特征，如对照以下问题进行分析。

- 最赚钱的电影都在什么时候上映？（在什么时间段关注电影股的投资机会）
- 在哪里可知道下一个档期上映的电影？（设定投资目标）
- 如何得知背后的投资者？（谁最可能在票房上最受益）
- 什么时候埋伏进去最为合适？（把握时间节点）
- 在哪里可以看到票房的实时变化？（势头不妙就跑）

然后逐一解决，先下载猫眼电影 App 专业版（下称猫眼）。从 2017—2019 年上半年的总票房榜和最高单日票房榜上，不难看出电影票房具有如下特征：暑期档、国庆档、春节档是票房大热时点，其中春节档最强劲，如图 3-9 所示。

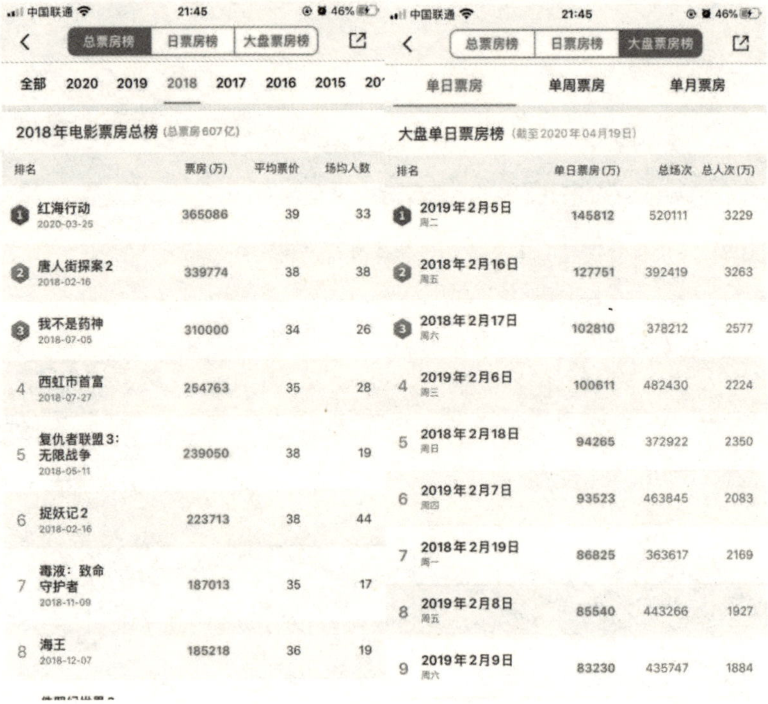

排名		票房(万)	平均票价	场均人数
1	红海行动 2020-03-25	365086	39	33
2	唐人街探案2 2018-02-16	339774	38	38
3	我不是药神 2018-07-05	310000	34	26
4	西虹市首富 2018-07-27	254763	35	28
5	复仇者联盟3：无限战争 2018-05-11	239050	38	19
6	捉妖记2 2018-02-16	223713	38	44
7	毒液：致命守护者 2018-11-09	187013	35	17
8	海王 2018-12-07	185218	36	19

排名		单日票房(万)	总场次	总人次(万)
1	2019年2月5日 周二	145812	520111	3229
2	2018年2月16日 周五	127751	392419	3263
3	2018年2月17日 周六	102810	378212	2577
4	2019年2月6日 周三	100611	482430	2224
5	2018年2月18日 周日	94265	372922	2350
6	2019年2月7日 周四	93523	463845	2083
7	2018年2月19日 周一	86825	363617	2169
8	2019年2月8日 周五	85540	443266	1927
9	2019年2月9日 周六	83230	435747	1884

图 3-9　扫一眼票房排行榜，黄金档一览无余

Part 3　穿越回《流浪地球》上映前 50 天

这里简化思路，把目标放在春节档，通过猫眼的“排片监控助手”得知“未来 50 天内即将上映的影片列表”，把目标电影加入监控。以 2018 年 12 月时点为例，对照将在 2019 年 2 月 5 日上映的电影《流浪地球》说明，如图 3-10 所示。

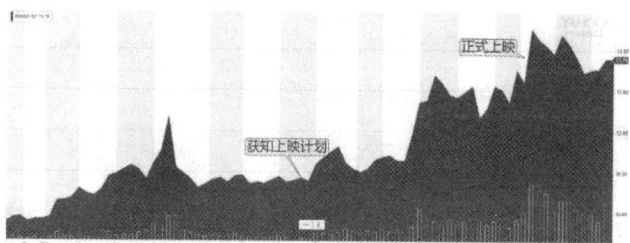

图 3-10　猫眼上的《流浪地球》上影计划。大部分电影都会提前 50 天左右宣传上映计划

选定目标后，找幕后的投资者。通过搜索获知，《流浪地球》有中影集团和北京文化两家出品方，再从这两家上市公司的公告中获知它们的投资情况。如北京文化 2017 年 1 月公告显示：

"公司对《流浪地球》电影项目总投资 10,750 万元，其中公司投资的影片制片成本是 7250 万元，公司垫付的宣传和发行成本不低于 2500 万元、不超过 3500 万元。"

公告发出 4 个月后，《流浪地球》在青岛正式开机。

是不是又有新发现？电影这样长周期投资项目，可以提前两年获取信息。当然，这并不适用于非专业投资人。对一般投资者来说，提前 50 天收集信息也不迟，短线投资足够了。

- 2017 年，北京文化为《流浪地球》的主控投资方。
- 2018 年 5 月，郭帆导演的"郭帆文化传媒（北京）有限公司"，对《流浪地球》投资 3000 万元，主演吴京实际控股的登峰国际投入数千万元。
- 2019 年 1 月，郭帆再次追投了 900 万元。

从以上信息，得到自己的一些判断。

- 利好：刘慈欣的标签，以及在快成片甚至快上映时，导演和主演追加投资，可以看出他们对电影很有信心。
- 利空：舆论并不看好国产科幻片。

Part 4　下注后，结果是可以预判的

看好后即可买入北京文化的股票并短期持有，其实可以预判结果。

- 上映后，去电影院观影看效果，对票房有一个直观判断。
- 利用猫眼上的"票房"功能实时追踪票房动态。
- 春节期间，虽然 A 股在假期中不交易，但和该电影有关的港股、美股都在交易，可间接获知市场表现。

从《流浪地球》的投资方信息可以看到，除中影和北京文化这两家公司外，还有阿里影业（在港交所上市）、优酷电影、腾讯影业等。在影片上映后的 2 月 8 日可看到阿里影业上涨 2.8%，对站在 2 月 8 日等待 A 股开盘的你，是一个不错的心理支撑点，如图 3-11 所示。

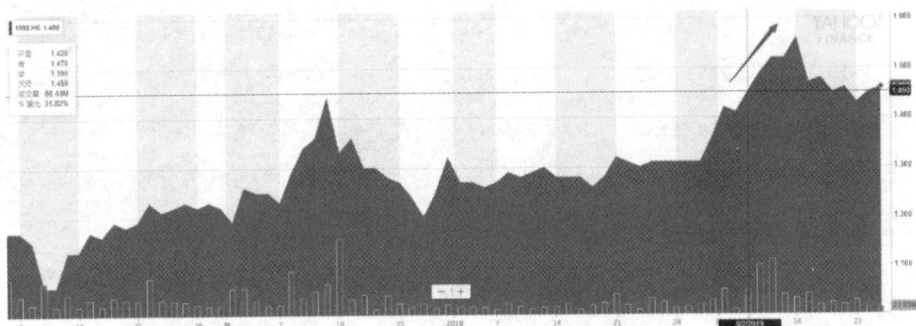

图 3-11　作为辅助观察的港股：阿里影业。需注意，热度趋稳后，要小心这类股票股价可能下行，但可以慢慢锻炼对这类股票的"盘感"

《流浪地球》是一个赚钱标的，但若你选的影片票房不好，那么，春节档的投资风险就非常大。因为节假日股市不开盘，不确定性太大，忌惮这一点的读者，可在暑期档试一试。

针对电影的这种短线投资思路，是一个很好的投资锻炼机会。

- 发现投资机会，经验要常常更新。
- 在经验之上，探索新方法获取有效信息。
- 多维度、抽丝剥茧地验证各种可能的结果。

如有兴趣，可以用小仓位尝试，即使战术失效，思维模式也可以在下一次用上。投资就像寻找最适合自己的护肤品一样，多尝试才知道哪些更合适。

3.4　从时尚类公众号中发现投资机会

闺蜜的下午茶，除了家长里短，还有高效率"种草"的愉悦。"拔草"，是快乐生活下去的巨大动力，这一节从"拔草"清单开始。

以前，很多人对明星的整容史嗤之以鼻；现在，则有很多爱美人士逐渐接受医美（医疗美容）手术。闺蜜一见面，自然少不了讨论：你的鼻子更挺拔了，我也想去你那家医院"去眼袋"等。

德国哲学家叔本华说，"容貌，是我们欲说而未说出的一切话语的摘要"。今天，从投资的角度去看，人们都想让自己的容貌传递出怎样的信息。

Part 1　案例：从一副牙套到两家公司

我从 2016 年开始矫正牙齿，前后花了差不多三年的时间。每次和朋友碰面，他们总问一些关于矫正牙齿的问题，如脸变小了是因为健身还是牙齿矫正，矫正牙齿有哪些方法等，我也因此成功带领两个朋友进入"医美"项目当中。

在矫正过程中，我也学到了很多知识，听到了矫正圈里很多医生和上下游从业者的声音，了解了相关的几家公司等，从我咨询到正式矫正完成的这段时间里，这个行业也发生了很多变化：

- 矫正费用年年上涨，从通过渠道打九折到原价上涨 10%。
- 轻微瑕疵、隐形矫正都开始做。
- 我选的这家诊所在上海属于收费昂贵的，但一年内仍开了两家分店。
- 在产品宣传中，与 3M、隐适美的深度合作被多次提及，让我注意到这两家公司。

Part 2　从朋友的全身心投资说一只股票

隐适美，其背后公司为艾利科技（ALGN.NYSE），2017 年全年股价一共上涨132%。图 3-12 所示为在美股上市的艾利科技。

巧合的是，当时有一个朋友刚从 3M 跳槽到艾利科技，就是因为两年前投资艾利科技，在深入分析该公司的过程中，这只股票为他赚了一座"小金山"，同时，他也把自己"卖"给了这家公司。

3M 在牙齿矫正里做半隐形矫正，即在矫正牙齿时贴的透明小方块用于固定钢丝，这个小方块就是 3M 的产品，艾利科技的"隐适美"（超薄透明矫正牙套）是"3D 打印的透明牙套"，公司目前 89% 的收入来源于隐形矫正牙套业务。

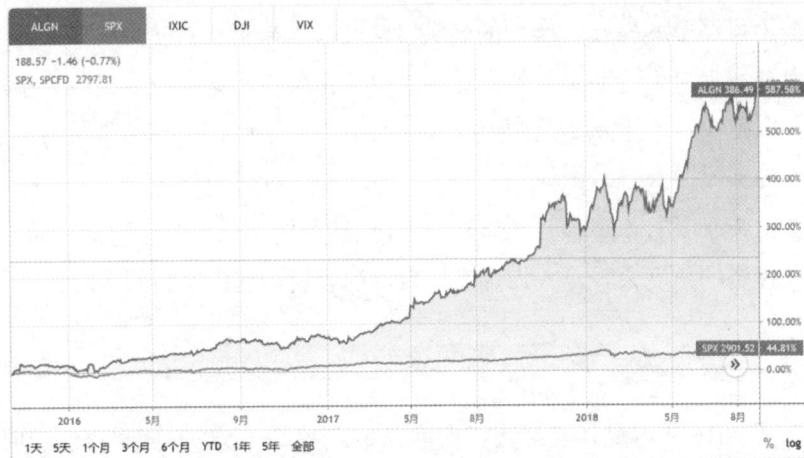

图 3-12　2015—2018 年 6 月走势图（上面粗线条），下面细线条是标普 500 指数（可理解为美国股市大盘指数）

那为什么选择艾利科技，而不是 3M？这基于我前面的观点，即尽量找业务垂直且简单的公司。这样你一眼就能看懂，适合深入考察。

艾利科技在国内主要通过与牙医、诊所紧密合作销售产品，在欧美国家的消费模式则体验感更强。通过线下体验门店，人们依靠电脑扫描了解自己牙齿接受矫正治疗的必要性，然后艾利科技推荐合作的牙医诊所，完成消费闭环。

当时，我对这只股票的初步想法如下：

- 风险低，即使用户矫正不成功，也是牙医承担矫正方案的风险，不会产生医疗纠纷。
- 未来可参照国外模式，在国内开线下体验店，便捷的矫正方式会被更多人接受。
- 该股票是标普 500 指数成份股，相对稳健。

Part 3　拍脑袋：明星带货时，股价在哪里

这两年，可以看到很多当红明星使用隐适美矫正服务，如世界游泳名将、

青少年偶像团体队长等。因为它的方案简单，不需要每月去医院修正钢丝。这种看似省时省力的方式，也是最昂贵的医治方案，隐适美也因此号称矫正界的"爱马仕"。

明星效应"爱马仕"级别的名头，对一般人来说极具诱惑力。我想看一看当很多明星用这种矫正服务时，股价所处的位置，这里从"黎贝卡的异想世界（下称黎贝卡）"公众号来看，如图 3-13 所示。

图 3-13　"黎贝卡"在 2016 年 4 月推荐过隐适美，并在 2017 年 8 月以亲身体验的方式再次推荐，这两次推广时，艾利科技的股价分别在 90 美元和 150 美元左右。到了 2018 年年中，股价在 300 美元左右（这里隐含美股的牛市效应，但这只股票跑赢了美股大盘）

这个例子并不是让大家看时尚明星推什么，就买其背后的股票，毕竟即使有他们推荐，其背后的股票也不一定会上涨。但这不失为一个发现机会的小方法。

比如在做微整形时，诊所的人对你说"我们的机器从国外进口，效果特别好"时可关注一下美容器械的品牌。一种新的生活方式和理念的背后，也许就是一个行业或一家公司业务的爆发点，也很可能是你赚钱的机会。

Part 4　再谈 "上下游" 的行业链条

看完上文，头脑里是不是已有一个模糊的趋于完整的医美行业产业链图了？简单分析产业上中下游的现状，个人认为，2019 年上游产业是相对安全的选择。因为上游的生产商在国外有成熟企业，国内也在追赶，不管中下游市场如何，只要市场扩大，销量都会增长。图 3-14 所示是我绘制的行业产业链。

上面是一次从消费到投资的深入分析，再到买卖股票获得收益的完整记录。你会发现，即使没有亲自消费，你也可以从关注的时尚资讯中获得投资机会。

- 从 "拔草" 方式到投资思维，再换个想法看明星微博和时尚公众号，会发现新的生活方式，以及背后可能带起来的行业爆发点。
- 找专注于爆发点的公司，并分析可能存在的风险。
- 不断尝试深挖公司资讯，和这个公司里的人接触。

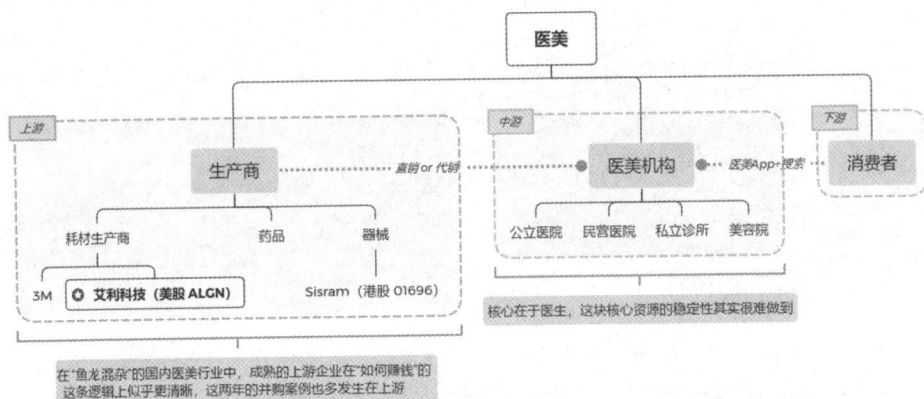

图 3-14　医美产业链

执行力大考验 12：医美投资表

图 3-15 所示是德勤会计师事务所在 2017 年报告中整理的 A 股和港股中的医美圈上游上市公司，看看你接触过哪些？

中国医疗美容市场分析2017｜德勤财务咨询

单位：百万 人民币

产业链位置		公司名称	代码	医美产品	营业收入			净利润			市值				市盈率			
					收入：2016	收入：2015	收入：2014	净利润：2016	净利润：2015	净利润：2014	市值：YTD	市值：2016	市值：2015	市值：2014	市盈率：YTD	市盈率：2016	市盈率：2015	市盈率：2014
上游	原料及产品提供商	华熙生物科技	963HK	透明质酸，以及"润百颜"注射级玻尿酸、水光针	844	651	481	228	190	162	4,296	3,793	5,646	3,414	19	17	28	21
	原料及产品提供商	昊海生物科技	6826HK	透明质酸，以及"海薇"注射级玻尿酸	651	664	516	305	273	184	6,284	5,429	6,833		21	18	23	
	原料及产品提供商	科妍	1786TT	透明质酸，以及"海德密丝"注射级玻尿酸	47	52	32	-5	11	-5	505	621	636	1,033	-	-	60	-
	原料提供商	阜丰集团	546HK	透明质酸	11,803	11,226	11,298	1,093	516	626	11,615	7,252	6,231	5,646	9	7	12	9
	原料提供商	华瀚健康	587HK	EGF表皮细胞生长因子		1,453	1,472		518	270	3,365	8,547	8,547	5,133	5	11	11	18
	原料提供商	亿胜生物科技	1061HK	表皮创伤和眼表损伤的生物药品	663	530	412	117	85	60	2,182	1,675	2,272	1,484	18	14	26	25
	产品提供商	双鹭药业	002038CH	"舒颜"注射级玻尿酸	996	1,142	1,227	452	575	695	17,979	18,294	22,944	18,081	42	40	40	26
	产品提供商	冠昊生物	300238CH	丰胸组织膜片	308	223	189	65	63	50	6,746	8,630	-	5,711	98	128		114
	产品提供商	新华锦	600735CH	科西健SVF脂肪填充	1,301	1,309	1,340	56	39	58	-	7,798	9,031	3,961		140	231	69
	产品提供商	复星医药	600196CH	AlmaLaser美容仪器	14,505	12,502	11,938	2,806	2,460	2,113	75,125	55,872	52,480	49,273	26	19	22	23
	代理商	华东医药	000963CH	代理玻尿酸品牌"伊婉"	25,247	21,623	16,860	1,447	1,097	757	45,597	35,030	35,576	22,836	29	24	32	30
中游	医美机构	恒大健康	708HK	美容手术、抗衰老等健康保健服务，收购韩国医美机构"原辰"	452	337	361	44	79	9	12,121	11,367	16,779	187	266	245	207	21
	医美机构	朗姿股份	002612CH	持股韩国整形美容集团	1,355	1,135	1,218	164	74	121	5,628	7,248	15,092	4,600	32	44	204	38
	医美机构	苏宁环球	000718CH	与韩国集团合作发展医美业务	7,546	6,706	4,999	1,071	899	763	16,177	26,189	40,027	13,751	17	24	39	18
	医美机构	爱尔眼科	300015CH	眼科整形美容	3,994	3,162	2,399	557	428	309	34,149	29,609	30,991	17,828	57	53	72	56
	医美机构	通策医疗	600763CH	牙科整形美容	874	757	582	136	124	110	7,859	10,754	15,718	2,692	56	80	126	70
	医美机构	合金投资	000633CH	扩建华普医院（含整形医院）	51	45	87	26	-42	-29	3,555	4,694	5,646	-	124	178		
	医美机构	好当家	600467CH	成立医美投资有限公司	1,048	984	876	43	35	21	5,143	6,589	7,758	4,646	113	150	212	212
	医美机构	华韩整形	430335OC	国内医美机构	543	338	247	24	29	2	1,176	1,166	938	1,825	50	37	125	641
	医美机构	丽都整形	834480OC	国内医美机构	333	219	173	22	18	8								
	医美机构	利美康	832533OC	国内医美机构	194	141	95	24	16	4	444	370	367		19	19	34	
	医美机构	伊美尔（[illegible]）	839070OC	国内医美机构		611	529		41	40								

来源：Bloomberg

图 3-15　德勤整理的在 A 股和港股上市的医美公司（2017 年）

或许你在下一次的闺蜜聚会中，能了解一些新的医美动态，到时候就可以把这张表格再扩充一下了。

执行力大考验 13：时尚背后的股票，很多没有在 A 股上市

说了那么多场景的投资思维，但要真正理解还需要实践。对投资有兴趣的人，还可以开港股和美股账户进行投资。因为，和时尚生活相关的股票中有很大一部分都在这两家市场上，要想做品牌股东，需要一定的执行力。

黄金玩家启示 05：行业分析师怎么活用上下游

从医美发散到其他行业，巩固对上下游链条的认知，从喜欢的行业里理清一个链条出来。下面是一个从下游需求看上游的经典例子，电子产业圈现象级的白金分析师赵晓光在回顾他职业生涯的文章《黄金时代——致敬电子&研究这十年》中，特别提到要培养“从下游看上游”的分析习惯。在该文章里，还列举一个下游火热、中游却被上游“埋伏”了的故事，如图 3-16 所示。

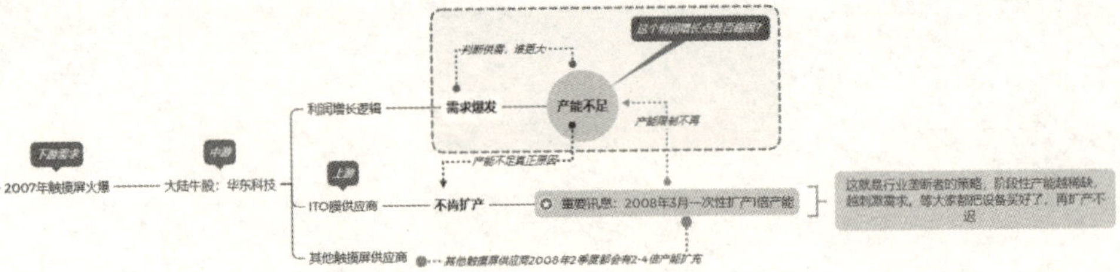

图 3-16　产业链分析中的上中下游现象，完整"故事"可搜索报告

好的报告可以当故事看，看完对"从一个消费点牵出一个产业链，再找到一个机会点以及警报点"这个问题有更多感性的理解。

3.5　"买买买"里的"新物种"

越来越多的女孩爱逛以原创为主的家居店，就像不愿意和别人撞衫的女孩都爱逛买手店一样。

一个朋友说她早年在纽约时特别喜欢逛 Urban Outfitters，当时就想做它们的中国代理；另一个朋友最近在疯狂搜罗各种家居玩物，只为收集她迷恋的那几种绿色。

Part 1　调研题：你很喜欢的这家店，能长久吗

"哇，好贵。"这是我逛"买手类"家居店时冒出来最多的一个念头。为什么那么贵？店员大多强调原创设计，这意味着什么？

- 产量不高。
- 不能像宜家那样拆成板状物，仓储成本急剧上升，运输成本也同步提高。

如果要为"原创设计"买单，你会心甘情愿为"设计溢价"付款吗？野兽派证明了在高级感很强的鲜花上，人们愿意；星巴克猫爪杯证明了在萌物上，人们愿意。

但家居的很多产品相对星巴克狠爪标等来说，有些"个头太大"。

"种草打卡"这种行为模式，什么时候才能进入大件消费品中？观察了很多逛了半天的姑娘，最后只买了一个小茶杯。而且，时常听到这样的感慨："我好喜欢

这家店，但顾客太少了，希望别倒（闭）了。"

这里就引出一个调研小题目：这家店能长久吗？怎么观察？

- 是否亏本经营。
- 如果目前亏本，"设计溢价"接受度的上升速度能否赶上烧钱的速度。

以某知名基金投资的某原创设计店来说，从公开资料可获得这样的数据：

"根据该设计店已经公开的数据，其门店综合坪效（每平方米产出营业额）超过4万元。而店铺打的是组合拳，1000平方米的形象旗舰店+400平方米的标准店，选址一般在一线城市里的热门商圈，并且客单价接近3000元。

按400平方米的标准店来计算，其门店年销售额平均为1600万元。这就意味着，每个月门店需要卖出价值133万元的商品。以客单价3000元计算，每月至少要有443位以上的顾客产生购买行为，即使是按20%的进店转化率来看，每月也要有超过2215名顾客光顾。而根据我们的观察，不管是从人数上还是从转化率上，该设计店要达到这一水平都有一定的难度。"

于是，去逛这类原创设计店时我会留意一下有多少顾客、收银台的结账频率等，然后下载它的App看评论数量的增长情况。

这样做的目的是什么？当你发现大件商品"卖情怀"被越来越多的人接受时，可感知消费市场对"设计溢价""小众溢价"的接受度提升，这就是"敏锐把握商机"的日常练习。以上是对市场中"人"的喜好把握，无论是创业还是投资，这种提前感知消费趋势都可以套用。下面，讨论更严谨的行业逻辑推演方法。

Part 2　把更多"投资好物"从背后拉出来

除情感需求外，家居本身是一个令人垂涎的投资场景，也是互联网产业一直想渗透的传统行业。特斯拉上市后，几乎所有的车企都在做自动驾驶和智能化，女人喜欢家居和男人喜欢车一样，我们可以从中感受生活中的各种可能。

从喜马拉雅的智能音箱入手，我关注了人工智能、物联网及后面的庞大产业链。我在感知5G（物联产业的基础建设）有了实质性建设时，就投资了一家和路灯相关的股票，因为联想到一个5G建设分析报告里的描述："5G的建设利好路灯生产商，因为它们很可能会架在路灯上，间隔小，分布密集……"这只股票股价在大盘红火的 2019 年年初就大幅上涨了。思考链条看似跳跃，整体却有内在联系，如图 3-17 所示。

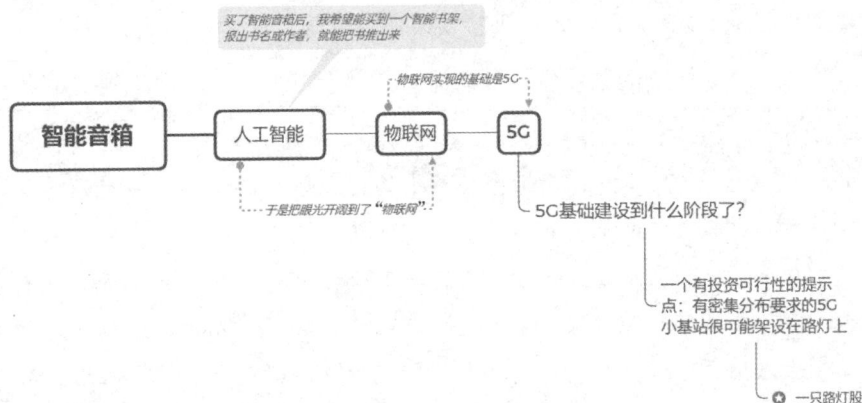

图 3-17　从生活落地到一个可能的投资标的，沿着好奇心展开。这样的路径不是用一天时间苦思冥想而来的，而是从生活里不断敏锐获取各种信号的过程中慢慢展开的

表面看是运气，但里面有我个人的逻辑。没有相应的积累，你不可能在一个信号出来时就做出快速反应。"生命短暂，用时间留下的积累就是我们的运气卡"，从研究到买进，前后仅一个月，也是从生活的变化到兴趣，再到投资的一个典型案例，如图 3-18 所示。

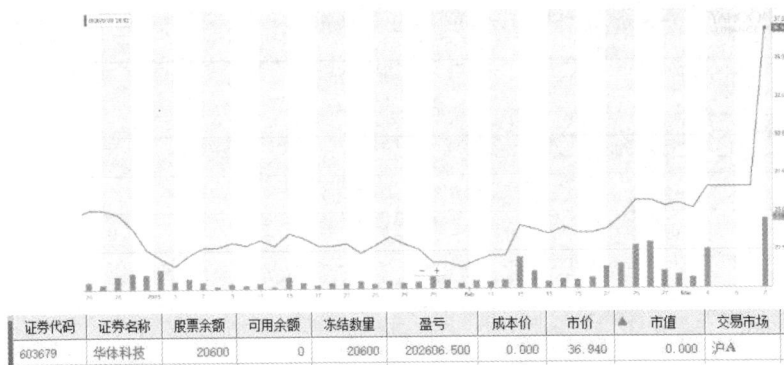

证券代码	证券名称	股票余额	可用余额	冻结数量	盈亏	成本价	市价	▲	市值	交易市场
603679	华体科技	20600	0	20600	202606.500	0.000	36.940		0.000	沪A

图 3-18　这只路灯股买进后差不多一周时间，经历了三次涨停，每股赚了近 10 元

Part 3　你喜欢的家居与房价

人们一般什么时候买家具装修？看当前的房地产开发量，就能知道家居行业

未来的生意好不好。业内人士普遍会看的指标：地产竣工数据。

但一般人很难方便地获取该数据，这需要靠对市场的感觉和相应的知识（如政策新闻、房产资讯、券商分析报告等）。如果房产投资与销售不景气，那么家居行业需求可能就不足；反之，需求旺盛。图 3-19 所示是家居行业产业链的相关情况。

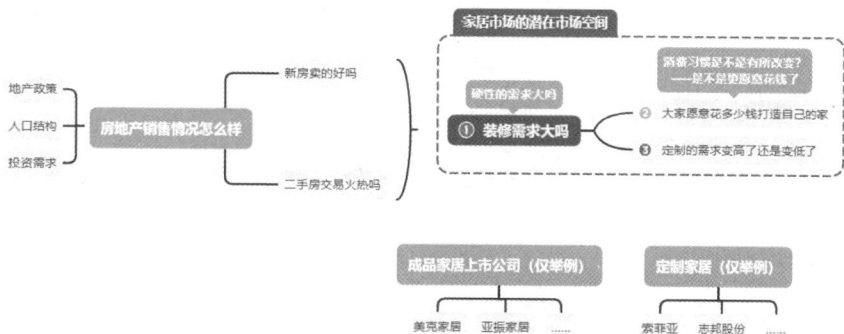

图 3-19　家居行业对它的 CP 行业（房地产）依赖性较强

总之，从试图颠覆行业的新物种出发，可以观察到消费心理的演变；"跳跃"着发散思维，可以思考其背后的大趋势。

3.6　买房还是买房产股？两张热力图与一份估值表

房子，可能是老百姓心里最"硬核"的资产，上面从家居产业也可以关联到它。而且房子也是姐妹下午茶的热门关键字，如：

- 有钱人越来越多，国内房价是不是还要涨？
- 海外地产投资非常火热，如柬埔寨、泰国、日本，咱们是不是也要去考察和买房？

除了用大笔资金买房子，还有哪些方式可参与房地产市场？首先说一下股票。

Part 1　一个误区：用局部判断全局

我曾持有过一些房地产的股票，在投资论坛上看过一些判断性的结论："长期来看房价一直涨，但房地产股票却一直跌。"

大部分人都认为买房赚到钱了，而买房地产股票亏了。但有没有发现一种可能，也许是所看的时间段太短：**你看到的不是持续的，作为一个低频关注者，就**

局限在某一篇文章的一个段落里，或仅仅是被其标题吸引。

为了说明这一点，先看看房价和房地产股票走势，图 3-20 所示为 2007 年至 2018 年 5 月上海二手房房价和 A 股里房地产股的走势的粗略对比。

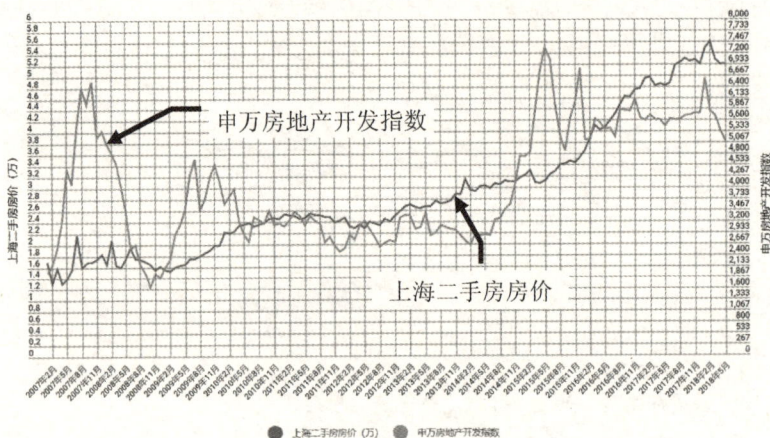

● 上海二手房房价（万）　● 申万房地产开发指数

图 3-20　二手房房价走势和 A 股房地产指数走势对比（包含所有上市房地产开发商的股票），房价数据来源：中国房地产业协会发布的中国房价行情

从这些数据可以看到，在 11 年左右的时间里，房价涨了 2 倍多（年化收益率为 10.33%），房地产股票价格涨了 1.6 倍（年化收益率为 8.56%），是不是和大多数人的直觉有差别？

- 从图 3-20 中可以大致看出投资房子和股票不一样的特性。
- 所列数据是上海二手房住宅平均房价，如以上海核心地段学区房来说，在以上统计时间段里房价差不多涨了 10 倍。同样，也可以从房地产股票中找到 10 倍股，如万科 A 过去 12 年的涨幅是 15 倍，年化收益率约 25%；金地集团股价加上分红等涨幅约 10 倍，年化收益率约 20%（数据来源 Wind）。
- 海通证券首席经济学家李迅雷在 2016 年年末发表的文章中明确提出："过去一年百城房价上涨 16.6%；过去五年国内 100 个大城市加权平均房价上涨 28.4%，但同期名义 GDP 增长 50%（估算），M2 增长 93%。因此 100 个大城市加权平均房价涨幅并没有超过 M2 和 GDP，这说明房价上涨是少数现象，并不是普遍现象，并且主要和人口与货币往大城市集聚相关，且这个过程还没有结束。"局部和阶段性的大幅上涨被大家记住了，从长期来看，房价的确在上涨，但并不是全部都翻了 N 倍那么夸张。

- 房价在平稳地涨，这符合大家所喜欢的资产特性。虽然股票短期内波动太大，但它具有良好的流动性。本来这是一项优势，不过演变为很多人的错误观念（**因为很容易卖出，一旦情绪恐慌就卖了**），如能和持有房产一样耐心持有房地产股，则股票的收益率其实并不低。
- 房产的另一个优势是能加杠杆（贷款买房），这也使得房产成为颇受欢迎的投资选择。但要明确一点：这是基于处在一个房价上涨的大周期里。
- 股票的优势是起点低，只要不超过政策限制，就可以随意购买，而且除连续跌停或停牌这样的极端情况外，基本不会出现卖不掉的情况。

想用这个数据说明，在投资房子或房地产股时，取得收益的操作方法不同。将投资房产的经验用到股市中，可能行不通。

Part 2 买房？再加两张热力图看看

如果你认为房价还会涨，且手上有余钱，可以去尝试投资。但从前面的数据来看，房价上涨的区域差异非常大，大到可以把11年的平均涨幅拉低到令人难以置信的2倍，即位置很重要。

我在关于机场流量的讨论里，分享过用机场年度旅客吞吐量数据发现潜力城市的方法。可以再加一个：**要判断哪个城市最吸引人，就看该城市小学生数量的变化**。结合以上两种方法，再加两幅热力图，就可以进一步缩小目标城市的选择区域范围。

（1）百度热力图，从 Heat Map 中可以看到每个城市不一样的模样，其以手机信号为基础。方法如下：打开"百度地图 App"，在"图层"这一栏勾选"热力图"，可以快速了解一个城市的中心区，和城市规划发展的大致线条（如东西向、南北向）。这种方法适合在一个自己不太熟悉的城市买房子的人。

（2）"滴滴车主 App"上的热力图，以打车密度为基础。如果说百度热力图是一个城市的大致印象，那么滴滴的热力图可以告诉你"打车需求最多的区域"。不过需要注意，打车需求分"公共交通缺失"和"入住人口多、需求旺盛"两个完全不同的原因。结合百度热力图，再实地考察验证即可。

在不同的时段观察势力图，会让你对"买哪里"有更精准的判断。类似的方法可以从生活里发现，比只看头条新闻或听中介一面之词更靠谱。

Part 3　买房地产股，教你估值方法

Excel 模板下载：房地产股估值计算表

如果觉得房产投资起点太高，还可以训练自己把握房地产股票买卖点的能力。但首先务必明确它的特性，**股票波动大，在考验心性方面要求很高，但收益也更具想象力。**

从图 3-20 中可看到 2007 年和 2015 年房地产股有一轮明显涨幅，跑赢了房价。

2014 年，时任汇丰晋信基金经理的邱栋荣给出观点"买房不如买房地产股"，对照图 3-20 可以大概知道理由（房地产股指数在这个时间段处于明显的低估位置），而同期论坛上有人发文，"卖房子买股的人哭了"，这就是投资思维和角度的不同之处。

2014 年 9 月—2018 年 4 月，丘栋荣管理的基金回报率是 193.86%，年化收益率达 34.7%，一时风头无两。他在总结时说得比较具体，他的话用来比较房产和房地产股这两种资产不同的特性非常合适："以当时（2014 年）房地产股的估值，把开发商的房子降价 30% 卖掉，拿回来现金还债，作为股东年化收益率超过 10%。如果房价不跌的话，年化收益率是超过 30% 的。反过来，持有房子会怎么样？就是房价跌就损失了，房价涨了你才会受益。"

从 2007 年开始到 2018 年 1 月底，持有万科 A 年化收益率约为 30%、金地集团约为 25%，但如果持有到 2018 年 5 月底的话就分别只有 25% 和 20% 了，即 A 股在短短 3~4 个月内，就能把这两只股票 11 年的年均收益率跌掉 5%，说明了什么？

- 高波动性：股票的高波动性让它有"一边天堂一边地狱"的味道。
- 跌到底了吗？3~4 个月就跌这么多，是不是已跌到比较低的估值了？

我自己总结了一个房地产股估值法，可作为简单参考。以荣盛发展为例，截至 2018 年年中，以这个方法计算出，其估值相对比较低，如图 3-21 所示。

从图 3-21 中可以看到，即使荣盛发展旗下的房产项目房价跌 30%，作为股东的预期收益率仍有 32.34%。

读者可参考这个方法，但不建议作为判断是否买股票的全部依据，如荣盛发

展的地产项目大多聚集在河北、天津等地，有当地的房产市场因素需要考虑。

以荣盛发展（002146.SZ）为例

RNAV的值，代表估算的净资产价值，用户可以找研报里分析师算出的值，此处荣盛发展的RNAV值来自华泰证券
最大风险是房产商的资金链断裂，破产清算价和估值就不是一样的概念了，此估值中并未体现这一点
不同的房产股票，请修改红色文字

#	目前股价（元/股） 9.69	房价涨跌预测	RNAV 18.32	预期回报
如果房价跌30%		-30%	12.824	32.34%
房价不跌不涨		0%	18.32	89.06%
房价涨5%		5%	19.236	98.51%

图 3-21　RNAV 是专业分析师根据开发商持有的资产（主要是房产资产）做出的一个净资产价值估值，荣盛发展的数据（RNAV=18.32）是从华泰证券的报告中获得的

上面的估值法怎么用呢？举个例子：

（1）如看好某个城市的房价上涨，了解在该城市拿地或正开发的开发商都有哪些。

（2）筛选出开发商后，排除没有上市的企业，将上市的企业放到 Excel 表中看：这家开发商可承受其持有的房产多大的下跌幅度。

执行力大考验 14：更全面地看一只房地产股

结合之前的股票指标内容，多维度分析一只房地产股票。

（1）用估算方法看保利地产（600048.SH）股票，并填写 Excel 表格。

（2）结合 3 个股票指标，在亿牛网上查询该股票的 PB 指标，写下你的感觉。在房地产股结算周期的特性里，期房收到的款项房产商只能计入预收款，直到交房才能计入利润，你觉得适合用 PE 值看吗？你所看到的 PE 值数据是否具有欺骗性？

投资需要不断更新技能，赚钱方法也在实时更新。下一节看看中国以外的房子。

3.7　全球"收租婆"养成记，先画个大框架

很多人想在海外拥有一套自己的房子，担心钱不够或不知道怎么买。这里说一下变通的方法。

最近，朋友之间在聊天时提到去到海外买房的话题，如"某某去日本北海道买了套房子，春节请一帮朋友去滑雪""某某在泰国买了套房子，孩子去

上国际学校"。

为什么去国外买房？理由无外乎两条：国内买不了；以此方式持有美元或欧元资产。

但去国外买房听上去很美，人们往往在亲身经历后会发现，操作繁杂、信息壁垒高、手续费繁多、政策不可控风险大等，并不适合普通的上班族。

当对"海外买一套房子长期持有"这样的投资有兴趣，但资金不足时，可以考虑金融产品 REITs（房地产信托投资基金）。从投资房子到买房地产股，从买海外房产到转换成 REITs，慢慢展开"如何把投资想法落实到更适合自己的资产"上。

Part 1 REITs，帮你全球收购房产的基金

房地产股大家都熟悉，REITs 很多人可能就了解不多了。REITs 产品就是将募集的资金投资到一堆比较成熟的房产项目上，并以"经营性收益"（基本上就是租金）作为投资人分红的产品。且该产品强制分红，新加坡和美国规定将利润的 90%定期分给投资人。

曾有读者问我，投资怎么能长期稳健地持续下去，且有充足的流动性呢？我想 REITs 算一个可选项。

REITs 基金打理人的主要工作就是在全球搜罗物业。他们趋向于整体收购一整栋楼房，如马上要建好的房子，但开发商现金流出现了问题，于是 REITs 基金整栋收购。如你投资了该基金，将获得该物业相应份额租金的回报。

国内暂时还没有合适的产品，但在美国，REITs 的市场规模非常大，是很多人抗通胀的一个选择：从 1972 年到现在，经历各种市场考验后，其收益率超过美国的大盘指数，年收益率达到 7.6%（剔除通胀），如表 3-1 所示。

表 3-1 REITs 的收益对比

基准	1972 年到 2018 年度总收益	调整通胀后的总收益	1972 年的 10,000 美元通胀调整后的总终价值
REITS	11.6%	7.6%	290,646
标普 500 指数	10.5%	6.5%	181,168
道琼斯工业指数	7.3%	3.3%	44,526
纳斯达克指数	9.3%	5.3%	107,573

Sources: NAREIT, Bureau Of Labor Statistics

Part 2　我的 REITs 之旅：抓住两个关键点

我最开始关注 REITs 产品，是想在 2008 年金融危机后抄底美国房地产。我当时投资 REITs 产品主要看两点：一是大的经济状况框架，二是对短期风险点的初步考量。

首先，选定一个你觉得经济会复苏的国家。因为经济复苏意味着就业增长，租房需求会被放大，在通胀周期里，往往伴随着房租的提高。图 3-22 所示是一只 REITs 指数——美国房地产投资信托指数（MSCI US REITs Index）走势图。

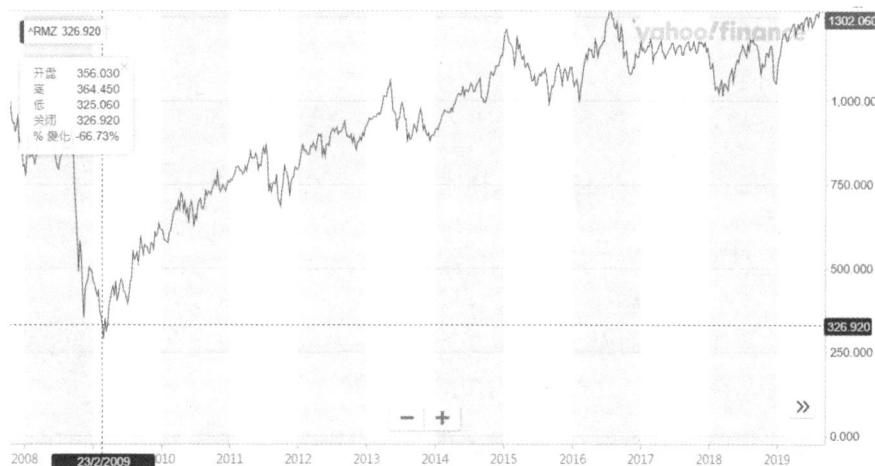

图 3-22　美国房地产投资信托指数自 2008 年金融危机后一路向上

短期风险是什么呢？即选定的这个国家是否会加息。加息对 REITs 来说是一个不好的消息，从图中可以看出，指数在 2017—2018 年几乎没有上涨。就是因为这期间美国在一点点加息，对 REITs 产生了冲击。

- 利率升高，REITs 基金向银行贷款收购不动产的成本增大。
- 利率升高，其他投资品的收益率会相应地抬升，如固定收益产品、债券等，使得 REITs 基金产品的投资人减少。

为验证这样一个逻辑，再结合美国加息的时间点看。

- 2013 年 5 月，时任美联储主席的伯南克暗示将更早退出 QE（即不再宽松，进入加息周期），REITs 被大量抛售。
- 从图 3-23 所示的两个时间点上，可看到当时指数从顶峰下跌近 15%。
- 随着市场的冷静，在 2013 年 7 月回补大部分跌幅，在随后的 2014 年和 2015

年创出新高。

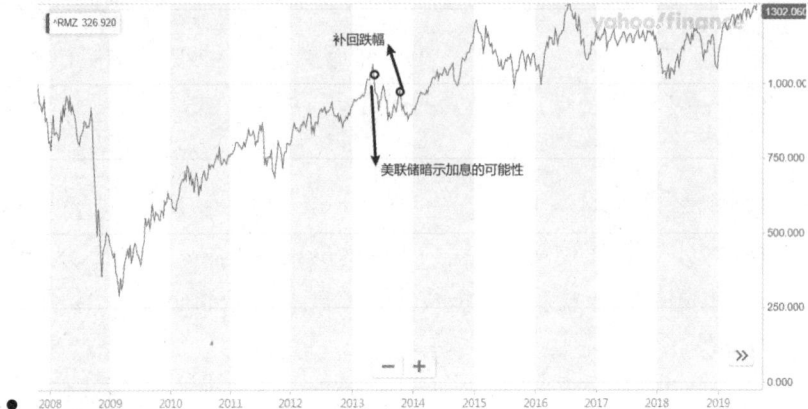

图 3-23 美联储加息与 REITs 的走势关系

所以，投资 REITs 的前提：选择房地产所在地区经济向好。

Part 3 在国内买海外 REITs 的捷径

我们知道如何选择 REITs 产品后，发现国内没有 REITs 产品，怎么买呢？通过国内公募基金中的一类产品可间接持有。

经常投资的人都知道，当你遇到想买的海外资产，但不知道怎么买时，可找基金品类中的 QDII（Qualified Domestic Institutional Investor，具有境外资本市场投资资格的国内机构），这是一条捷径。"给复杂的投资做减法"是理财投资路上必须掌握的一个技能，如图 3-24 所示。

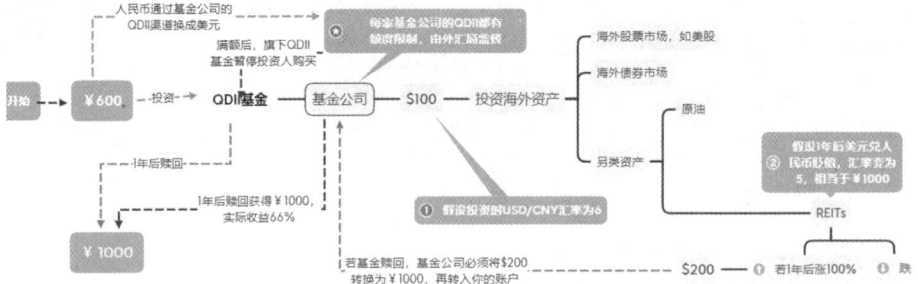

图 3-24 QDII 基金大致的投资路径（未计算基金申购赎回及管理费用）。需注意，这个投资是持有以外币计价的资产，所以赎回后实际收益除了资产本身的涨跌，还有汇率的变化

既然归类为捷径，其优点就非常明显：

（1）不需换汇，用人民币可直接购买。

（2）门槛低，100～1000元即可投资，如诺安全球不动产、广发美国房地产指数、鹏华美国房地产、嘉实全球房地产等。

2011年第一只QDII基金才成立，因为属于间接投资海外标的，所以缺点也比较明显：

（1）选择面窄。

（2）相对较高的管理费用。

（3）赎回时间需一周左右。

Part 4　用具体产品验证：我说的对吗

你可能已跃跃欲试地打开购买基金的App，搜索基金名字或代码了。

在感谢你信任之余还要郑重提醒：你看到的理财或投资文章，都可能存在"描述不准确""过时""没有写明前提""只提了优势没有说风险""不知道你不知道的"，或"被你自己忽略"的地方，而这些地方都蕴含着风险！

如果带着"是不是如作者写的那样？"和"目前的市场因素，对这样的投资有什么影响？"这两个问题，再去琢磨具体的产品就会明白其原理，如图3-25所示。

基金名称	代码	涉及国家 （2018年第二季度持仓）	特征	2018年第二季度收益	基金经理
诺安全球收益不动产	320017	美国94.49%、新加坡0.01%	主要投资于全球范围内证券交易所上市的REITs	14%	2011年成立以来基金经理没有过更换
嘉实全球房地产	070031	美国65.06%、澳大利亚4.88%、德国4.73%、英国2.64%、日本2.61%、西班牙2.29%、法国1.65%、奥地利0.97%、新加坡0.87%、爱尔兰0.71%……	主要投资于以REITs为代表的全球房地产证券	9.35%	2012年成立以来基金经理没有过更换
鹏华美国房地产	206011	美国	主要投资于在美国上市交易的REITs、REIT ETF和房地产行业股票	10.58%	2011年基金成立，现任基金经理从2014年开始管理
广发美国房地产	000179	美国	本基金为指数型基金	14.54%	被动型

图3-25　REITs中的其中几只基金

随机选一只REITs基金，如鹏华美国房地产（206011）。

（1）从名字上看是投资美国房地产的，实际情况如何？去验证它的持仓！

（2）看业绩走势图，是否符合前面提到的美国整个经济周期和加息节点，图 3-26 所示。

图 3-26　鹏华美国房地产净值与走势

除走势外，还可以找基金经理的看法。投资者可在基金档案、公告里找到"季报"文档，在季报里看"报告期内基金投资策略和运作分析"部分。这个报告（2018 年 3 季度）里是这么说的：

"今年 9 月 26 日，美联储宣布年内第三次加息……在美联储看来美国经济接近全面发展，即使增长和通胀的数据仅'符合预期'也足以支持逐步提高利率的合理性。本基金三季度末权益类资产仓位在 95% 左右。行业配置方面超配了写字楼，低配了公寓和零售……"

对照之前说的选择关键点，该基金的基金经理这么回应：

* 美国经济复苏得不错，比较稳健；
* 的确加息了，但美国方面显示经济足以支撑利率的上行；
* 自己接近满仓，而且更看好美国房产中的写字楼这一块。

如他的观点能和你的契合，那么到这一步也"顺利过关"。

（3）看分红，是否属于分红非常守纪律的投资品类，如图 3-27 所示。

通过以上 3 点验证，如都在你预期内，即可投钱进去。完成以上步骤，你至少已是一个有自我要求的投资者了。

这里讲了海外房产投资，通过经济是否向好、短期是否有风险两个考察点：引出 REITs 产品，并告诉你如何去尝试。除此之外，还提醒你要提升的两大必备技能：

* 给一个投资想法的落地做减法。
* 在投资之前，用具体的产品去验证别人告诉你的"心动点"。

如对这种资产很感兴趣，还可以看《全球 REITs 投资手册》和《REITs：人员、流程和管理》这两本书。这类产品在国内落地应该不远了，到时你就比一般人更有经验，更能在炒作中看清一些真相。

2018年度 鹏华美国房地产 累计分红0.025元/份。

○ 分红送配详情　　按报告期

年份	权益登记日	除息日	每份分红	分红发放日
2018年	2018-05-07	2018-05-04	每份派现金0.0100元	2018-05-09
2018年	2018-01-10	2018-01-09	每份派现金0.0150元	2018-01-12
2017年	2017-10-18	2017-10-17	每份派现金0.0150元	2017-10-20
2017年	2017-07-12	2017-07-11	每份派现金0.0300元	2017-07-14
2017年	2017-04-12	2017-04-11	每份派现金0.0300元	2017-04-14
2017年	2017-01-12	2017-01-11	每份派现金0.0200元	2017-01-16
2016年	2016-10-19	2016-10-18	每份派现金0.0220元	2016-10-21
2016年	2016-07-12	2016-07-11	每份派现金0.0200元	2016-07-14
2016年	2016-04-15	2016-04-14	每份派现金0.0100元	2016-04-19
2016年	2016-01-13	2016-01-12	每份派现金0.0100元	2016-01-15
2015年	2015-04-09	2015-04-08	每份派现金0.0070元	2015-04-13
2015年	2015-01-13	2015-01-12	每份派现金0.0200元	2015-01-15
2014年	2014-10-17	2014-10-16	每份派现金0.0100元	2014-10-21
2014年	2014-07-14	2014-07-11	每份派现金0.0100元	2014-07-16
2014年	2014-05-23	2014-05-22	每份派现金0.0200元	2014-05-27
2014年	2014-04-16	2014-04-15	每份派现金0.0100元	2014-04-18
2013年	2013-10-23	2013-10-22	每份派现金0.0100元	2013-10-25
2013年	2013-07-08	2013-07-05	每份派现金0.0100元	2013-07-10
2013年	2013-04-16	2013-04-15	每份派现金0.0100元	2013-04-18
2012年	2012-12-18	2012-12-17	每份派现金0.0100元	2012-12-20
2012年	2012-09-25	2012-09-24	每份派现金0.0100元	2012-09-27

图 3-27　验证分红信息

执行力大考验 15：先在 REITs 上预习一下汇率

假设现在人民币相对美元升值，你认为这个消息对于购买 QDII 基金是好是坏？可参照前文中查看海外资产收益（100%）和 QDII 基金实际收益（66%），这中间发生了什么？

3.8　带一张买房清单，全世界看看

很多人认为 REITs 是退而求其次的选择，有机会还想在海外拥有一套房子。

在一次投资日本房产的分享会上，一个老伯说："不要跟我说那里房子有多好，我只在乎到手的收益。扣除你们中介收取的费用和其他费用，每年收益（率）大约是多少？"从交流中得知，他原来买过一套国外的房子，中介当时许诺 6%以上的年租金收益率，但交房后他发现因为自己没有永久居留权，房租税费特别高，最终到手的租金收益率只有 3%。

所以，每次关注海外房产时，我都携带一张清单，分买房前、买房中、买房后的各种注意事项，在和中介交流时也都在不停地写写画画，把资金流走向能做多细就做多细。

Part 1　成本清单样例

图 3-28 所示为一个成本清单样板。要注意，在**买房期间，不要让中介"笼统地描述费用"**，而要有一个详细的说明表格，尤其是你在以外国投资者的身份购买时，会有一些不同于当地人的政策，以及流程中必然产生的汇率转换和电汇带来的成本等更要标注清楚。

买房前		
看房费用	机票（往返）	
	住宿	
	餐饮	
定金		
定金缴纳标准		
用何种货币缴纳	汇率损失与电汇手续费	
签订合约		
是否需要亲自到场签约	涉及交通费用和时间成本	
不需亲自到场的快递费用		
海外购房者的产权是多少年		
首付	合同价格	
	电汇成本与手续费	
是否可开立当地银行账户		
贷款利率		
其他		
中介与税费		
中介费用	中介收费标准	
税费	购房税费	
	其他税费	
买房后		
是否需要装修（了解当地行情与委托费用）		
中介费用	管家服务收费标准	
物业费用		
保险等其他费用	房屋一旦出现火灾等问题，外国购房者是否有保险涵盖	
租金收入涉及费用	中介是否支持当地货币直接汇入账户	
	所得税	
转手卖出		
中介费用		
各项税费		
资金如何转入你的银行账户及流程损耗		

图 3-28　投资国外房产的清单（仅供参考）

Part 2　看房产价值的小技巧

哪个国家的房子会涨？这个问题没有人能给出准确的答案，但对于如何看一个国家的房产价值，这里有几个小技巧。

（1）通过租金：如年化收益率很高，就是一个让人满意的状态。房价租金比是第一个层面要考察的事情。在这一层面上，再考察这个国家/地区的就业率是否稳定，收入水平能否保持可喜增长，这是持续获得不错租金的保障。

（2）该国的经济增长速度、货币宽松程度：由于资产对应货币的超发，需要有其自身的防御力去进行匹配和保值。在我国经济高速发展的这几年里，M2 增长相对较快，房价自然会上一个台阶，这也是合理的。

（3）房价是否存在泡沫：你去买房的那个时间点房价处于什么阶段，房价的上涨激发了多少购买热情，购买热情是否会进一步推高房价等。可参考瑞银集团每一年都会发布的"全球房地产泡沫指数"。

Part 3　海外房产，需要关注不可控的风险点

在海外买房这件事上，汇率是关键因素之一，如去日本买房，涉及人民币和日元的汇率涨跌。以及不要小看货币转换费用带来的成本提升，在买房前一定要弄清楚涉及的所有流程及损耗。

3.9　和自己好好说话02："没兴趣"和"最喜欢"的那些事

可以看出，书中的吃喝玩乐内容在慢慢变少，而从头脑里冒出投资灵感的事情变多了。从这里开始理顺逻辑、查看数据，并进行实证研究。前面以拆解购物欲为例，分享了自己的投资方法，这里依然如此：带一面"照妖镜"，照出投资里"没兴趣"或"最喜欢"的那些事儿。

日本知名的设计大师山本耀司说："'自己'这个东西是看不见的，撞上一些别的什么，反弹回来，才会了解'自己'。"所以，跟水平更高的人交流，才知道自己是"什么"。下面，和曾经碾压你智商、击垮你内心防御的那些人和事来一次柔软的碰撞。

Part 1　投资中的数学思维

和朋友的聚会，大家会分享一些我"算计生活"的小心得，但总有朋友感叹：我从小数学不好怎么办？

数学是为了解决现实问题出现的。而现在，很多女性谈到数学就觉得烦闷：蝌蚪一样的数字、复杂难懂的公式，以及不知道要证明什么结果的证明题。

换一个角度，当被一堆烦人的理论挡住道路时，用数学思维可以简单地换算。

你可能在很多场合听过"复利很厉害"的描述，我也曾在《躺着赚钱：一看就懂的懒人理财盈利技巧》书中给大家算过这件事儿。其实，如**不想用计算器，计算资产翻倍的速度有个简单的"70 法则"**，即用 70 除以它的增速，大致是它翻一倍所用的时间。

如余额宝的年化收益率是 3%，即资产增值速度为每年增值 3%。那么一笔钱投资余额宝翻倍的时间大致需要 23.3 年（70/3）。70 法则也有人说是 72 法则（用 72 去除），是大致判断的约数。

回到关于钱的时间价值这一节，也可以运用它计算：估计货币购买力减半所需的时间，直接用该数据除以通胀率即可。如 2018 年我国公布的通胀率约 3.5%，应用"70 法则"，即同样数目的钱购买力减半时间约为 70/3.5=20 年。

再如信用卡分期利率的"2 倍法则"，即**分期利率要乘以 2 才是你要付出的真实利率**。如你买一张健身卡刷了 1 万元，分期月利率是 0.75%，你觉得年化利率是 0.75%×12=9% 可以接受，但实际规则是：你不断在还钱，需要还的本金越来越少，但每月的利息却按照最初本金值来收取。每月还本金 833.33 元，手续费（利息）为 75 元，真实年利率差不多是 9% 的两倍，即 18%。

这种灵动小技巧，可以让我们对一些生活中的数字，如价格、收益率、增长率等，做出快速反应。如想继续学习，建议看以下几本书。

趣味小单子 07：这些数学书很有趣（见表 3-2）

表 3-2　趣味小单子 07

	名　称	简　介	备　注
趣味听读单	《像乌鸦一样思考》	像乌鸦喝水一样思考解决遇到的难题	纪录片
趣味图书	《数学之美》	作者吴军，书里娓娓道来了一件很重要的事：把生活中遇到的复杂的、摸不着头脑的问题，以简单清晰、直观有效的模型或者公式解答出来	适合"觉得自己数学很差，没法变着花样用到生活里"的人

续表

	名 称	简 介	备 注
趣味图书	《古今数学思想》	从书里面能够感受到西方人研究数学是为了追求真理	
	how not to be wrong	这本书告诉你数学与我们生活中所做的每一件事都息息相关，帮助我们洞见在混沌和嘈杂的表象之下日常生活的隐性结构和持续	是一门告诉我们“如何做不会犯错”的科学
	《写给所有人的极简统计学》	日本的一所数学培训学校校长写的，让平常人用一些简单的统计思维看到数据背后的真相	用鲜活的形式重新展现艰涩的内容

Part 2 最喜欢“你直接告诉我投什么”

你为什么学投资？赚钱！

先告诉你一个大概率的结果：在经受严格的市场历练前，很少有人能持续地在有一定风险的市场上赚到钱。大部分人喜欢**跳过“训练自己”这一个关卡，希望别人直接说“投什么”，然后自己跟着赚钱**。如果有这种乐于直接告诉你结果的人，建议你谨慎一点。

下面，用跨越10年的“股神真相”来看看这件你最喜欢的事儿。

美国CNBC电视台在2005年开播了一档晚间荐股节目Mad Money，收视率非常高。主持人是在华尔街从业多年的Cramer，其当时在Twitter上有100多万名粉丝。有人统计，在2005年7月到12月间，他在节目上共做出1592个买入和700个卖出建议，在节目上被推荐的股票会在当天上涨0.38%，第二天上涨1.88%；被建议卖出的股票会在当天下跌0.73%。

如此来看，这个人就是现实中的“股神”。但Paul Bolster 2012年发表在投资期刊上的研究报告 *How Mad Is Mad Money? Jim Cramer as a Stock Picker and Portfolio Manager* 给出了更多的分析，有两点值得回味：

- Cramer的荐股对股价的确有影响，但统计显示这种影响非常短暂。
- Cramer 推荐的股票有这样一些特性：**股性强（波动性比较大）、市值偏小（受交易量变化影响大）、成长型股票**。

简单来说，Cramer对股价“神一般”的预测更说明一个事实：他是知名的财经“网红”，有非常多的股民确实按照他的建议操作了，从而导致这些股票买卖量激增影响了股价。

2016 年的一份 *Jim Cramer's 'Mad Money' Charitable Trust Performance and Factor Attribution* 报告进一步挖掘：Cramer 自己管理的投资组合收益率并不出色。他和一个财经平台合作售卖 19 美元/年的跟单组合，该组合卖了近 10 万份。但他的组合收益率结果不如大盘指数。

这是让"股神"褪去光环的探究过程，Cramer 的节目收视率从 2009 年开始持续下滑。他主持节目前在高盛工作并管理一只基金长达 14 年，平均年化收益率为 24%且只有一年亏损。工作经历说明他是一个专业的金融从业者，但仍不足以支撑"股神"的盛名。再对比一下国内市场上的各种荐股人呢？

面对 Cramer 这样的荐股人，如想投机，可如前面一样分析他推荐的股票特性和涨跌波动分布规律，得出一个匹配的策略：超短线去听从他的所有建议，买后涨了就果断抛出，而不管明天会不会继续涨。从统计结果可以看出：你只需抓住利用他的人气召唤来的跟随者带来的 0.38%或 1.88%的涨幅就足够了。

投资大鳄索罗斯说："世界经济史是一部基于假象和谎言的连续剧。要想获得财富，就要认清其假象，投入其中，然后在假象被公众发现之前退出游戏。"

之所以在此处说明，是希望你为自己开一扇门。在**接下来行走的旅程中，如能继续提升独立的分析判断力和深入的数学思考力，风景会更美**。

3.10　第二关通过！又收获一个新技能（房产投资技能值+1）

大家在每一个新关卡都会用到第一关的通关秘籍：从生活中找线索。本节我们着重于第二关的主旨：**落实到具体的资产**，且做出选择或找到替代品。

从牙齿矫正联系到美股的艾利科技和 3M，最终重点关注前者；从投资房产转弯到投资房地产股，延伸到 REITs。同时去第三关瞄了一眼，在房产投资里加入"热力图"和"估值指标"指导投资区域或时间点。

在这里你会发现，对不同资产的特性有一定的了解非常重要，只有如此才能让你自在地在一个投资思路下不断切换频道，最终做出适合自己的、能够落地的选择。

大家在本章获得的资产投资新技能，主要和房产相关，如图 3-29 所示。

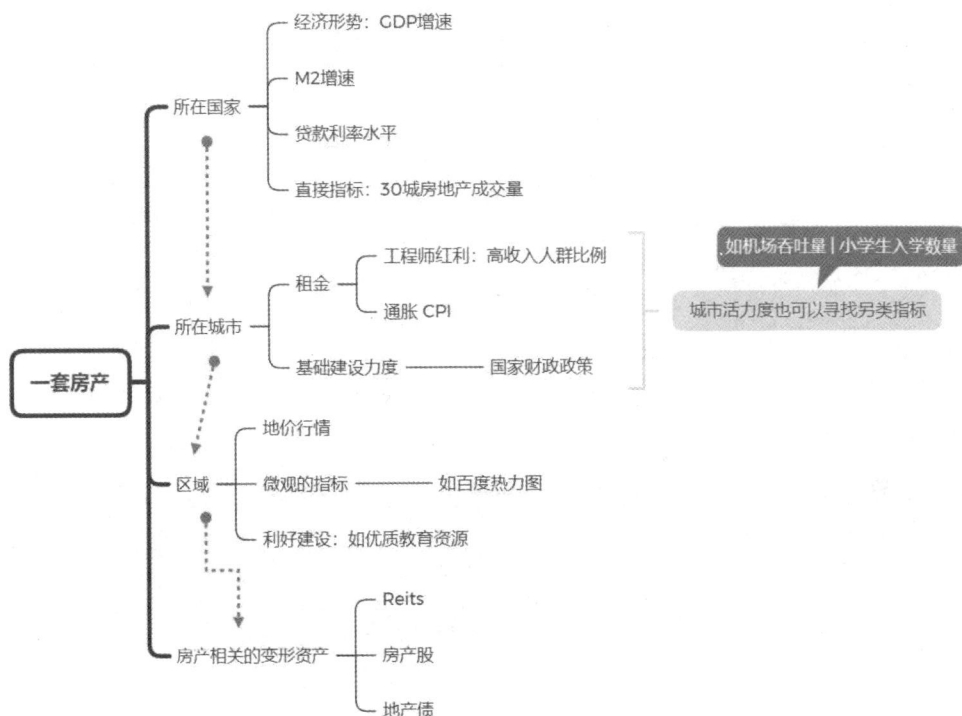

图 3-29　一套房产的投资思路分析，仅供参考

　　这里，我们把投资房产的范围扩展向海外，在下一章，以全世界为蓝图，跳出房产的范畴，怀抱更大的视野去找寻投资机会。

Chapter **4**

给旅行一个新的出发理由

旅行，最让人心动的部分是：

那个目的地，一定会有"什么东西"，

能在不经意间塑造你的人生，

想要去发现一个温暖有趣的世界和全新的自己。

投资，首先要充满好奇心，即对观察到的事情问为什么；然后在体验更大的世界后，追问更多为什么，这本身就是一个人不断形成预判信息体系的过程。

大局观如何获得？旅行，就是一个非常好的起步方式。

本章思维导图

> "旅行是一种冒险。我喜欢冒险，当然你也会学到更多东西。如果你能够在观察世界的时候更加接地气，你会看到在发生什么。"
> ——吉姆·罗杰斯

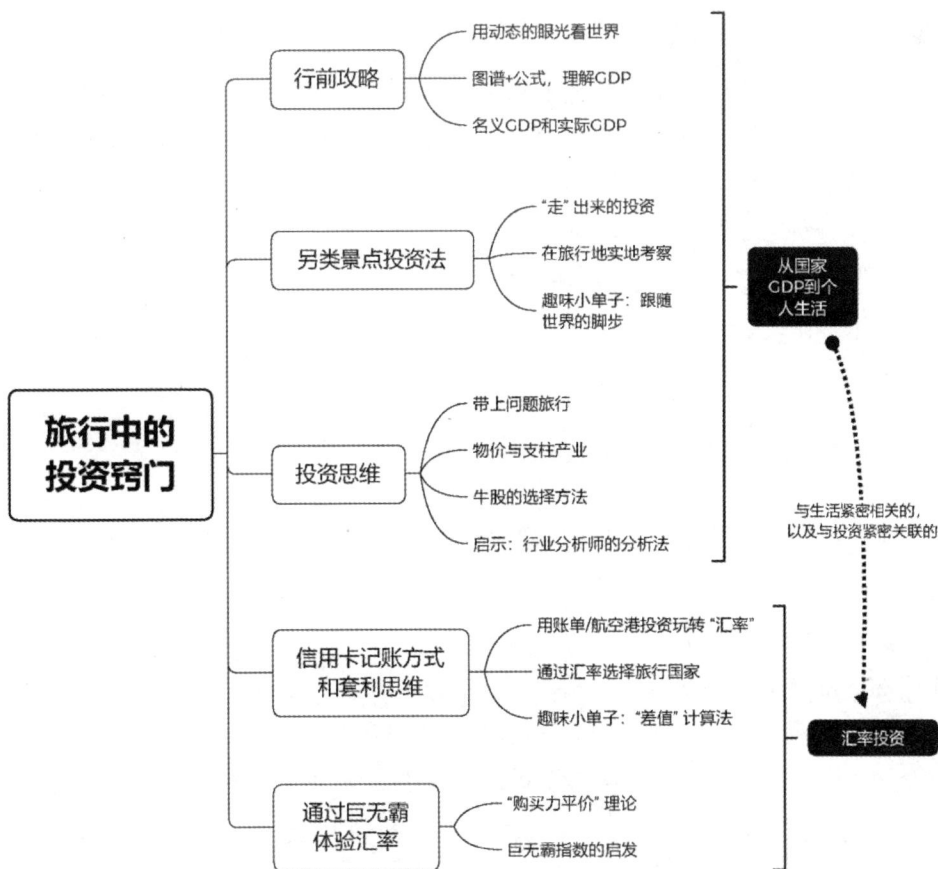

4.1 行前攻略：更好地理解远方

在投资方面你应该已有一些自己的思考。本章介绍在旅行中发现投资机会，继续扩大视野，涉猎更多的投资品种。

不论去哪儿，我们最好做一份行前攻略，下面介绍一个使用国家"财富"指标的方法。

Part 1 旅行攻略 vs 投资计划：哪个你花了更多时间

首先，在旅行和投资之间进行简单比较。交银国际首席分析师洪灏在他的《周期与冲突》课程中曾说：

"在买股票的时候，我们做的 Research（调查）比对于放假的时候去哪里玩做的 Research 少多了，虽然都是花钱的事，但大家显然花了大量的时间做旅行攻略，比如在这个景点要玩什么，怎样摆造型拍照。而我们在买股票时，随便用一个选股模型 5 分钟之内做出决定，根本就不管它背后的公司是什么。我们把股票当成一张彩票，6 个数字，每天不断地改变。"

是不是在这里看到了自己？相比于旅行攻略，大多数人对于是否投资的决定非常草率。

Part 2 用动态的眼光看全球排行榜

怎么理解这个世界和它的运作规则？先在书桌上放一个地球仪，或在墙上贴一张世界地图。

第一件事，在地球仪上标注每个国家的实力，如美国是经济强国，或中国、印度的经济增速非常快等。那么，一个国家的经济好不好，实力强不强到底通过什么指标衡量呢？最常用的指标就是 GDP（国内生产总值）。简单来说，就是一个国家定时捧出来的"成绩单"，与其他国家比一比自家的生产能力。

根据世界银行 2018 年 7 月的数据，全球 GDP 排名前 10 位的国家如表 4-1 所示。

表 4-1　2017 年世界经济前 10 位的国家（以 GDP 计价）

序号	国家名称	GDP（万亿美元）	序号	国家名称	GDP（万亿美元）
1	美国	19.39	6	印度	2.60
2	中国	12.24	7	法国	2.58
3	日本	4.87	8	巴西	2.05
4	德国	3.67	9	意大利	1.93
5	英国	2.62	10	加拿大	1.65

知名财经网站 HowMuch 每年都会做一张 The World Economy（世界经济）信息图，告知这个地球占据最大"财富指标"的国家都有哪些。

是不是发现世界总在变化？无论 2013 年时你在想什么，2019 年你在看什么，也不管你预测 2029 年会发生什么，所有事情都在动态变化。但不意味着"反正会变化索性就不关心"，只有对世界动态、持续地观察与理解，才能比大多数人更早地抓住变化中的趋势和机会。

用动态的眼光持续地观察中国经济的发展速度，可以单独把中国 GDP 和美国 GDP 列出来做张"赛跑图"。想一想：在已知中美两国历年 GDP 数据的情况下，你会用哪种方式体现差距呢？如图 4-1 所示。

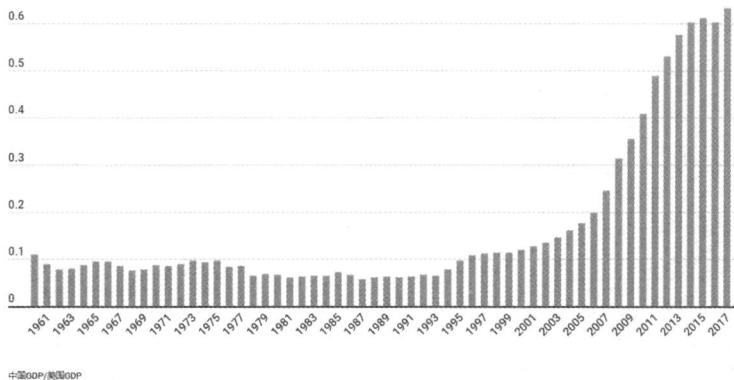

中国GDP/美国GDP

图 4-1　图中柱状数值为"中国 GDP/美国 GDP"，体现的是以美国为比较基准，中美之间的差距，也可以看到近 20 年来中国 GDP 的快速追赶过程

你的下一个旅行目的地在表 1-1 的榜单中排第几，前后几年的排名趋势是上升的还是下降的？可以去世界银行数据中心查一查！

Part 3　一张图谱+一个公式，理解 GDP

如果你已经学会了查看世界银行的 GDP 数据库排名，就需要了解 GDP 的评判标准。图 4-2 是一张 GDP 的关键点图谱，我们对概念再做简单的梳理。

然后再看曼昆的《经济学原理》一书中说到的公式：

国内生产总值（GDP）=消费 + 投资 + 政府购买+ 净出口

这是 GDP 的统计方式，这里先从其本质出发，来说它的用途。

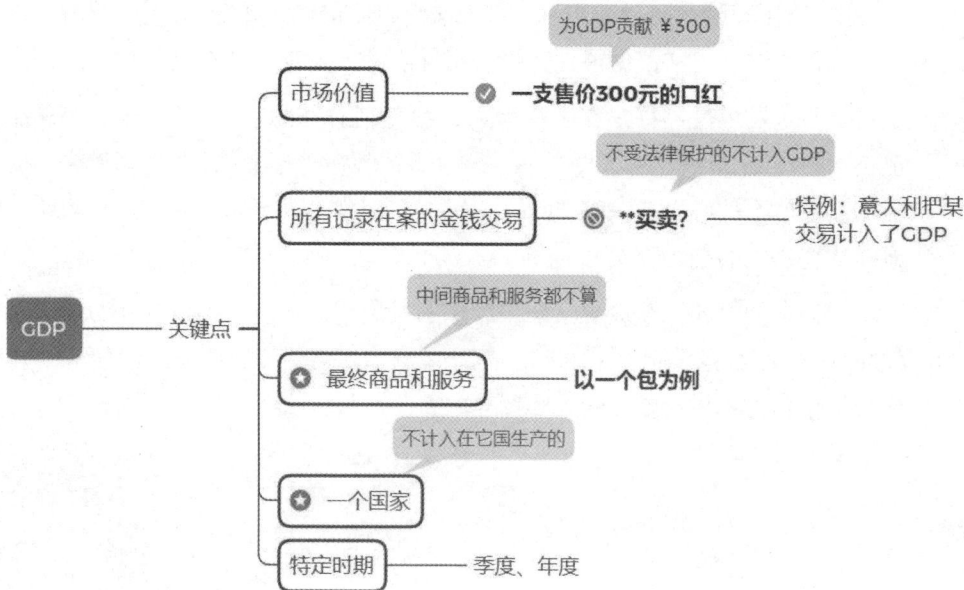

图 4-2　GDP 是一个国家在一定时期内生产的全部最终产品和服务的市场价值

GDP 指标有一定的统计标准，即在特定的时间里（如一个季度、一年），本国生产的所有最终物品或劳务的市场总价值，即在本国的都加上，在其他国家的都减掉。

- 消费、投资、政府购买：这三项一起看就是在本国市场的各种购买。消费包括买私家车，投资包括企业投入机器设备，政府购买包括国防设施等，但这三项包含的所有东西，有些是本国产的，有些是外国进口的。

- 出口：外国对国内生产的物品的购买。如一部分被外国人买走的华为手机里，包含了不少外国生产的零部件。

- 以上的消费、投资、政府购买和出口包含了所有本国生产的东西，但作为

GDP 的计算需剔除在外国生产的部分，于是，最后统一减去进口项，即等于减去前三项中所包含的非本国的部分。

综上，以上公式可以改为：GDP = 消费 + 投资 + 政府购买 + 出口 − 进口（只不过后面两项相减正好是净出口）。可以看出，比起记公式，理解更重要！

Part 4　去 CIA 网站，查一查各国的经济数据

Excel 模板下载：查一个国家的经济数据

理解 GDP 的构成后，可以把每个国家的相应实力拆开来看：这个国家的经济贡献到底来自哪一块？CIA（美国中央情报局）官网的 The World Factbook 标签的 Economy 栏目下有各个国家 GDP 的组成数据，可以在出发旅行前查看一下。

把这些数据整合可得出一张国家经济数据图，以某国为例说明，如图 4-3 所示。

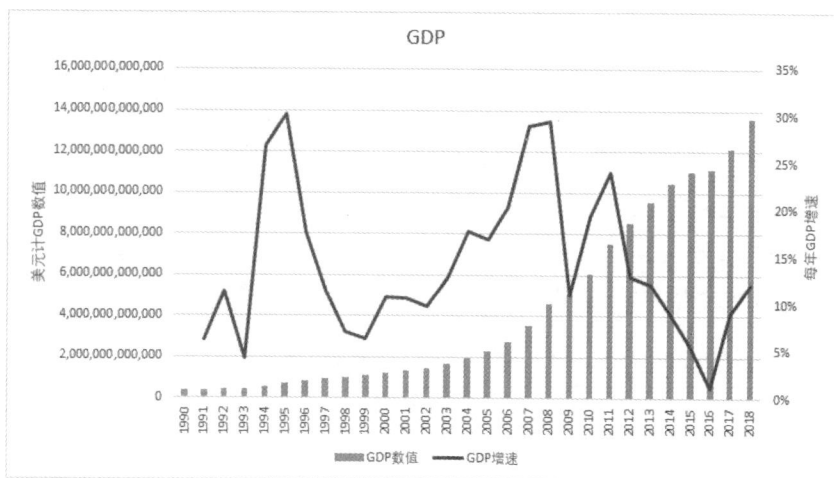

最新GDP构成

消费	39.1%
投资	44.40%
政府支出	14.5%
进口	-18.4%
出口	20.4%
净出口	2.0%

行业占比变化

	2010年	2017年
农业	10.0%	7.9%
工业	46.0%	40.5%
制造业	32.0%	29.0%
服务业	44.1%	51.6%

图 4-3　国家经济数据图

注：国家经济数据参考模板，见本节开头提供的下载说明。

在这张经济数据图中，可以看到：

- GDP 增速这几年略有下滑；
- 2017 年投资类在 GDP 中的占比非常大；
- 从 2010 年到 2017 年的变化可以看出，GDP 更多由服务业贡献，之前的工业（含制造业）部分下滑不少。

回顾一下当时的新闻，就能和该国制定的"降低投资、扩大内需"政策联系起来，说明该国想优化当时的"结构"，即通常所说的**结构性调整**。

很多启发思考的数据都是公开的，只要善于整合，就能领悟一些联系。

Part 5　到阿根廷，感受名义与实际 GDP

我们经常会在新闻或经济报告中读到"名义 GDP"或"实际 GDP"，上面说的 GDP 到底指哪一个？

在可汗学院"宏观经济学"课上，举了一个形象的案例。

假设一个国家的 GDP 都是由生长的苹果贡献的，第一年 GDP 数值为 1000 元，苹果售价是 20 元（GDP 计入 50 个苹果的量）；第二年 GDP 数值是 1200 元，苹果售价涨到 25 元（GDP 计入 48 个苹果）；GDP 的涨幅是 20%，但这个国家的实际生产能力真的提高了 20% 吗？显然没有，是因为苹果价格的上涨，而不是生产力真的提高了。

所以前面说的都是名义 GDP，而实际 GDP 要减去"物价上涨"因素。**实际 GDP 能让我们更好地衡量增速，所以通常所说的 GDP 增速，都是基于实际 GDP 数据。**

以上面这个例子计算：

实际 GDP 增速=20%（名义 GDP 增速）-25%（苹果涨价幅度）=-5%

知识小卡片： 在 2018 年，香水在重要类别中消失了

为什么公布的 GDP 数值用名义 GDP，而 GDP 增速用实际 GDP 呢？像上例，第二年公布的 GDP 数值"实际化"一下：去掉苹果涨价因素，应该是 1200-（5×48）=960 元。

全部用实际 GDP 计算不是更直观吗？

答案：这个世界上不只有苹果！GDP 数值里计入的服务和商品太多，新生和消亡的也很多，无法做到每一类的价格都做出价格涨跌多少的修正。

所以分工明确：（名义）GDP 数值用来判断国家的经济体量是大还是小，而（实际）GDP 增速用于判断这个经济体的长期趋势是欣欣向荣，还是短期衰退。

GDP 数值按照账上记的数目加总计算，如统计局最先公布的一般都是一段时间内的名义 GDP 数值。GDP 增速数据往往需要统计部门把涨价因素剔除掉后再公布。

简单来说就是：GDP 实际增速=名义 GDP 增速-通胀率

到这里，会发现"国家体质诊断书"模板里，看经济趋势的 GDP 增速直接用名义 GDP 数值计算不太妥当，因为对于物价涨跌幅度较大的国家不太适用。当然，也可以找办法修正（在世界银行官网中可以获得各国 GDP 实际增速的详细数据）。

下面，去阿根廷感受一下物价上涨、本国货币比索贬值等情况。

- 先看阿根廷这 10 年（名义）GDP 数据，排名一直在全球 20 位左右，变化不大；
- 再看 GDP 实际增速（截至 2018 年 12 月），已经两个季度连续出现负值。

将名义 GDP 数值与 GDP 实际增速结合起来的结果就是，阿根廷依然是一个经济体量还不错的国家，但经济趋势似乎并不向好。

看完以上内容，是不是感觉脑细胞不够用？但至少以后可以听懂财经新闻里播报的 GDP 讯息，以及了解国家为什么强调保持 GDP 增速。对个人来说：**在去某一个旅行目的地之前，通过简单数据就能对当地有一个经济面貌的速写。一旦在"世界观"上成功进阶，你就会知道钱放到地球的哪个角落更能迅速增值。**

Part 6　人类百年投资史：钱去了哪儿

这里再次具体化：为什么要去认真观察一个国家？

巴菲特在 2019 年致股东信中再次表示，回顾自己的 77 年投资历史，他和芒格很高兴地承认："伯克希尔的成功，在很大程度上只是搭了美国经济的顺风车。"

前面说了周期的轮回，如把眼光放到全球，在此消彼长的情况下，可以问：哪个国家在未来两年最可能出现经济腾飞的状况？如图 4-4 所示。

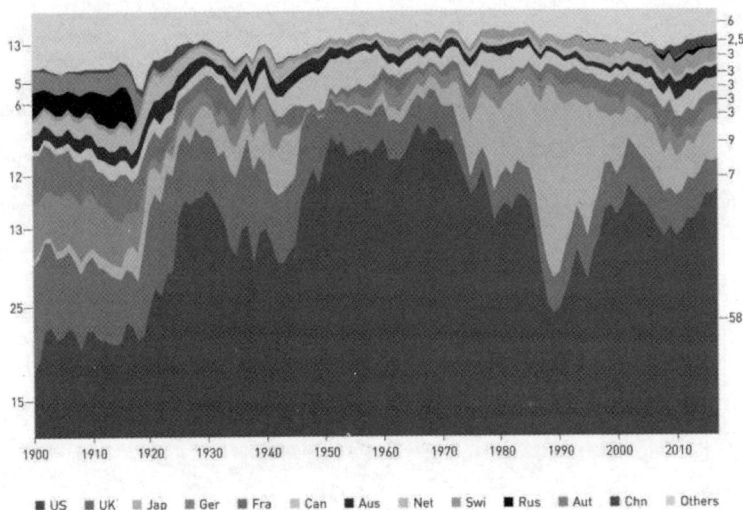

图 4-4　1899 年以来各国股市占全球的比重，和各国国力有明显的匹配性：美国强大起来、日本辉煌后萎缩、中国在后面部分开始走出自己的印记

通常来说，大部分钱去哪里，哪里就有希望！观察 GDP 只是开始，下面一起去观察全球的钱正在或即将流向哪个国家。

执行力大考验 16：读一读一个国家的体质监测报告

下一个旅行目的地是哪儿？到世界银行的数据库里看看它的排名，下载"体质诊断书模板"，更新甚至优化它的体质监测报告，看看能不能从中分析出结果。**每一张图表背后，都可以讲出一个故事。**

执行力大考验 17：把人口红利和 GDP 放在一起看

曾经有经济学家把全世界主要经济体的增长率和人口增速做了对比，发现两者之间存在相关性。在过去 20 年，全球发生了两次比较重要的金融危机，一次在 1997—2000 年，另一次在 2008—2012 年，毫无例外，基本都发生在人口增速下行时。你觉得这种联系是必然的吗？

4.2 向大师学习"另类景点"小思路

上面拆解了一个国家的实力值构成，又看了最为实际的经济趋势。这里放松一点，跟随行业大师全球飞的赚钱经验，为自己搭建一个"飞着赚钱"的模板。

把旅行和赚钱联系起来，大多数人最先想到的应该是帮朋友代购物品，也有一些不一样的：一对夫妇因为旅行，喜欢上了欧洲的跳蚤市场，后来在国内经营了一家古董店，现在过着国外定居、到处逛市场的生活。还有一个朋友到处旅行品鉴美酒，认识一些供货商，然后带回自己最爱的那些酒开了小酒馆。还有全球贩卖个人技能的，如早年爱潜水，然后考证当潜水教练，也有人一边旅行一边直播等。

像前面所说，潘通的首席设计师在全球搜罗流行信号，而我们也可以**用旅行的机会搜罗赚钱的信号**。

在这一章，用旅行的姿势把投资的想法发散开来，更好地理解这个世界。

Part 1 走出来的大投资

著名投资者吉姆·罗杰斯环游世界的视角是"**用投资的眼光去贴近最真实的生活**"，即通过旅行判断一个地区未来的发展潜力。如他确信该地区有发展潜力，就会多考察几天，然后通知经纪人购买当地的股票，等待未来的回报。

周游世界也让他明白，很多国家正变得越来越富有，他最被人称道的投资也是这么"走"出来的。

- 1984 年访问奥地利，发现当地的经济非常繁荣，且是东欧和西欧间的交通要道，发展的机会很多，而西方媒体并未给予关注，很多人并不知道奥地利在发生什么。当地股市只有几十只股票上市，参与的人不多——这是起飞前夕的奥地利，在后来的 3 年，他赚了 4~5 倍，被称为"奥地利股市之父"。

- 来中国环游时，发现中国与西方媒体描写的非常不一样，于是又在中国投了很多钱。他说："假如你是聪明人，那么在 1807 年应当移居伦敦，1907 年应当移居纽约，而 2007 年应当移居亚洲。"他在 2007 年将家搬到新加坡，在这个号称亚洲金融最开放的地方，盯紧中国的发展。

我们生活在国内，但一样可以放眼全球。在往哪儿投资前，可在旅行时实地考察。这里总结一些罗杰斯的视角，看看罗杰斯在 1990 年前后走过的那些"景点"。

- 在边境沿线看老百姓怎么换钱，以此判断一个国家经济的稳定性。
- 从特定服务业里获得重要指数，看政府部门是否清廉、高效。
- 判断一个国家的真实状况和西方主流媒体笔下的差异，差异越大机会可能越大。

Part 2 实地考察一个国家真实的面貌

"全球化投资"最先由 John Templeton（约翰·坦伯顿）在 1954 年提出，他成立了全球第 1 只股票基金——坦伯顿成长基金，这位资深前辈在旅行中也收获颇丰。

他考进耶鲁大学后，进行了一次俭朴的世界旅行，只花费 200 英镑就周游了 35 个国家，这次旅行让坦伯顿的视野变得更宽阔，在当时的数十年前，美国人普遍觉得只有本地股票值得投资，而他是少数最早进军日本、韩国和中国市场的投资家。在 1950 年，他用自己的储蓄在日本股市购买股票。

- 他在旅行日本时，注意到日本人很节俭，且有很强的工作纪律性。
- 当时日本股票的整体市盈率只有 4 倍，而美股市盈率约为 19 倍，两者有接近 5 倍的差距。
- 从 1955 年开始，日本出口的纺织品产量大幅下降，机械用品产量大幅上升，这是一个国家要转型为工业强国的前兆。

他的投资思想来自研究历史和分析产业，也有四处游历的所见所闻，即**利用市场的错误捡便宜**。

我在中国台湾旅行时看过一份财经杂志，介绍施罗德投信投资长陈朝灯投资中的另类视角，也和前面介绍的大师有异曲同工之处。

- 注意当地旅行景点和商场，留意当地人与外国人的比例。如果红红火火的商业大部分由本地人贡献，表明本国消费力很好。如他投资泰国基金，就是因为观察到泰国某游乐园票价较贵但生意很好，且大多数是当地游客。果然，这笔投资获得了良好的回报。

- 2008 年金融危机后到美国旅行时翻阅当地报纸广告，发现房地产广告占相当长的篇幅。于是，他主动和房产中介攀谈，得知美国某些地区的房市已有复苏迹象。因此，决定投资美国房地产投资信托商品（REITs），颇有斩获。

可见，跳出框架，用不一样的视角看事物，是一项实用的技能。

Part 3　世界不远，洞察力才刚起步

当前，去世界各地旅行非常方便，而我们的洞察力呢？也许才刚刚起步。

我在旅行前，会在目的地国家的 App Store 上看最受欢迎的 App 是哪些，并在旅行的时候打探各种消息，如饭店里的服务生月薪、Airbnb 上的屋主平时做什么投资、商店里商品的产地，以及去菜市场体会当地人的消费水平、去书店看畅销书的类型等。

然后采取行动：去越南就开了当地的股票账户，希望能赚取类似中国企业上市的红利；去日本就研究当地的 REITs 产品，比投资当地物业更方便。

接下去的几篇，我们带着这样的思考看世界，一起打开更多投资的新窗口。

趣味小单子 08：眼光跟着世界，三维动态看（见表 4-2）

表 4-2　趣味小单子 08

	名　称	简　介	备　注
趣味听读单	《坦伯顿投资法则》	坦伯顿的侄孙女诺兰·坦伯顿所写，侧面描写约翰·坦伯顿爵士的投资策略。由坦伯顿爵士亲自作序	
	《禅与摩托车维修艺术》	一本公路类书籍，却完成了一次自我心灵与人类文明的探索	和投资没什么关系，只是告诉你，行走中不仅是看风景
	《如果巴西下雨，就买星巴克股票》	看似简单的推理，折射出股票市场内在的逻辑，本书里有很多有趣的例子	与现实的生活场景结合得比较好，可作为入门读物
	《一件 T 恤的全球经济之旅》	一件 T 恤折射出来的自由贸易政策和保护主义倾向，如何改变纷繁杂乱的世界	
	《世界经济千年史》	麦迪森对一些国家的案例研究引人入胜	

4.3 脑洞篇：一手一个小玩具，冲向旅行目的地

从旅行里发现赚钱机会，该如何起步？从"去哪里旅行"开始，按照自己的喜好选择一个目的地。2018 年，我去了一趟俄罗斯，这个决定是怎么来的呢？

- 2018 年的春晚，出现了不少俄罗斯的元素。
- 经常去的几个博物馆，出现了很多的俄罗斯展品。
- 2018 年，在青岛的上合组织峰会上，白俄罗斯对中国游客开放了免签政策。
- 当年的世界杯在俄罗斯开展得如火如荼，中国球迷的球票购买量排全球第九。
- 在一段时间内，俄罗斯法币与信用卡支付不太顺畅，有媒体认为这会促使数字货币在这个国家落地。

我还联想到我国开放了原油期货市场，俄罗斯是产油大国等。虽然以上都是碎片信息，但串联起来"似乎"有些不一样。下面以俄罗斯旅行为例，描述我的思考路径——**用两步去泛读一个国家：实力与货币。**

Part 1　第 1 步：带上问题去旅行

首先，我查了俄罗斯的经济数据，如图 4-5 所示。

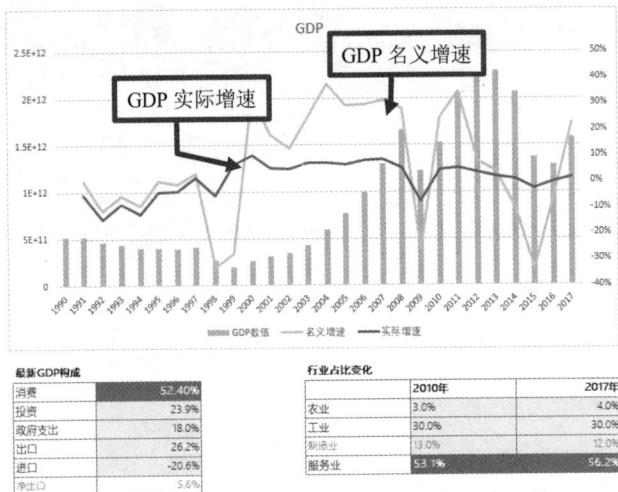

数据来源（图表内灰底数据）：世界银行官网

图 4-5　俄罗斯相关的数据制作的表格

从这张诊断书中可以看出：

- 俄罗斯的经济体量在加拿大和韩国中间。
- 消费对俄罗斯 GDP 的贡献最高，对俄罗斯经济支柱有一点涉猎就容易理解：依赖卖原油支撑消费，对应的是出口大于进口。
- GDP 实际增速非常慢。

在图 4-5 中，可以验证 GDP 名义增速和 GDP 实际增速的区别，结论如下：

- 2014—2016 年，俄罗斯的整体物价水平持续下降。
- 从 2017 年起，物价开始上升。

根据以上速写，我带着问题有的放矢地去考察。

Part 2　第 2 步：看这个国家消费的 "物价涨跌表"

我当时查询了卢布和人民币（RUB/CNY）的历史汇率，如图 4-6 所示。这等同于拿着人民币在俄罗斯消费的 "物价涨跌表"，同样，如果去美国就查 USD/CNY。

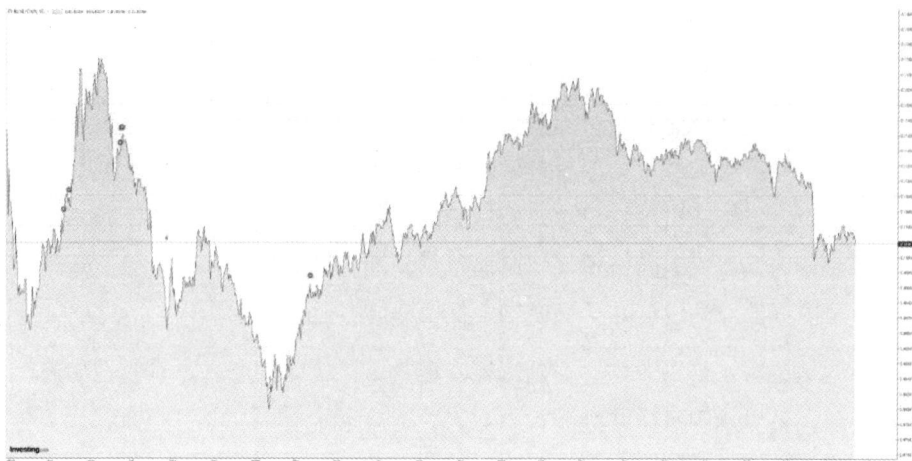

图 4-6　RUB/CNY 汇率图，数据来自 investing 网站。以俄罗斯手工套娃为例，近几年套娃价格平稳，一直在 1000 卢布左右，但如果用人民币购买则变动较大：2016 年年初的价格为 79.9 元，2017 年 4 月涨价 50%，2018 年 8 月降价 15%，需要 101 元

参照以上 "物价涨跌表" 可知，在 2018 年下半年出行俄罗斯，以人民币消费处于历史水平的中等偏下，即相对便宜的位置。

了解了一个国家的经济实力和货币走势，接下去谋划"如果有投资想法，如何落地到资产"上。即觉得一个国家比预想中好，如何做多？不看好一个国家，又如何做空？

Part 3　插播：阶段性总结一些知识点

首先，如看好一个国家的经济趋势，会想到什么投资方式？如图 4-7 所示。

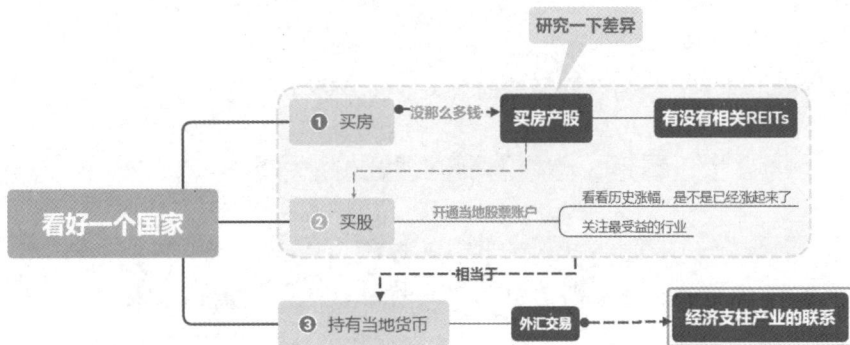

图 4-7　看好一个国家后的常见投资思路（仅供参考）

如果第一个念头是买房，除描述出这个国家的经济速写图外，还可以参考当地人口、活力情况及政策，如是否支持外国人购买，否则就考察其 REITs 产品！

除了房产以外，可能还想买当地市场的股票。作为业余投资者，你不要标榜自己是先行者，先看看这个市场的股票是不是因为被太多人看好已经上涨了，以及在这个国家的经济发展和结构变动中最受益的行业是什么？

不论是买房还是买股票，都是持有当地货币计价的资产，不管收益如何，最终获得的都是以该国货币计价的收成：资产本身收益+货币汇率波动收益。

用户可直接操作货币进入外汇市场，但这种投资更为复杂，可以先通过"如何简化"的探索和实验，看是否有变通的方式实现投资。

Part 4　从支柱产业中发掘机会——俄罗斯与原油基金

这里，从该国的经济支柱去发掘举例。

首先，大家对俄罗斯的直观印象是：原油出口国！本国货币卢布的强弱与油价有很大的关联（这就和澳大利亚的货币表现与铁矿石价格有很大的关联一样）。在 Investing 这类网站上可以方便地查看原油价格，如图 4-8 所示。

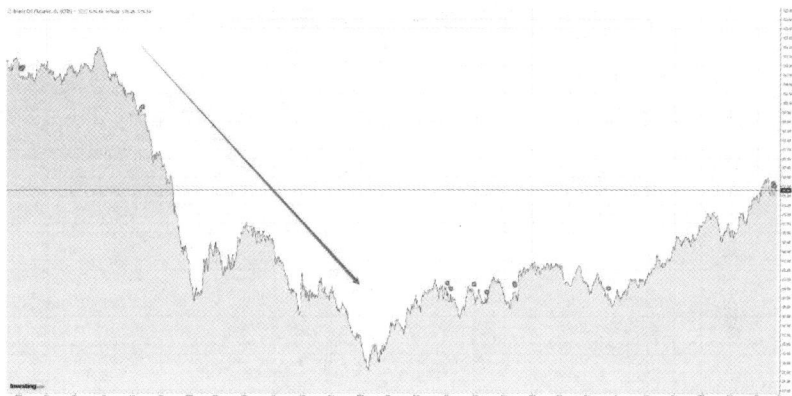

图 4-8　2014 年 6 月—2016 年年初，油价又一次下跌。再回头对比前面俄罗斯的那张经济数据图中的 2014—2016 年，是对应上的

图 4-7 所示的投资思维扩展成图 4-9 所示的结果。

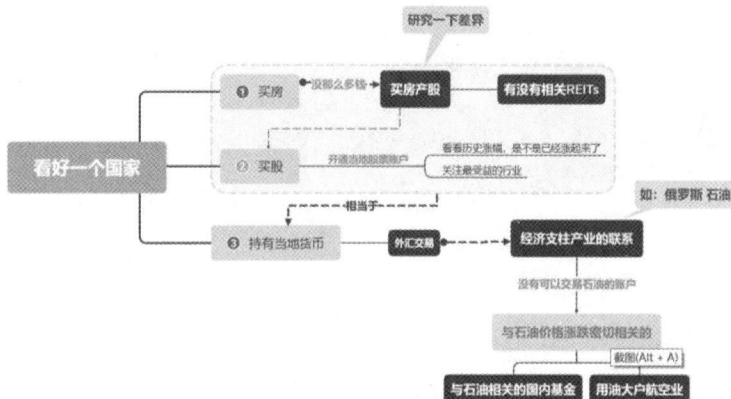

图 4-9　由图 4-7 扩展改进的投资思路导图（仅供参考）

盯准俄罗斯的支柱产业——原油出口，顺着思路去看。

- **原油价格下降** >> 支柱产业出口收入下滑 >> 国家经济下滑 >> 利空！
- **原油价格上涨** >> 出口收入上升 >> 提升国家经济 >> 利好！

大致思路：如喜欢俄罗斯，可以买一点"看涨原油"的资产。如南方原油（501018）、华宝油气（162411）等原油基金。

> **知识小卡片**：QDII 基金，海外投资的最便利工具
>
> 原油基金，属于 QDII 基金。图 4-10 为"你的人民币到底如何通过 QDII 出海"的路线。相当于你占用基金公司的"换汇额度"投资海外的资产，代价是高一点的基金管理费，以及更长的赎回时间。就便利性而言，是小白投资者向海外资产进发的最佳切入点。

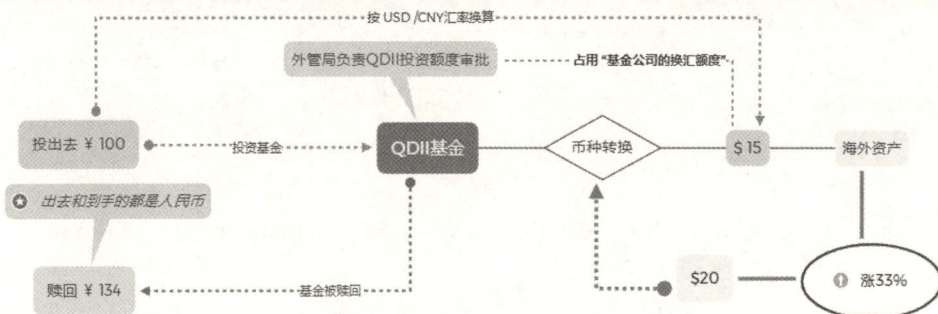

图 4-10　QDII 基金帮你实现用人民币做海外投资的示意图

Part 5　从支柱产业中找"牛股"

如实地在某国旅行后，若不喜欢这个国家，也可以通过做空表明自己的态度。按照上面的思路，对于俄罗斯就是做空原油。但这在国内难以实现，可继续尝试间接渠道——航空业，这是与原油价格密切相关的一个行业。

因为航空业是用油大户，原油价格的涨跌与航空股的涨跌密切相关，即原油价格上涨利空航空股，那以原油价格为起点的思路如下：

国家经济利空 << 国家经济受损 << 支柱产业出口收入下滑 << 原油价格下降 >> 用油行业成本降低　>> 用油行业利好！

可见，买航空股可能是对标"买入俄罗斯的看跌期权"的一个便捷选项。如图 4-8 所示，2014 年年中到 2016 年年初，油价暴跌导致卢布下跌，也是航空公司成本大幅下降时。

📃 **知识小卡片：** 油价跌，航空公司成本下降

　　航空公司的燃油支出占每次飞行成本的很大一部分。国内知名的春秋航空为节省飞行用油量，除了限制旅客行李重量外，还会在合理安排飞行路线后适当爬升减小阻力（节油），这也是其机票价格比同行们便宜30%左右的法宝之一。回头再看2014年6月以后的航空公司股价，在原油价格大跌时，航空公司股价是否迎来了光明？

　　图 4-11 是中国国航（601111.SH）和东方航空（600115.SH）的股价走势，可以看出该走势符合我们的判断。

图 4-11　油价下跌时俄罗斯经济下滑，同一时间段航空股股价上涨

　　到这里，一只基金（原油基金）和一只股票（航空股），这两个小工具就各自在"玩一玩做多/做空俄罗斯经济"的位置上坐下了。

　　以上是我旅行计划的拓展（重要的是思考过程，而非结论），图 4-12 所示为我的思考过程。思维发散如下：

- 先用另类的方法选择旅行目的地，从直觉出发。
- 拉出这个国家的"体质诊断书"（模板可下载）。
- 然后，看这个目的地对于你来说的"历史物价涨跌表"。
- 最后，手上拿好两个用"发散思维"想出来的做多、做空小工具。
- 等便宜机票实现以上操作。

　　在旅行的过程中，验证自己的判断并动态更新结果。当然，**做空、做多的逻辑并非这么简单**，如抱着一定要赚钱的目的肯定会失望，但这种方法能帮助我们建立一个投资与生活的连接点，并落地到投资中，这才是本小节的目的。

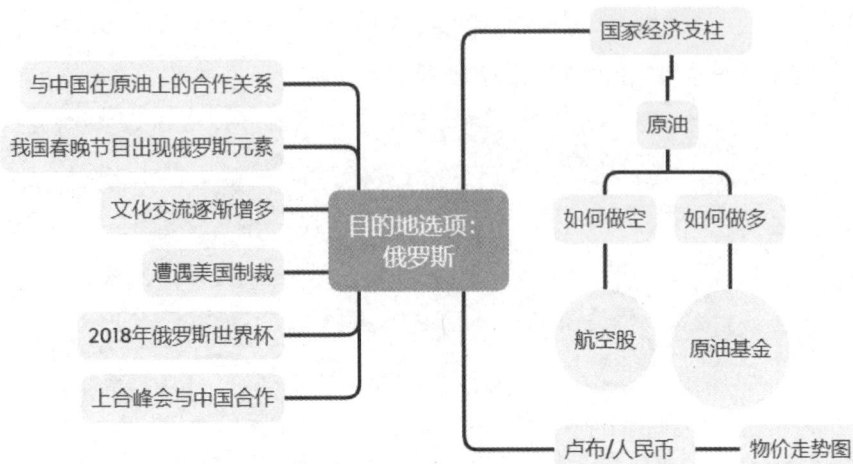

图 4-12　旅行目的地的选择与投资思考，其中一条路径就是：从这个国家支柱产业的景气度中找相关性强的资产标的，选一个符合你判断的去试玩一下

执行力大考验 18：2020 年去哪里旅行更划算

参照前面的人民币/卢布行情图，选 3～4 个旅行目的地，在 Investing 网站上看一看物价水平历史行情，以及去哪一个地方更合适（在后面小节中会给出参照）。

执行力大考验 19：给你的目的地设置"博彩"选项

用思维导图软件（如 Xmind）做一份海外旅行目的地计划表，包括如下内容：

（1）在你的投资直觉里，哪个国家让你觉得有点特别？

（2）在物价涨跌表中，呈现怎样的走势？

（3）左手做多，右手做空，这两个轻便的小工具，你选了什么？如在知识储备里搜索不出来，就用 Research（调研）的办法，找到这样一个产品，然后试着去了解它。

4.4　从信用卡记账模式说起

前面在提到 QDII 基金、海外房产时，都提到货币的升贬值对它们的影响，这一节说说汇率。

找好目的地，出发前先认识一下手中的钱，这在出国旅行中有许多学问。

如在人民币升值时出国，就更舒服一些。这也是为什么每次出国，即使对金融财经一点不懂的人都会关心汇率的原因。

Part 1　从旅行账单中认识锁汇

人们在出国前，一般都会去银行换一些目的地国家的现金，**换汇行为相当于"提前锁定汇率"**。如我想去美国，假设以 1∶6.9 的成本换了一沓美元现钞放在口袋，不管旅行期间的美元兑人民币汇率走势如何，我的成本都已经固定在 1∶6.9 上了，即被"锁住"了！

接着用信用卡消费，如你使用的信用卡以美元记账，到还款日再以当天汇率结算为人民币还款金额，就意味着从**消费日到信用卡还款日这段时间里，成本一直处于浮动状态**！

以去美国玩 6 天为例，图 4-13 所示为描述旅行中惊险重重的成本浮动（都是汇率变动所致）的账单记录。

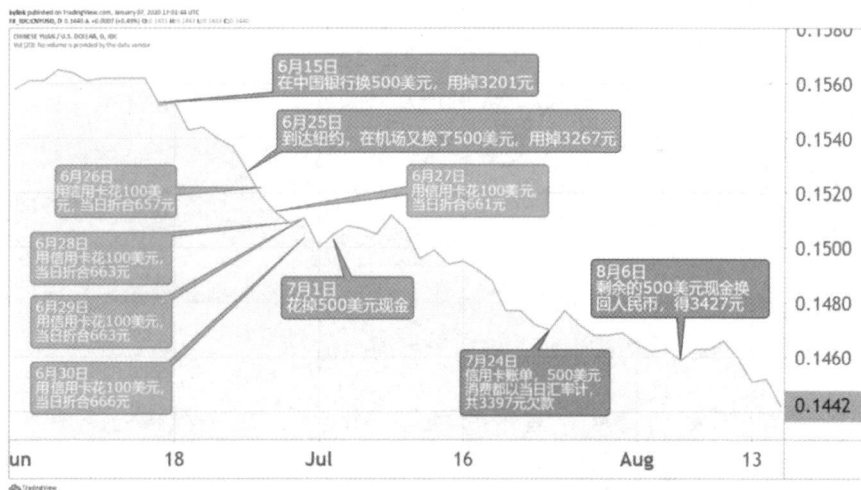

图 4-13　一次去美国旅行的账单记录，可以看到在这过程中，人民币兑美元汇率一直在跌，即钱越来越"不值钱"

回过头看这样一份账单，复盘如下：

- 一开始两次锁定汇率（一次在国内银行、一次在美国机场）的做法非常成功，因为在"人民币贬值"的这个时间段里，提前在它相对更值钱的时候换了美元，锁定了这个相对值钱的状态。

- 旅行期间花费提前换好的 500 美元现金（该成本已被锁定）。
- 其余 500 美元用信用卡消费，这个成本不固定——因为这 500 美元，要在大概一个月后才收到账单，这时候人民币再下跌就要以还款日汇率计算，意味着需要多还一些人民币。
- 没有花完的 500 美元现金，你觉得没有用途就去银行换回人民币，这部分原本花费 3200 元人民币兑换的美元，过了两个月能换回 3397 元人民币（因为在持有美元期间，美元在升值）。

这时会发现，这次旅行花的冤枉钱亏在"信用卡给你的免息期"上，让你在差不多一个月的免息期里暴露在人民币汇率不断下跌的风险中。相当于你一个月前通过信用卡向银行陆续借了 500 美元，如果你早一点还，就少还一些人民币，否则就需要多还。所以，在本币下跌的大背景下，涉及其他货币消费的信用卡免息，对个人来说并不合算。

还有一种信用卡，它的记账模式是在消费美元的当天以实时汇率计人民币账单，若在上例中使用这种信用卡会更省钱。但如果处于本币升值的背景下使用这种信用卡就不合算了。

总体来说，一次花费 10,000 元人民币左右的旅行，可以不必过于计算上面的差别。但如果把旅行经费放到足够大，如一家公司在海外购置生产物资的消费金额，那么汇率变动带来的不确定性就会让人难以忍受，这样的风险有时足以撼动企业一整年的利润。

之前，我们说企业的上下游链条，更关注的是行业的消费需求，**如果一个行业，它的上下游链条伸出了国门，就需要再加一个关注点：汇率。**

Part 2　航空股投资，从汇率维度看

上面说到航空公司股价和原油价格涨跌的关系，到这里就会发现，航空公司股价不仅和油价有关，也和汇率密切相关。

如发现俄罗斯的经济支柱不够稳固（原油生意不好做了），想买航空股赚钱（油价下跌对应航空公司成本降低，利润变高），还需要注意以下几点。

（1）观察大家的出游、差旅活动是否活跃（这关系到航空公司的生意好不好，也可从机场吞吐量去观察）。

（2）再看一下汇率！

从人民币兑美元的汇率来看，在 2015 年 8 月以后，人民币汇率下滑，如图 4-14 所示。

在人民币贬值的 2016 年，很多国内企业的利润是降低的。如前面提到的航空公司通常以外币支付进口商品，如购买或租赁飞机，而且一般都有大量美元借贷的负债。人民币贬值意味着要买的生产设备涨价（以美元标价的商品需更多的人民币去买）、要还的钱变得更多（同等美元数额的债务，需更多的人民币去偿还）。然后，再看股价上是否对这种"成本迅速升高"有所表现，如图 4-15 所示。

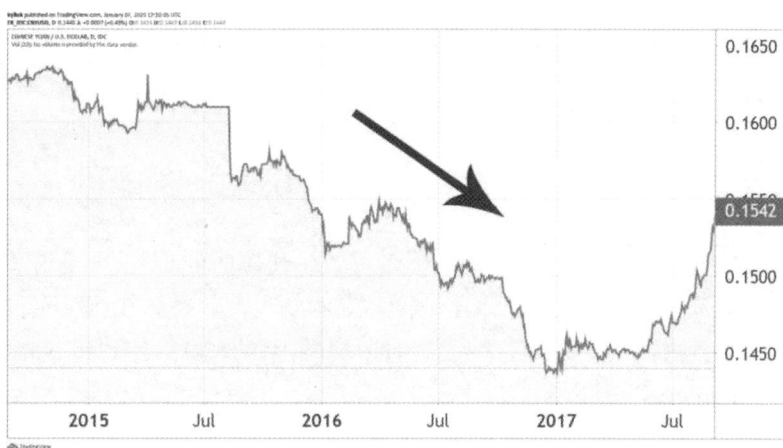

图 4-14　人民币兑美元汇率走势，2015 年 8 月以后有一段明显下滑

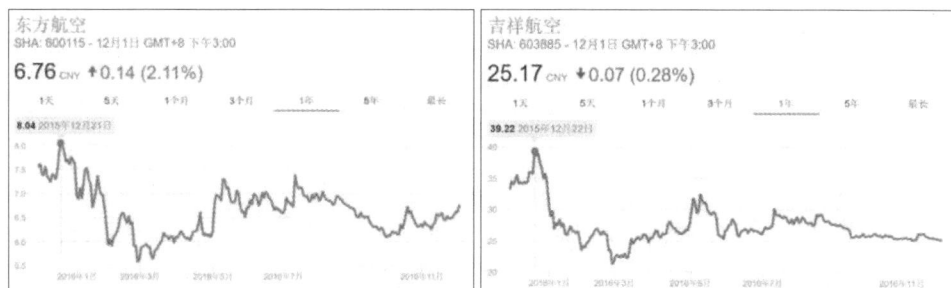

图 4-15　受汇率影响，航空公司股票在 2015 年年底后无一例外都一路大跌。华尔街见闻曾报道，只有东航在 2015 年通过交叉货币互换合约，把部分美元债转为欧元债，情况略好，但在人民币贬值之下，也是杯水车薪

这时，是不是就会发现：航空股的投资图谱已经通过我们的不断思考，慢慢地清晰起来，如图 4-16 所示。

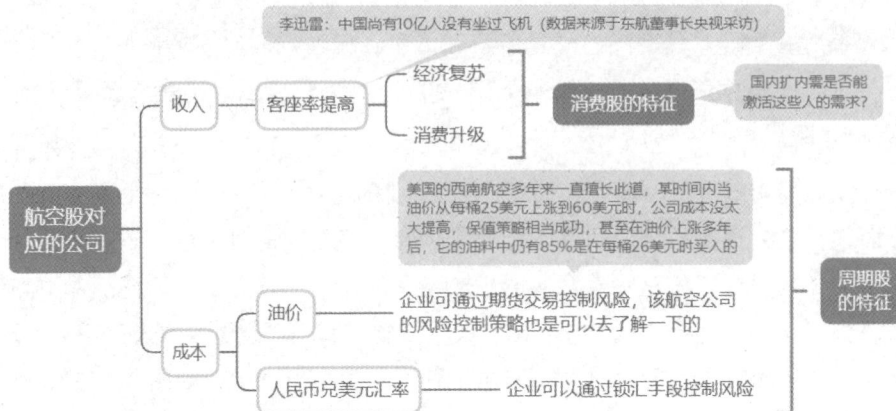

图 4-16　插播：从油价到汇率，不断完整的航空股投资图谱

接下来，继续专注在汇率中。

Part 3　穿越回到 2016 年，脑补人生"三重打击"

人民币的大幅波动，不仅影响钱包里的现金、出国旅行成本，还关系到股票背后的公司利润是否被"侵吞"。正如，你单纯从直觉+一些指标判断出发，买了一个行业特别有前景的公司股票，结果，它没能挡住汇率的影响导致利润下滑。

若你在 2016 做了这三件事：

（1）把人民币存在银行里不动。

（2）拿一张到还款日才换汇结算的信用卡去美国旅行很长时间。

（3）买了中国的航空公司股票。

那么懵懂之中会遭遇多重打击：存款缩水、债务加码与股票狂跌。人生总有几次命运的拐角，而这个拐角，往往会在一张行情图和一些关联的生活细节中，默默暗示了你很久，只不过你没有注意而已。

从这篇开始，我们要慢慢把对投资的判断，从一个维度或两个维度的思考扩展到多维的模式中，放到世界的范围去看，即使投资的是一只国内企业的股票。

执行力大考验 20：你心中是不是有这样一个疑问

读完这一篇，是不是稍微明白了为什么一个国家维持汇率相对稳定那么重要了。当然，任何事情，有付出必有所得，有兴趣的读者可以查一查 2015 年 8 月的相关情况。

4.5　从旅行里感受奇妙"差值"，认识套利

我每次去境外，都会到当地银行看一看。比如，N 年前去中国香港办一张汇丰银行的银行卡非常方便，现在有了门槛；再如，从 2017 年开始很多人发现柬埔寨的美元定期存款利率达到 5.5%（和国内的美元存款有利差）。这种套息操作非常知名的是日本的"渡边太太"，她们当年把老公赚来的日元换成澳元长期持有，因为澳元的利息更高。

所以，如果你做投资时，发现一个地方的金融体系和国内有区别，如利率高低、经济发展的快慢，都可以比较并试着找"差值"进行套利。套利在我们生活中普遍存在，在不违反法律和道德的前提下，通常也被认为是商机。

Part 1　给一张实时更新的去哪花钱参考图

当朋友们讨论去哪里玩时，我会看 TradingView 网上的汇率行情表（见图 4-17），这是人民币兑美元、日元、欧元、英镑等各国货币的汇率走势。

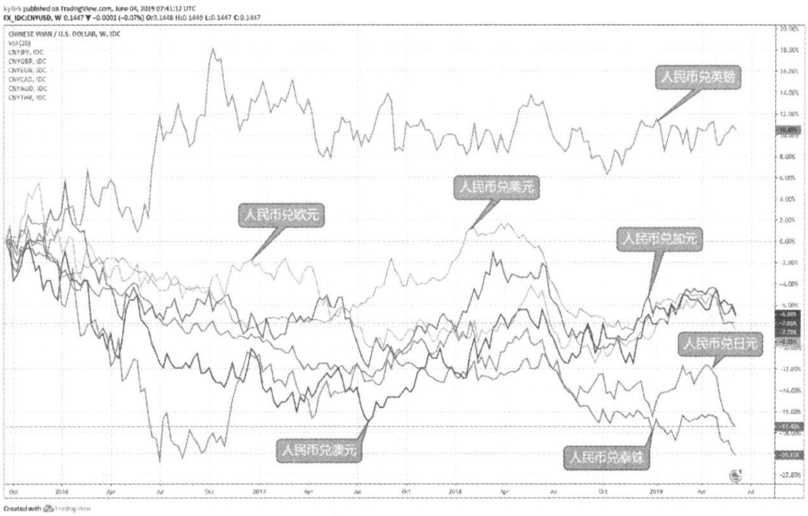

图 4-17　我将人民币兑美元、日元、欧元、泰铢等汇率的走势用 Tradingview 提供的 Compare（比较）功能放到一张行情走势图上，横向比较看去哪里更超值

把它们放在一起对比，看哪个涨得最快，哪个跌得最狠。比如，图中起始点是 2015 年年末，由此可知，如果选择去英国，现在（2019 年 5 月）我们的钱包

比 2016 年要鼓很多；而若去日本，则要比 2016 年瘪一些。如果日本和英国这两个目的地对我来说吸引力类似，就可能选英国。

Part 2 细化购物成本：一个包的全球之旅

Excel 模板下载：全球购物成本调研报告

上面的行情图是一个大的参考框架，如你去海外仅采买某几种品类，则可以细化对"败家成本"的考察。如 LV Pochette Metis 邮差包在不同国家为什么有那么大的价差？原因很复杂，最主要的就是汇率、当地进口税收政策、运输成本这几项。

瑞士宝盛私人银行自 2011 年起每年年底都会发布《亚洲财富报告》，里面包含一个 Jilius Baer Lifestyle Index（瑞士宝盛高端生活指数）的指标。在其 2018 年的报告中有这么一段："类似于 2018 年这样**大幅度的汇率波动也会影响购买行为**。那些货币出现明显贬值的国家，如英国、俄罗斯等会成为奢侈品买家的'购物天堂'，虽然这并不是品牌商愿意看到的现象。"

包包的价差带动了很多人从事"候鸟式套利"工作，即在全球范围内找哪里奢侈的价格更合适，然后以最低的价格买下，以从中获利。

执行力大考验 21：做一张你自己的"去哪行情图"

用户可以在我提供的"去哪行情图"的基础上画一张可以自己实时查看的图形，方法如下：

（1）进入 TradingView 网站，任选一个汇率行情（如：CNY|USD），点击左上方的"+compare"，再加上比如人民币兑泰铢（CNY|THB）、人民币兑新加坡元（CNY|SGD）等。

（2）拖动时间轴变换起始点，不论是 2 年、3 年还是 10 年，你手上的钱在哪个国家升值最快，都一目了然。

趣味小单子 09：看世界"差值"的线索（见表4-3）

表4-3　趣味小单子09

	名　称	简　介	备　注
趣味听读单	《奢侈品策略》	全球三大商学院的指定用书，更好地了解你总在全球购的奢侈品	
有用的小工具	Numbeo 官网	粗略了解目的地的具体物价水平，旅行前可以简单查询的一个网站	
	Trading View 官网	一个功能强大的金融资产行情网站	可方便制作"去哪行情图"

4.6　和自己好好说话 03：细读这个世界的游戏规则，掌握选择权

这里所说的套利，并非让你专注于这种"机会"，而要让你懂得：你能发现机会，可以在分析风险后放弃，重要的是，你比更多人早知道——**具有优先做和不做的选择权**。即具备"把运行规则了然于心"的能力：知道赚钱的方法、风险，以及什么时候撤离。

前面简单说了某旅行平台被薅羊毛背后羊毛党的技术含量。身边有一个朋友也尝试了一次差值的套利，结果却比较失败。

他发现 A、B 两个交易所对某热门虚拟币的报价不同（B 高 A 低），于是从交易所 A 购买了 3 个虚拟币，想转到交易所 B 出售赚取差价。这个逻辑没错，但他忽略了交易所 B 的规定：要转换成可提现资产必须在提交认证资料一个月后才行。

而他所发现的这种价差机会往往最多只有几小时，所以败在了 B 交易所的交易细则里，来回转账让他损失了不少手续费。

这也提醒我们，套利的重要前提是对游戏规则了然于心，有时甚至需估算精确的转账时间，而不能只看到差值就盲目操作。

熟悉规则的过程往往伴随着亏损。**若不熟悉游戏规则，则套利相当于买彩票，盈利概率不大**；只有熟悉游戏规则且明确了风险，才有可能套利成功。

真正的风险来自你不知道自己在做什么！

投机大师伯纳德·巴鲁克说：**我年轻时人们称我为投机客，然后是投资家，再后来又敬我为银行家，现在称我为慈善家，其实从始至终，我做的都是相同的事。**

在综艺节目《乐队的夏天》里，张亚东对年轻音乐人说过一段话："你要听不同的音乐，就像你去过不同的地方一样，当你去的地方足够多，你就会忽然发现整个人被打开了。如果你听得特别少（或永远是一种类型的旋律），就相当于在浪费你的耳朵。"

这里我一再提认知能力和大格局培养，但这不是能速成的。我把刻意训练的方法记录并分享出来，期望对你有所启发。不静下心揣摩出一些自己的东西，可能永远无法搞明白这个世界正在发生什么。

4.7　提高篇：去每个国家，都品一下巨无霸汉堡

从这一节开始，**通过一些特别的角度，帮你建立对汇率波动的认识。**这不仅针对外汇，在股票和海外房产投资方面也会对你有启发，其中涉及一些理论和计算。

每次去国外，我都会去超市拍一些价格标签，然后找当地的麦当劳吃一个汉堡，比较一下味道和价格，自称为"调研之旅"。《经济学人》杂志每年公布一次"巨无霸指数"，其基础理论就是：**不论使用哪种货币购买，一个巨无霸汉堡的"售价"都应该相同。**

但现实并非如此，在 2018 年，最贵的巨无霸出现在瑞士，如图 4-18 所示。

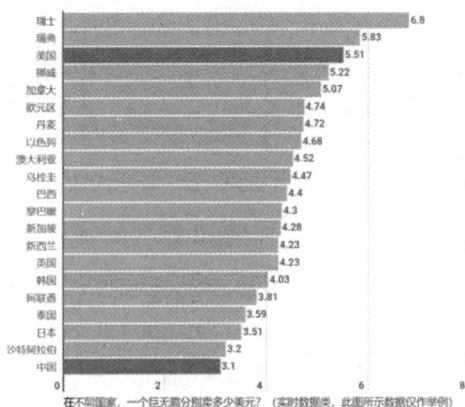

图 4-18　部分国家巨无霸的售价转换为美元的价格排名

数据来源：Statista 官网

而"巨无霸指数"是想提示我们："以上这种参差不齐的价格是暂时的，会慢慢回归到售价相同。"那怎么回归呢？

Part 1　巨无霸指数背后的大学问

从 1984 年开始发布的巨无霸指数以购买力平价（Purchasing Power Parity，PPP）为理论基础。PPP 被称为外汇第一理论，甚至有人说不懂它就不懂外汇。

该理论的主要观点是，从长远来看，两种货币的汇率最终会趋近于一个稳定水平，使一篮子货物或劳动力在这两种货币下的售价相同。注意，是从长远角度来看的！

前面所说的在旅行中找"差值"和套利空间，以购买力平价理论看，都是暂时现象。

怎么去看 PPP 理论下的巨无霸指数呢？如图 4-19 所示。

图 4-19　购买力平价工作原理
（来源：《经济学人》官网）

- 麦当劳的巨无霸汉堡（下称巨无霸）被选为代表 PPP 理论中所说的"一篮子货物"，是经过严格筛选的。首先，巨无霸在全球生产与销售，且原材料基本相同，如肉、蔬菜、酱汁等，几乎都是当地能自产的。这样就找到了比较固定的一篮子商品，包含了该国的货物与劳动力。
- 巨无霸指数认为，全球巨无霸从长期来看应该是等价的。即美国的巨无霸（如 5 美元/个）应等价于中国的巨无霸（20 元人民币/个），也就是说 5 美元=20 元人民币，即 1 美元兑换 4 元人民币。
- 实际情况是美元兑人民币汇率大概是 1:6.4（截至 2018 年年底）。
- 也就是说，巨无霸指数告诉了我们一个长期的趋势：人民币在现实中是被低估的，低估比例约为（6.4-4）/6.4=38%。

根据上述的讲解，大家可以思考一下，在购买力平价理论中，哪国货币被低估了？再比较一下下面两个国家的巨无霸的售价。

- 在日本售价：392 日元（据 2018 年 7 月汇率数据计算，相当于 3.51 美元）。
- 在美国售价：5.06 美元。

用购买力平价理论来看日元被低估（392 日元按照理论可以兑换成 5.06 美元，实际上只能兑换 3.51 美元，即日元被低估），那么，从图 4-18 的排行来看，是不是说排在美国下面的所有国家的货币都被低估？今后都会升值？显然不能这么简单判断。巨无霸指数的动态图可以在《经济学人》网站上查询，如图 4-20 所示。

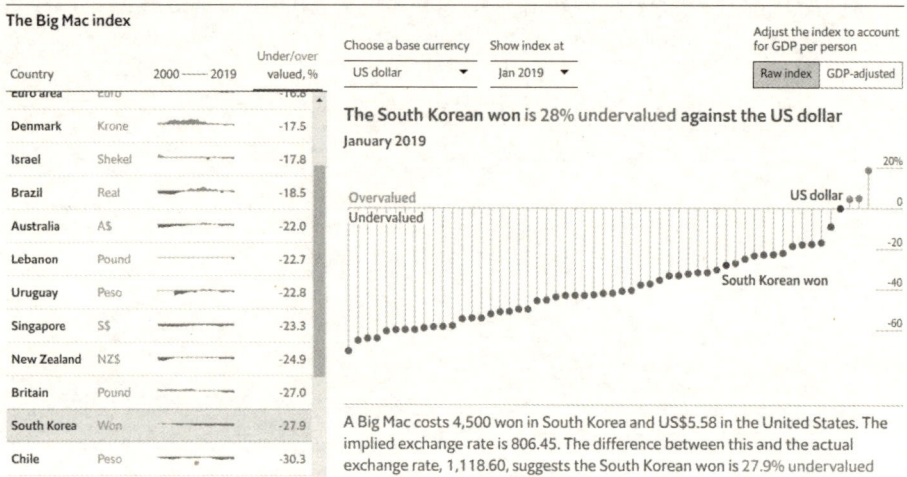

图 4-20　《经济学人》网站提供动态的巨无霸指标数据。根据购买力平价理论，每个国家的货币相对美元被低估或高估多少都一目了然，截至 2019 年 1 月

Part 2　巨无霸指数，到底能用来做什么

从上面的案例可知，PPP（购买力平价）理论与现实出现了明显脱节。如果通过一个汉堡包的售价就能看明白汇率趋势，那么岂不是人人都可以发财了？

毕竟世界市场并不是理论中完全自由竞争的，总是处于各种干预之下。所以，如果用汉堡包的价格比较指导外汇投资，那么肯定会亏得很惨，但可以参考着从长远的角度绘制一个趋势。

4.8　脑洞篇：LV 股价、iPhone 定价的"汇率感"

从购买力平价这个略显真空的世界里走出来，一起看看购买力"不"平价的现实世界。

Part 1　人民币汇率波动，为什么 LV 股价会跌

CNBC 在 2015 年 8 月的一篇报道中说："以前奢侈品在中国销售只关心官方政策，现在还得关心汇率。"

这篇报道发出时背景如下：

- 2015 年 8 月，人民币兑美元汇率处于快速下降的阶段（即人民币贬值）。
- 奢侈品销售金额下跌有两个原因：第一是各种原因下的购买力下降；第二是在中国销售占比较大，这些销售金额都以人民币计，而财务记账时要转换为公司总部所在地的货币（如欧元、美元或瑞士法郎），在人民币贬值期相当于一进账就缩水。
- 账面缩水后，第一个做出反应的就是其背后的公司股价应声下跌。

图 4-21 所示为 2015 年 8 月之后 LV 公司股价的走势。

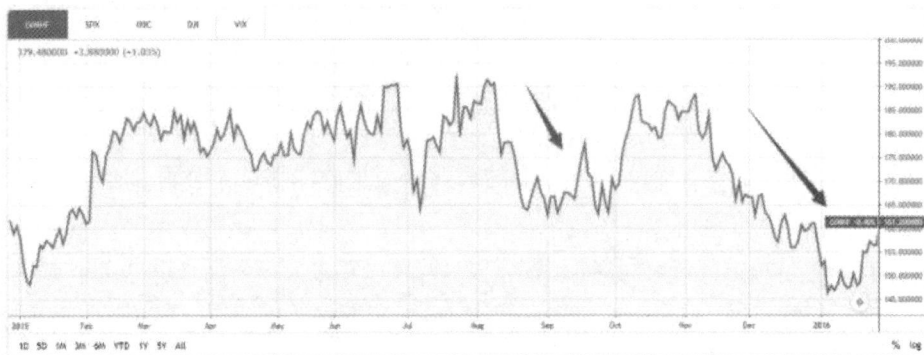

图 4-21　人民币"打喷嚏"有可能引发欧洲奢侈品牌"感冒"

图 4-22 是 2017 年全球奢侈品 10 强，根据 2015 财年的销售额（美元计）排名。图中柱状显示的各品牌销售增长率，上柱不算汇率变动，下柱算上汇率变动，差别很大。如 LV 的销售增长率加上汇率变动，直接从 15% 缩水到 5%。

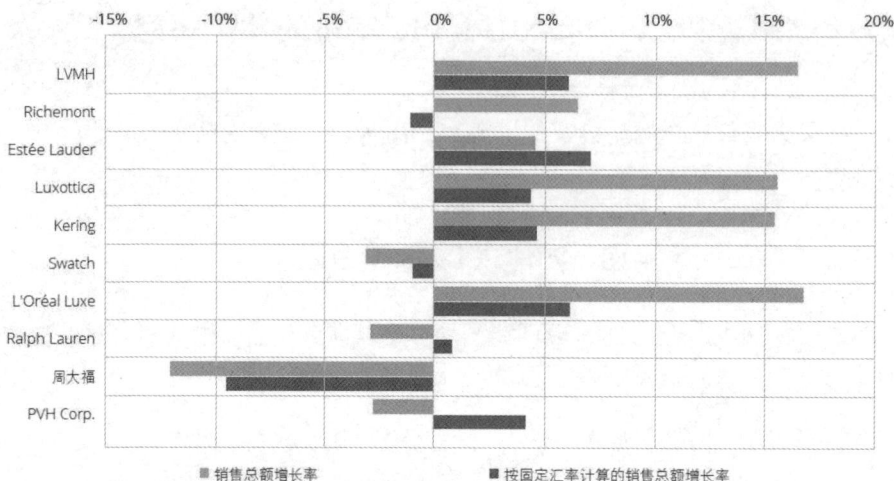

图 4-22　看浅灰色柱（紧邻两个柱体中的上面一个）与深灰色柱的差距，就知道汇率对奢侈品公司 10 强销售额增长率的影响。

来源：德勤会计师事务所

这些全球开店的奢侈品公司，业绩的增长和汇率波动密切相关，主要取决于财报计价货币（最终结算货币）和全球门店分布的情况（销售收入货币）。这也是为什么人民币贬值是奢侈品行业的一件大事。

德勤（德勤会计师事务所）每年都会发布一份 *Global Powers of Luxury Goods*（《全球奢侈品力量排行榜》），感兴趣的读者可以在其官网查看最新的报告原文。

Part 2　小实验：以 iPhone 定价反推，苹果公司怎么看未来汇率

既然汇率变化对"全球卖产品"的公司至关重要，那这家公司自己也会做出一个对未来汇率的预判，以此做全球定价。2017 年 9 月，我做过一个全球定价计算，以产品定价反推其母公司对汇率走向的预测，以苹果公司为例来讲这个小实验。

以 iPhone X 在美国和中国的定价去"查看"苹果公司怎么预测未来人民币兑美元的走势。在美国 iPhone X 定价为 999 美元（美国各州税率不同，为方便计算，税率简略为 0），则苹果想要获得同样的利润要在中国卖多少元人民币呢？

P1：在中国获得同样利润需要定的含税售价（以美元计）。

P2：iPhone X 在中国的含税定价（以人民币计），已知 P2=8388 元。

已知 iPhone X 在美国的售价为 999 美元，且中国市场当时的增值税税率是

17%。

即 P1 × (1-17%)= 999 美元，P1=1203.6 美元。

即苹果公司要在中国获得同样利润，需要把 iPhone X 定价为 1203.6 美元。

所以，苹果公司眼中，在 iPhone X 的销售季，1203.6 美元约等于 8388 元人民币，即苹果公司 2017 年对 USD/CNY 的汇率预测大概为 P2/P1=6.969。

然后我以同样方法把从 2013 年到 2017 年 iPhone 产品都做了计算，得出苹果公司对汇率预测的一个 iPhone Index。和实际汇率比较，**苹果公司给予了人民币更高的贬值预期**。我单独列出其每一年对人民币贬值预期的强弱（图 4-25 所示最右列颜色深浅表示）。

对比人民币兑美元的实际行情，苹果公司的判断其实也不太准。如苹果给予人民币贬值预期最强的 2013 年到 2014 年，实际上中间一段时期是升值的；而在贬值预期最弱的 2016 年，人民币兑美元汇率倒是下跌不少。

有两点需要注意：

- 像苹果这样的大公司在汇率上肯定有锁汇动作来规避风险，这里从它的定价策略角度强化我们对汇率的感觉；
- 另外，也可以换一个角度看图 4-23 的右侧列：颜色越浅，代表苹果产品在中国市场上的定价越便宜，颜色越深，代表苹果产品在中国市场的定价越高。

型号	子型号	上市年份	首发售价美元	首发售价人民币	增值税率	iPhone Index	美元/人民币(8月末)	人民币贬值预期强弱
X	256	2017	¥1,149	¥9,688	17%	7.00	6.6102	1.06
X	64	2017	¥999	¥8,388	17%	6.97	6.6102	1.05
8 Plus	256	2017	¥949	¥7,988	17%	6.99	6.6102	1.06
8 Plus	64	2017	¥799	¥6,688	17%	6.95	6.6102	1.05
8	256	2017	¥849	¥7,188	17%	7.03	6.6102	1.06
8	64	2017	¥699	¥5,888	17%	6.99	6.6102	1.06
7 Plus	256	2016	¥969	¥7,988	17%	6.84	6.6908	1.02
7 Plus	128	2016	¥869	¥7,188	17%	6.87	6.6908	1.03
7 Plus	32	2016	¥769	¥6,388	17%	6.89	6.6908	1.03
7	256	2016	¥849	¥6,988	17%	6.83	6.6908	1.02
7	128	2016	¥749	¥6,188	17%	6.86	6.6908	1.02
7	32	2016	¥649	¥5,388	17%	6.89	6.6908	1.03
6s Plus	128	2015	¥949	¥7,788	17%	6.81	6.3893	1.07
6s Plus	64	2015	¥849	¥6,888	17%	6.73	6.3893	1.05
6s Plus	16	2015	¥749	¥6,088	17%	6.75	6.3893	1.06
6s	128	2015	¥849	¥6,888	17%	6.73	6.3893	1.05
6s	64	2015	¥749	¥6,088	17%	6.73	6.3893	1.06
6s	16	2015	¥649	¥5,288	17%	6.76	6.3893	1.05
6 Plus	128	2014	¥949	¥7,688	17%	6.72	6.1647	1.09
6 Plus	64	2014	¥849	¥6,888	17%	6.73	6.1647	1.09
6 Plus	16	2014	¥749	¥6,088	17%	6.75	6.1647	1.09
6	128	2014	¥849	¥6,888	17%	6.73	6.1647	1.09
6	64	2014	¥749	¥6,088	17%	6.75	6.1647	1.09
6	16	2014	¥649	¥5,288	17%	6.76	6.1647	1.10
5s	64	2013	¥849	¥6,888	17%	6.73	6.1709	1.09
5s	32	2013	¥749	¥6,088	17%	6.75	6.1709	1.09
5s	16	2013	¥649	¥5,288	17%	6.76	6.1709	1.10

图 4-23　2016 年苹果公司对人民币贬值的预期最弱（浅灰），而 2017 年则差不多维持在 2015 年的预期水平。对人民币贬值最强的预期是在 2013—2014 年（深灰）

执行力大考验 22：2015 年香奈儿的包在国内是涨价还是跌价了

看 2015 年春天，欧元兑人民币贬值时，香奈儿、百达翡丽等一大批奢侈品在国内的价格是上涨的还是下跌的？

执行力大考验 23：计算一个全球品牌的"汇率态度"

如果你是某一个全球品牌的粉丝，你能用它的旗舰产品定价去计算该品牌的"汇率态度"吗？虽然这不是一个严谨的研究，但它能告诉你，该品牌在中国的定价趋势。

4.9 提高篇：换个姿势猜剧情

不同于前面的自嗨小实验，这里看国家之间的真实汇率战斗。

美国财政部每半年公布一篇《国际货币政策报告》，这份报告受关注度很高，**主要看哪个国家被美国列为"汇率操纵国"，它会在未来成为可能的靶子**——一旦该报告将某国认定为"汇率操纵国"，美国会进行谈判要求这个国家做出调整。

Part 1 成为"靶子"的 3 个标准

对于"汇率操纵国"的评判标准：

- 一是对美国存在较大的贸易顺差，达到每年 200 亿美元以上，即出口到美国的产值比从美国进口的产值多 200 亿美元；
- 二是该经济体的经常账户顺差占 GDP 比重超过 3%（可粗略理解为贸易占 GDP 的比重比较高）；
- 三是该经济体是否通过买入外国资产促使本国货币贬值，且 12 个月购买总量占该经济体 GDP 的比重达到 2%。

如果一个经济体以上三个标准都满足，则被认定为"汇率操纵国"；如果只满足两个指标，会被列入观察名单；不过，第一条标准的权重较大，如果第一条特别超标，即使下面两条不达标也可能被列入观察名单。

贸易平衡是什么？简单理解如图 4-24 所示。

US sells China $100 of goods

Balance of Trade:
US:　　　　$ 0
China:　　 $ 0

美国

中国

China sells US $100 of goods

图 4-24　贸易平衡：你卖给别人的（出口）约等于别人卖给你的（进口）

Part 2　设计一个打分制

《经济学人》杂志在 2017 年根据上面所讲述的汇率操纵国判断标准的第二条
和第三条，设立了一个打分制，向大家展现 2007 年以来美国贸易伙伴国的"汇率
操纵"部分得分情况。

- 第二条的经常账户盈余——占 GDP 超过 3%，得 1 分；超过 6%则得 2 分；
  以此类推；
- 第三条关于买入国外资产——和上一条得分规则一致，每超过 GDP 的 2%，
  得分增加 1 分。

得出如图 4-25 所示的分数图。

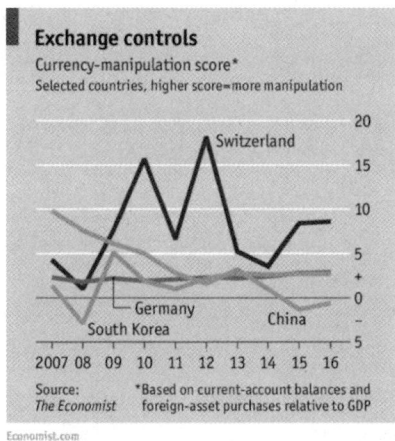

Exchange controls
Currency-manipulation score*
Selected countries, higher score=more manipulation

Switzerland

Germany
South Korea

China

2007 08 09 10 11 12 13 14 15 16

Source:
The Economist
*Based on current-account balances and
foreign-asset purchases relative to GDP

Economist.com

图 4-25　可以看到部分国家或地区的得分情况，可以明显看出来，中国在第二、第
三标准的表现非常"平稳"，那么，被列入美国观察名单的原因更多是第一项标准的
贸易顺差

执行力大考验 24：把"人民币贬值与升值"落实到资产选择中

用心的读者可以查一查 2016 年人民币兑美元为什么贬值。同时，我根据当时的情况制作了图 4-26 所示的内容。试图把每一件事的脉络（System）、框架（Skeleton）搭建起来，然后填入知识点（各种 Idea、Points），作为一个基础的"如何理顺投资思路"的参考。

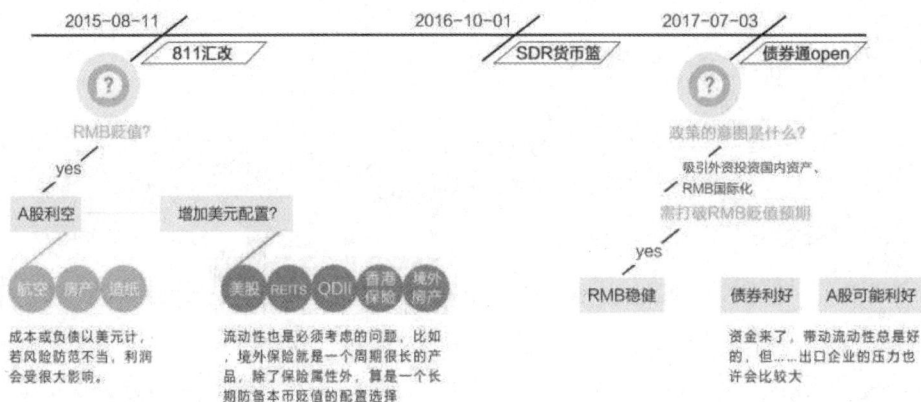

图 4-26　2016 年汇改后，如何布局接下来的投资？这是一份思考脉络

面临明显的汇率波动时，你会往哪些方面想？发散思维，再修剪肆意生长的"脑触角"，去发现更大的有序世界。

4.10　第三关通过，获得新技能（汇率分析技能+1）

从生活线索到落地资产，这一章更关注通过"一些看似无序的指标"去验证自己的判断是否正确，以及是否找对了实现的资产。

这些指标，既可以生活化（如消费的本地人比例），也可以很有趣（如巨无霸指数），还可以独创（如 iPhone 售价指标）。将看上去冷冰冰的指标，变成一个形态丰富的标尺，既可以用历史上总结出来的公式数据，也可以自己关联创造。尽可能跨出自己的圈子，理解世界的全貌。

到这里，你的"行囊"里已有 3 张图谱（股票、房产、外汇），是否发现这几个资产之间也有关联，某种资产的表现会成为另一种资产走势的辅助判断指标，如航空股（股票资产）和人民币兑美元的走势（外汇资产）就有密切的关系。图 4-27 所示为货币小图谱。

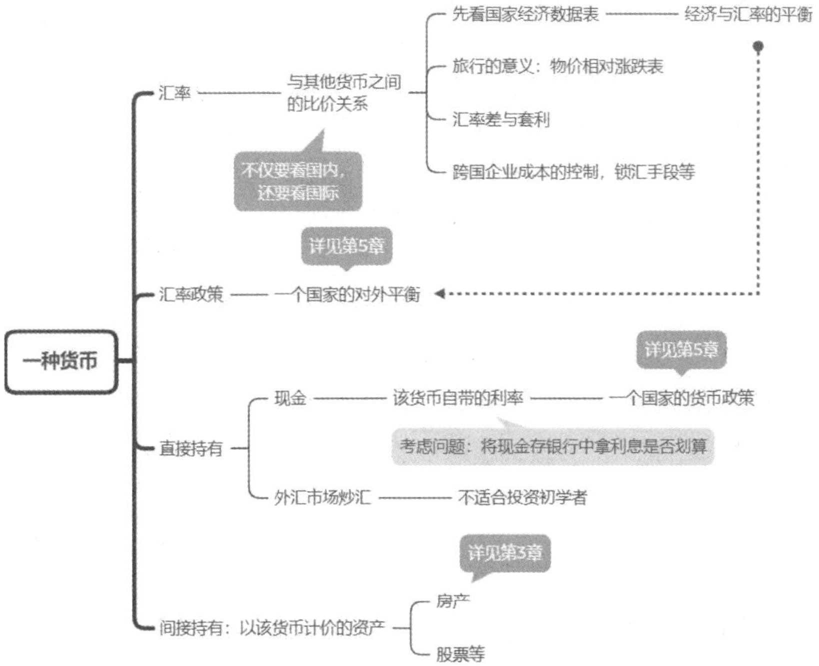

图 4-27　货币小图谱，你持有的资产都是以某种货币计价的，而这种货币的价值也在变动

随着你逐步扩大能力圈，就能发现自己的思路越来越清晰。

如果以前你不关注汇率及相关政策，现在可试着开始观察，毕竟人民币国际化是一个大趋势。在不断探索中，你要增强对汇率波动的感知，并在资产配置中增加"币种避险"概念。

就像我们分析一家上市公司：

- 觉得它做的生意有需求，能赚钱就好。这远远不够！
- 看这家公司经营理念是不是有改变，毕竟"投资的并不是公司本身，而是公司的经营模式和管理团队"。还不太够！
- 看经济形式，是不是能给予该生意一个持续良好的市场空间。仍然不够！
- 看上下游链条是不是有异动会影响它的盈利。但这还不够！

- 如果上下游链条里涉及国际贸易，那么还要看汇率变化给公司带来的好坏，这够了吗？依然不够！

这么研究下去有尽头吗？似乎没有。每次投资，我们都试图在所有因素中找到"主要矛盾"。我想说：学投资很容易，但做好投资，很难。美联储前主席格林斯潘说："在努力预测汇率超过半个世纪后，终于明白对汇率问题要树立强烈的谦卑心态。"

看到这里要明白：用投资和经济的思维，去预判生活的节奏和方向，而不是直接预测结果。

5

宅女的独特视角，定位你在这个世界的位置

这个世界的规律总是在被打破重建，投资的逻辑也在常常更新，

如果说旅行是实地考察的话，

那么对于宅男、宅女一族来说，

则可以用类似看财报的方式，

去阅读这个世界，

读到这个世界最为顶层的政策制定者，

对于内外的平衡，

努力思考，

去找出一点脉络。

本章思维导图

> "美国99%的男人看《花花公子》作为娱乐，而我就看公司年报娱乐自己。"
> ——沃伦·巴菲特

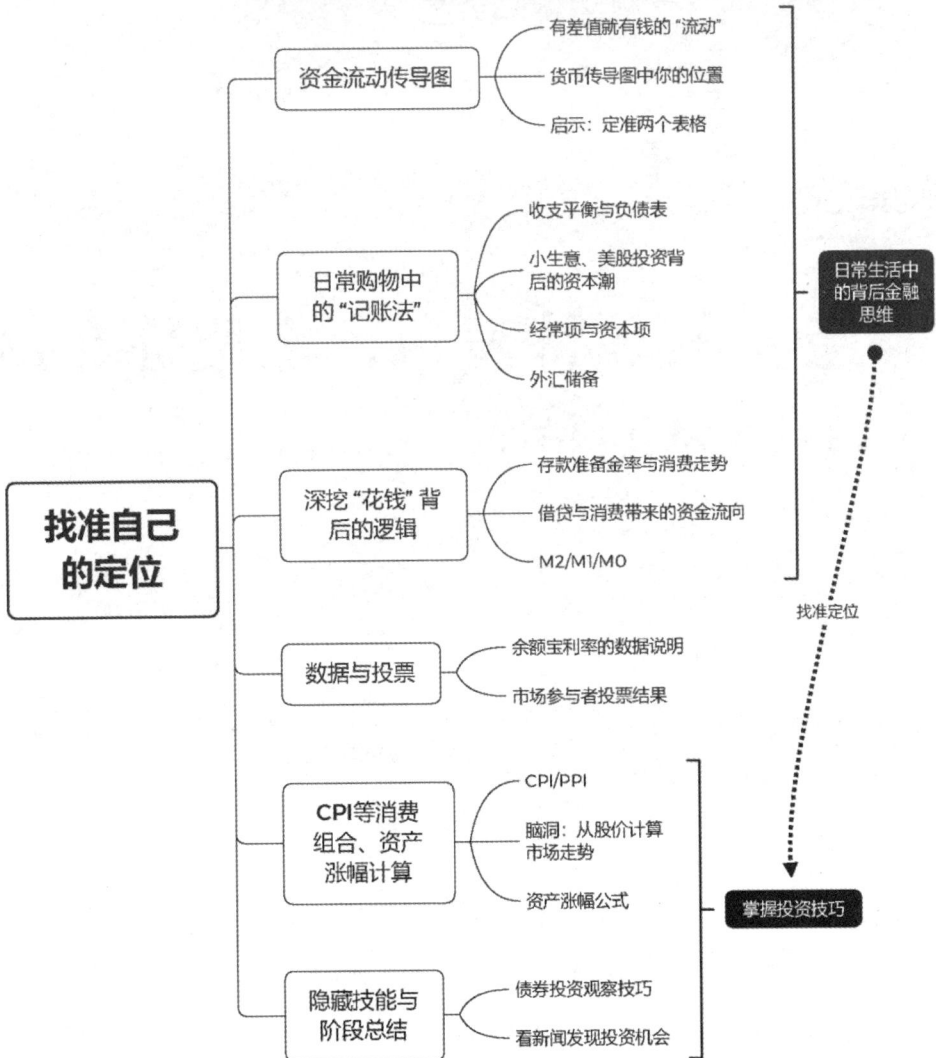

找准自己的定位

- 资金流动传导图
  - 有差值就有钱的"流动"
  - 货币传导图中你的位置
  - 启示：定准两个表格

- 日常购物中的"记账法"
  - 收支平衡与负债表
  - 小生意、美股投资背后的资本潮
  - 经常项与资本项
  - 外汇储备

- 深挖"花钱"背后的逻辑
  - 存款准备金率与消费走势
  - 借贷与消费带来的资金流向
  - M2/M1/M0

- 数据与投票
  - 余额宝利率的数据说明
  - 市场参与者投票结果

- **CPI**等消费组合、资产涨幅计算
  - CPI/PPI
  - 脑洞：从股价计算市场走势
  - 资产涨幅公式

- 隐藏技能与阶段总结
  - 债券投资观察技巧
  - 看新闻发现投资机会

日常生活中的背后金融思维

找准定位

掌握投资技巧

5.1　全球资金流动潮中，你被放在哪里

附：简略版 Money 流动路线图

前面介绍了汇率的概念，这一章继续探讨汇率，开启全球资金流的观察小实验，其实生活中感觉和自己毫无关联的很多东西，却与人生方向结合得更为紧密。

Part 1　你和钱"熟"吗

全世界的投资人几乎都在寻找前一章提到的"差值"，然后蜂拥而上去填上"洼地"，周而复始。于是，在国外我们看到给亲朋采购的身影，也时而看到某网站被"薅羊毛"的新闻，这样看似无序的大量行为就形成了全球的资金流动，并且其在人们毫无察觉的情况下，推动并改变着每一个个体的轨迹。

钱，可能是生活中最常见的物品之一，但你和钱真的很"熟"吗？ 当一笔笔零钱变成账户上的数字时，就不是一个"铂金包"那么简单了，资金流动施加的无限力量你能感受到吗？大多数人只关心钱在自己手中来去的片段过程，而对它到底来自哪里、最后流向何处却一无所知——这却关系到你的人生可能被慢慢裹挟而去的方向。

Part 2　一张货币传导图中，你的位置在哪里

为了让自己更清晰地认识货币，笔者画了如图 5-1 所示的简略版货币传导路线图。在这里，可以看到资金流动的原因和流动的方向（发现机会），以及各个国家设立的"防洪防涝的水库"（用政策工具做短期调节与平衡）。

这看上去可能没有头绪，我们先说两点浅显的认识。

- "个人"身处末端，很难看清上面各种货币关系网中的资金流动情况。
- 尝试从容地"向上观察"整个系统中千丝万缕的重要的"势头"，并顺势而为。

既然要顺势而为，那么就说几个在资金流动中的重要平衡点。读懂它们，就更有可能提前感知方向，从而更好地规划自己如何顺势。这里用简单的资产负债表为例，一起给一个国家的收入/支出简单地算算账，并高亮标出你在其中的角色。

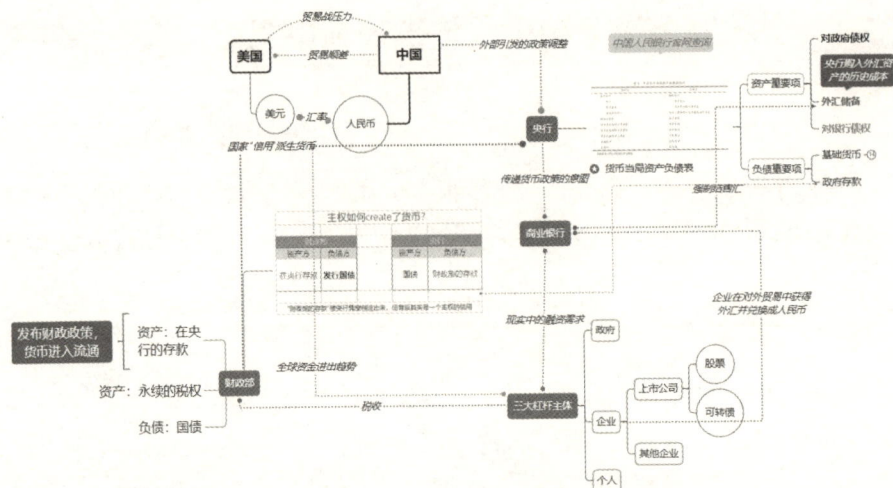

图 5-1　货币传导路线图：跳出钱包，你赚的钱和花的钱在大流转

5.2　你的日常海淘，在国家账单上被如何记录

这一节，我们把日常生活与世界上无形的资金流联系起来。

先从第一个对外平衡点中抽出"外汇储备"的概念，并把自己的生活和两张表串联起来。

Part 1　一个国家的"现金储蓄账户"

中国国际收支平衡表与央行资产负债表的性质不同。中国国际收支平衡表，记录一个国家对外的收入和支出，是收支流水账，可以在国家外汇管理局网站的"统计数据"中查询和下载。而央行资产负债表是描述和记录"钱都变成了什么东西"的国家账本，可以在人民银行网站下载查看。

两者都是公开的数据，这里先对其做简化处理，如图 5-2 所示。

中国国际收支平衡表（年度表）										
单位：亿美元 项目	2008	2009	2010	2011	2012	2013	2014	2015	2016	2017
1. 经常账户	4,206	2,433	2,378	1,361	2,154	1,482	2,360	3,042	2,022	1,649
贷方	16,622	14,136	18,484	22,087	23,933	25,927	27,434	26,193	24,546	27,089
借方	-12,417	-11,703	-16,105	-20,726	-21,779	-24,445	-25,074	-23,151	-22,524	-25,440
2. 资本和金融账户	-4,394	-2,019	-1,849	-1,223	-1,283	-853	-1,692	-912	272	570
2.1 资本账户	31	39	46	54	43	31	0	3	-3	-1
2.2 金融账户	-4,425	-2,058	-1,895	-1,278	-1,326	-883	-1,691	-915	276	571
2.2.2.4 外汇储备	-4,783	-3,821	-4,696	-3,848	-987	-4,327	-1,188	3,423	4,487	-930
3. 净误差与遗漏	188	-414	-529	-138	-871	-629	-669	-2,130	-2,295	-2,219

货币当局资产负债表
Balance Sheet of Monetary Authority

单位：亿元人民币
Unit: 100 Million Yuan

项目 Item	2018.01	2018.02	2018.03	2018.04	2018.05	2018.06	2018.07	2018.08	2018.09	2018.10	2018.11	2018.12
国外资产 Foreign Assets	220677	220369	220277.9	220101.2	220168.9	220163.35	220129.82	219951.49	218810.54	218009.8	217588.42	217648.1
外汇 Foreign Exchange	214833.2	214873.1	214952	215026.3	215117.7	215193.78	215301.95	215278.1	214084.15	213168.29	212597.09	212556.7
货币黄金 Monetary Gold	2541.5	2541.5	2541.5	2541.5	2541.5	2541.5	2541.5	2541.5	2541.5	2541.5	2541.5	2569.79
其他国外资产 Other Foreign Assets	3302.36	2953.87	2784.37	2533.47	2509.72	2448.05	2286.37	2131.88	2184.89	2299.91	2441.82	2521.59
对政府债权 Claims on Government	15274.09	15274.09	15274.09	15274.09	15274.09	15274.09	15274.09	15274.09	15274.09	15250.24	15250.24	15250.24
其中: 中央政府 Of which: Central Government	15274.09	15274.09	15274.09	15274.09	15274.09	15274.09	15274.09	15274.09	15274.09	15250.24	15250.24	15250.24
对其他存款性公司债权 Claims on Other Depository Corporations	97888.52	101154.7	99901.80	93847.46	97160.5	103424.01	104707.08	104345.1	109533.36	104023.8	104023.8	111517.5
对其他金融性公司债权 Claims on Other Financial Corporations	5906.62	5949.94	5949.94	5949.94	5949.94	5947.94	5947.94	5953.63	5956.83	5956.63	4639.71	4642.60
对非金融性部门债权 Claims on Non-financial Sector	99.05	98.57	35.65	57.64	53.99	54.37	52.27	40.39	45.02	49.11	45.14	27.84
其他资产 Other Assets	17674.92	17681.82	16168.91	17994.91	17541.98	17818.71	17170.79	16809.91	16892.91	17538.63	23405.85	
总资产 Total Assets	357800.2	362528.2	359608.4	353225.3	356149.4	362702.44	363282.97	362616.86	366229.75	358337.97	359069.04	372492.1
储备货币 Reserve Money	307409.3	318288.7	321350.2	307283.6	304487.1	318471.19	311147.14	311918.35	298171.03	305829.02	305369.6	
货币发行 Currency Issue	81557.19	91477.8	79452.59	77626.23	75912.6	75657.75	75506.83	75744.16	78117.23	76487.06	76425.21	79145.50
其他存款性公司存款 Deposits of Other Depository Corporations	224704.5	224608.6	238997.4	223565.2	237805.08	229937.54	227764.54	231051.12	211727.06	216967.35	235511.2	
非金融机构存款 Deposits of Non-financial Institutions	1237.57	2202.35	3157.52	4995.04	5008.36	6413.31	7502.17	8749.99	9856.91	12446.46	16299.0	
不计入储备货币的金融性公司存款 Deposits of financial corporations excluded from Reserve Money	4452.57	4405.05	4165.46	4001.42	3886.66	3745.3	3556.12	3486.6	3549.01	3695.12	3742.84	4016.33
发行债券 Bond Issue											200	200.00
国外负债 Foreign Liabilities	1024.71	1005.51	928.59	1233.27	2741.2	1199.4	1398.43	2049.55	2485.26	1316.33	1164.51	
政府存款 Deposits of Government	38144.22	32023.11	26373.97	33433.49	37393.81	32041.47	39241.89	38843.2	34794.98	41704.54	37646.3	28224.74
自有资金 Own Capital	219.75	219.75	219.75	219.75	219.75	219.75	219.75	219.75	219.75	219.75	219.75	219.75
其他负债 Other Liabilities	6419.66	6586.02	6567.46	7053.74	7420.95	7105.73	7208.14	7521.74	7698.09	12062.26	10105.7	7710.20
总负债 Total Liabilities	357800.2	362528.2	359608.4	353225.3	356149.4	362702.97	363282.97	362616.86	366229.75	358337.97	359069.04	372492.1

图 5-2　上面是中国国际收支平衡表、下面是央行资产负债表，不用仔细去看，只需知道：你的日常，其实都记录在了国家的这两张表里即可

先以你最熟悉的外汇储备来看。如果把一个国家看成是一个人，相当于全球近 200 个"人"每天都在交换着商品与服务。每个国家的**外汇储备就是它们随时可以拿出来花的现金账户**。因为账户里都有钱（美元、人民币、欧元等），而且随时能花出去，其他国家也愿意收，所以几乎每个国家的外汇储备都是全球流通度和认可度最高的货币。

知识小卡片："现金账户"下的出口、进口、顺差、逆差

出口就是把自己的东西卖出去，赚别人的钱；进口就是花钱买别人的东西，让别人赚自己的钱。顺差就是赚的比花得多（出口>进口），逆差就是花的比赚得多（进口>出口）。

想一想自己的生活，当现金充足时日子过得很舒服，而当现金储备不够时花钱就有点缩手缩脚。因此，了解一个国家主要做什么生意、赚什么钱、账户上有多少存款储备、什么情况会导致"现金"吃紧是非常有必要的（和在比较个人实力时，"赚得怎么样""家底厚不厚"一样）。

知识小卡片： 国际货币基金组织的 SDR 是什么

SDR（Special Drawing Right，特别提款权）可粗略理解为世界银行成立的全球精英货币俱乐部，人民币在 2016 年 10 月成功加入，和美元、欧元、日元、英镑一起肩负起"精英职责"。其实，就是中国的货币想要变得更"硬"一些。如果本国货币能在全球获得更多认可，就能更方便地直接流通——如贸易能直接用人民币结算（当"现金"用），就不用担心账户上"别人家的货币"储备得太少或太多了。

Part 2 一笔背包生意的收支平衡

理解外汇储备的含义后，我们来看看个体行为如何影响国家的这"两本账"（央行负债表和国际收支平衡表）。下面以一次跨境买卖为例，看看它如何变成了一道"直达央行"的资金流。

每个国家都对外做着各种买卖，也就是国际贸易。假如你是一个独立品牌的创始人，要卖一批包给美国商人。一个包为 100 美元，假设现在美元兑换人民币的汇率为 6。图 5-3 所示即是这笔生意怎么让你的账与国家的两本账连起来的。

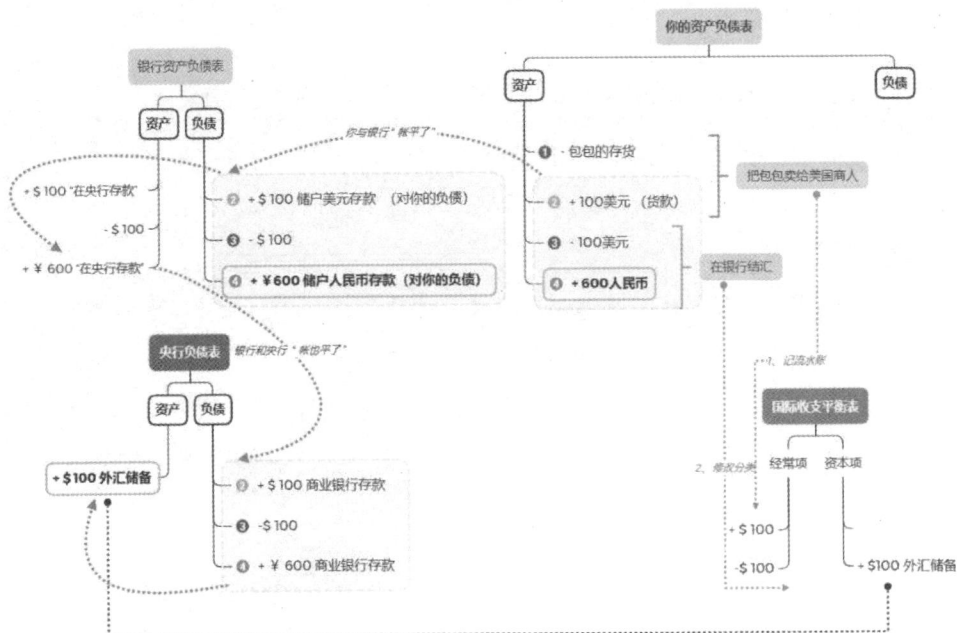

图 5-3 个人生意与国家两本账的概略关系（并不严谨，仅供大家参考）

整个过程大概这样，对照图 5-3 来看（重点放在央行资产负债表上）。

- 你的资产负债表：买包的美国商人往你银行卡转入 100 美元，成为你的美元存款，你去银行把 100 美元兑换为 600 元人民币。在这个过程中，你的个人账目表上的资产减去"一个包的存货"，相应加上 100 美元的存款；换汇的最终的银行资产项中，少了"一个包的存货"，多了 600 元人民币。
- 银行的资产负债表：它的账目和你的资产变化一一对应，先在你的银行卡里加一笔 100 美元的存款，等于银行对你负债 100 美元，在负债上记 100 美元（相当于银行向你借 100 美元，你不用的时候就放在银行里拿利息，使用时银行就还给你），银行将这 100 美元存进央行。当你把 100 美元兑换为 600 元人民币后，银行根据汇率直接在你的银行卡里把 100 美元转换为 600 元人民币，相应地，银行对你的负债项变成 600 元人民币。
- 央行端：先收到银行的 100 美元存款，在账上给银行记一笔 100 美元的入账，计入自己的负债，资产端则多了 100 美元的外汇储备，你换汇的过程也是央行把自己对银行的负债从 100 美元变为 600 元人民币的过程。

知识小卡片：为什么你在银行的存款记为银行的负债

> 你在银行的存款记入你的资产，却是银行的负债。相应地，银行在央行的存款是央行的负债。简单来说就是在你把钱存入银行后，钱依然是你的（资产），银行给你打个欠条（负债）。
>
> 因此，当有人问你："你觉得先有存款还是先有贷款？"时，你可以很笃定地回答："先有贷款后有存款。"你可以给不相信你的人画一个资产负债表的转移路线图。

以上就是一笔"出口"的完成过程，**央行通过"你"在国际小买卖中"赚的钱"，在外汇储备中增加了美元**。这样的国际贸易每天发生很多，且我国的出口商品量特别大，于是央行的外汇储备就这样壮大起来了，但这不是唯一的途径。

Part 3　一笔美股投资的账单记录

接上面的例子，你的背包生意做得顺风顺水，但由于物流渠道有了变化，导致成本增加，这必然会体现在售价上，于是这个包在美国商人眼里就贵了不少，他决定不从你这里进货了。于是你打算转型，用银行存款里的 600 元人民币尝试投资美股来赚钱。

先理顺一下流程（见图 5-4），现按照以下几个资金节点，自己记录这些钱在各个账本里如何流转（以资产负债表为主）：

- 把银行账户里的 600 元人民币换成 100 美元。
- 把 100 美元汇出给美国证券公司。
- 买入可口可乐公司的股票。
- 那么银行和央行的账上对应地发生了什么？

用户的海外投资（买美股）行为，从外汇储中里抽走的 100 美元跑到了海外。

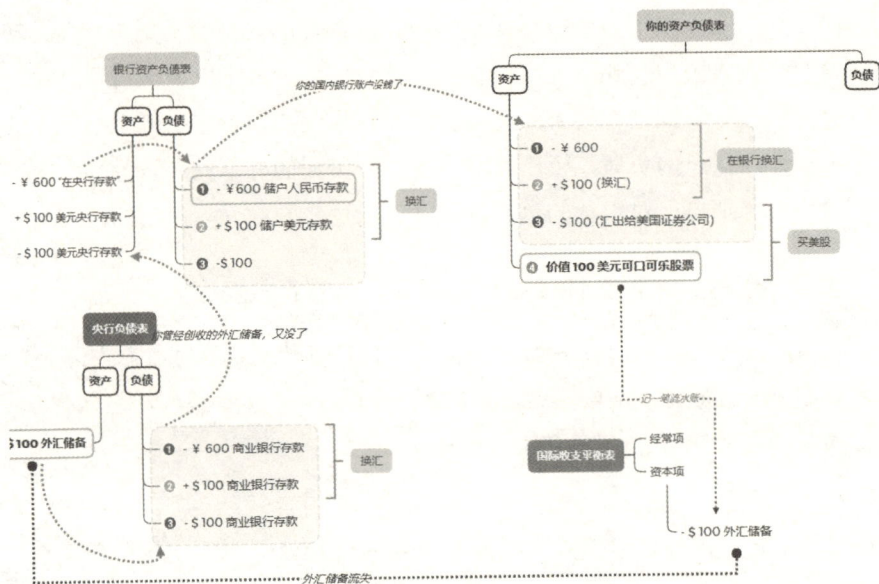

图 5-4 一笔美股投资，从国家的外汇储备中抽走 100 美元

Part 4 那些国际买卖流水被怎么记录

如果说央行资产负债表能通过商业银行让媒介和你的资产负债表一一匹配，那么国际收支平衡表中的"流水账"呢？

我们经常会在财经新闻中听到经常项（Current Account）、资本项（Capital Account，也称为资本与金融项目），两者也是国际收支平衡表中最大的两项分类，先了解一下大概的概念，再把它们和自己的流水账对应起来。

- **经常项**：商品与服务需求下的流动，主要记录进出口贸易、国外资产带来的收益及国内的钱给外国人带去的收益。上文中包的生意就记录在这里。
- **资本项**：跨境资产投资需求下的流动，上文中的美股投资记录在这里。

如果把我们日常做的"让钱出国"或"让钱回国"的事归类，那么在国家的国际收支平衡表中的显示如表5-1所示。

表5-1 国际收支平衡表："卖包给美国商人"和"买可口可乐股票"这两项

经常项	资本项
海外代购（买了其他国家的东西）	海外买房（买房是资产所有权的变化，而已经持有的房产收租不是，故后者记在经常项中）
孩子在英国留学的学费（给孩子往英国汇钱）	**买可口可乐公司股票（美股）**
在法国老板的西餐店吃了一顿大餐	特斯拉到中国投资
给菲佣发工资	
去日本看棒球赛	
卖包给美国商人	海外资金通过沪港通买 A 股
持有的亚马逊公司股票（美股）分红了	
在泰国的房产收了租金	
旅行中获得海外保险公司赔偿	

在学习这两张表时，不妨有意识地想一想：这一笔，大概记在国家账本的哪个角落？在潜移默化中，你能观察到**人群消费偏好的转变，也就能很容易切换到国家资本流动的变化**，然后，预判政策如何应对，这就是"预判能力"的养成。

如果你感觉到越来越多的人去海外买房，那么，外汇储备是不是会因此变少。如果事实如此，国家又会有什么举措？

图 5-4 所示的资金流动看上去简单，要理解也要花费时间。笔者很难在简化状态下做到准确严谨，其真正目的是让对此没有概念的读者，能在脑子里形成一个"把自己放进去"的全球资金流的概念。用薛定谔在《生命是什么》这本书的自序中的话自我安慰一下："我们清楚地感觉到要将人类已经掌握的各种知识的总和融为一体，可另一方面仅凭个人的才智，要充分掌握其中很小一部分专业以外的知识，几乎是不可能的，我认为，我们当中应该有一些人大胆地对事实和理论进行综合，即使其中某些知识是间接和不完整的，而且还要甘冒因做事而出丑的危险，除此之外，别无他法可以摆脱目前无法将各种知识融为一体的困境。"愿我

们在学习中都有那么一点"出丑"的精神。

执行力大考验 25：看几则关于外汇储备的老新闻

如新闻说，央行的外汇储备量下降或增加，你觉得可能发生了什么？后来又出台了什么举措？看看是不是和自己的判断类似。

执行力大考验 26：绘制特斯拉在中国建厂的大致资金路径

按以上的举例，想一想特斯拉在中国建厂时，中国的银行以及央行资产负债表上大概都会发生些什么？

执行力大考验 27：每个国家的重要资产大不一样

央行资产负债表，体现了一个国家的重要资产落在哪一块，就是国家货币的价值支撑点在哪里。像读文章抓中心思想一样，对重要资产的重视，也让国家政策有自己倾斜的方向，值得投资者细细体会。美国的央行资产负债表可在美国联邦储备系统（美联储）的官网看到。你能从其占比最大的资产中读出什么？

5.3　一张图深挖你借来花的人民币

上面是在国与国之间感知"世界资金流"轮廓（对外平衡，主要关注外汇储备），现在回到国内，看对内的平衡（见图 5-5），重点观察你手中的人民币。

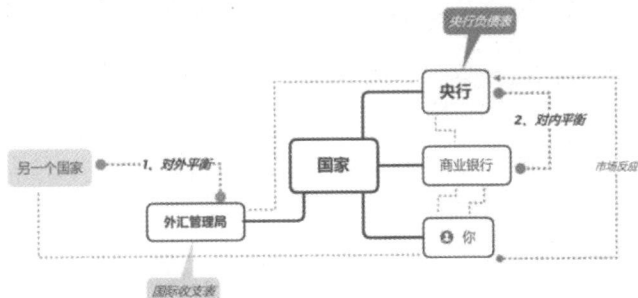

图 5-5　看一下两个平衡点的坐标，在对内平衡圈中（右侧虚线），圈起了你、商业银行和央行之间的关系，更密切关注你在国内生活、工作的各种事情

就从很多年轻人"入不敷出"、习惯于信用卡消费的日常生活来说吧！

Part 1　一张图深挖你花出去的钱

图 5-6 所示是一张人民币在社会中流通的过程图——"钱，从源头到你的手上，然后被花掉，接着……"。其实大部分人平时只关注"钱怎么到我手上、怎么花掉"这么一个小片段。现在，看一张相对完整的框架图（并不算严谨），然后从这个框架中读懂一些基本概念。

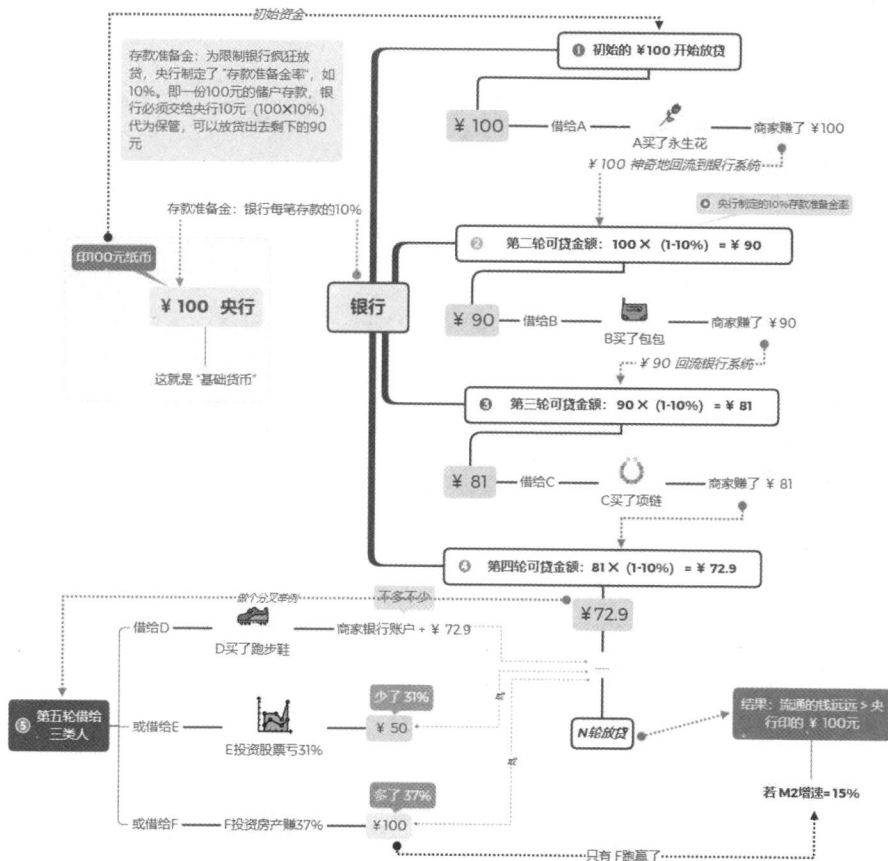

存款准备金：为限制银行疯狂放贷，央行制定了"存款准备金率"，如10%，即一份100元的储户存款，银行必须交给央行10元（100×10%）代为保管，可以放贷出去剩下的90元

印100元纸币

¥100 央行　这就是"基础货币"

存款准备金：银行每笔存款的10%

银行

❶ 初始的 ¥100 开始放贷

¥100 —— 借给A —— A买了永生花 —— 商家赚了 ¥100

¥100 神奇地回流到银行系统

央行制定的10%存款准备金率

❷ 第二轮可贷金额：100×（1-10%）= ¥90

¥90 —— 借给B —— B买了包包 —— 商家赚了 ¥90

¥90 回流银行系统

❸ 第三轮可贷金额：90×（1-10%）= ¥81

¥81 —— 借给C —— C买了项链 —— 商家赚了 ¥81

❹ 第四轮可贷金额：81×（1-10%）= ¥72.9

¥72.9

做个分叉举例　不多不少

借给D —— D买了跑步鞋 —— 商家银行账户 + ¥72.9

第五轮借给三类人

或借给E —— E投资股票亏31% —— 少了31% ¥50

或借给F —— F投资房产赚37% —— 多了37% ¥100

只有F跑赢了

N轮放贷

结果：流通的钱远远 > 央行印的 ¥100元

若 M2增速=15%

图 5-6　人民币是怎么流通的（图中数值皆为举例所做的假设）

整个过程大概这样，你慢慢理解，会发现奇妙之处：

（1）央行印了 100 元的钞票（基础货币，是市场中所有的纸币和硬币的数量）。

（2）银行从央行手里接过来，用这珍贵的 100 元开始放贷。

（3）这 100 元被银行借给了 A，A 买了一盒永生花，花商把从 A 手里拿到的 100 元存入银行，花商的银行账户里多了 100 元。

注意：此时 100 元通过 A 的消费又神奇地流回银行系统，银行又有钱放贷了。

（4）银行拿花商账户上的 100 元准备继续放贷。

📃 知识小卡片：存款准备金率

央行为了限制银行利用储户资金疯狂放贷，规定了一个"存款准备金率"，假设为 10%（央行可以根据市场情况调整这个数值）。即储户的每 100 元存款里银行必须交给央行 10 元代为保管，最多只能放贷 90 元（因为银行必须留足一部分钱供储户取现使用，银行所有存款的 10% 必须交由央行代为保管作为存款准备金）。

（5）按照存款准备金率为 10% 这个硬性指标，银行把花商存进来的 100 元，先让央行代为保管了 10 元，自己拿 90 元开始放贷。

（6）银行把 90 元借给了 B，B 买了一个包，卖包的商人收了 90 元，其银行账户上多了 90 元存款。

（7）相当于，这时银行又多了 90 元，同样按存款准备金率的比例：9 元存到央行，银行将 81 元继续放贷。

（8）银行将 81 元借给了 C，C 买了一条项链，珠宝商收了 81 元，其银行账户多了 81 元。

（9）银行进行同样操作：81 元中，8.1 元存进央行，72.9 元继续放贷。

你发现没有，似乎出现了"越消费，银行可以贷出去的钱越多"的情况。那么，银行最多可以通过最初那 100 元的基础货币贷出去多少钱呢？

（1）100 元是银行用基础货币贷出去的第一笔钱。

（2）$100 \times (1-10\%)$ 是银行贷出去的第二笔钱：90 元。

（3）$100 \times (1-10\%)^2$ 是银行贷出去的第三笔钱：81 元。

......

$100 \times (1-10\%)^N$ 是银行贷出去的第 N 笔钱。

理论上最多能够贷出去的钱就是把以上相加，累计为 $100 / 10\% = 1000$ 元。

即最初的 100 元，在社会的消费流通中一轮又一轮 "反弹" 回来，让银行可以放贷 N 次，最高可以放出来 1000 元的贷款。

知识小卡片："降准" 为什么总是重要新闻

调整存款准备金率，即央行直接改变了银行能够发放贷款的最大资金量，意味着整个金融市场上可以用于借贷的资金量会出现很大的变化。因此，每一次 "降准"（降低存款准备金率）都是重大新闻。

在上述例子中，如果央行将存款准备金率降为 8%，银行最多能贷出来的钱就变成 100/8%=1250 元，多了 250 元的放贷权限。就像你工作以后妈妈规定你每月上交 10% 的工资，某天忽然说只需要交 8% 了，你手头是不是就宽裕了一些。

Part 2 对号入座！你在这个世界上扮演的角色

我们再回到图 5-6，看看第五轮中的一个分叉，此时银行可以贷出去的金额是 72.9 元。

这部分借贷又做了什么呢？

- 72.9 元被银行借给 D，他买了一双跑步鞋，72.9 元继续流回银行系统——不多不少。

- 或 72.9 元被银行借给 E，他买了一只股票，之后亏损卖出，只剩下 50 元到自己银行账户——流回到银行系统，少了 31%。

- 或 72.9 元借给 F，他买了一套房，赚钱抛售后变成 100 元存到自己银行账户——流回到银行系统，多了 37%。

由此，我们可以看出不同的消费方式会有如下几个不同的结果。

- 纯消费，银行继续稳稳地按照既定的 "放贷—收钱—放贷" 路线进行循环。

- 如进行投资，经济不好时，则大家投资都亏损，银行就不太愿意放贷，市场上流动的钱相对较少。

- 如果经济好时，则大家投资都赚钱，银行就更愿意放贷，市场上流动的钱就相对较多。

简单来说，当经济不好时，银行鼓励用户办理信用卡消费、分期等；当经济好时，也鼓励消费，但肯定更欢迎买卖资产赚大钱的客户。可以发现，总说要"剁手"却止不住购买的人们，似乎一直在平稳地推进钱的安全流动，但在经济变得更好（资产价格上升、投资渠道变多）后，却没钱投资了。

按照上例，F 是赢家，他用社会上多出来的钱投资为自己获取了 37% 的收益。

但想做到 F 这样很难，因为只有看到别人看不到的机遇，才能获取高额回报。我们即使做不成 F，也可以在这张图里找到自己的平衡点。

一个人很难得的能力，就是优秀的选择能力，即当前面有很多路时，能选择一条正确的路。接下来，我们展开"生活货币学"，把生活放到市场货币流通的场景中，让更多的选择项在脑中浮现出来。

Part 3 关于 M2，你要知道的事儿

在《躺着赚钱：一看就懂的懒人理财盈利技巧》这本书中，笔者详细描述过为什么把理财的目标定在跑赢 M2 上，即我们要做上文中描述的第三类人——像 F 一样的人。

在每年的政府工作报告中，会经常听到"保持广义货币 M2 合理增长……"这样的语句。但 M0、M1、M2 到底是什么，正式的概念和简单的理解如下。

- M0：流通中的现金，指流通于银行体系以外的现钞，即所有钱包里的现钞。不包括银行金库里存的一捆捆现钞。
- M1：M0 +企业活期存款，即所有钱包里的现钞+银行活期存款。
- M2：M1+准货币（定期存款+居民储蓄存款+其他存款），即所有钱包里的现钞+活期存款+定期存款。

M1 反映社会实际的购买力（可以立刻花出去）；**M2 代表"现在可以用+未来可以用"的钱**，如用户的余额宝数值，其也是现实市场中衡量"市场有多少钱"的标准（货币供应量）。

如果你明白了 M0、M1 和 M2 的定义，就能理解央行基础货币的 100 元如何在市场中被放大。那也不难理解 M2 的增长，是由央行、银行和市场上无数的 A～F 共同决定的。至于它增长的数值是否合理，需要央行根据市场情况不断进行平衡和指引——前面提到的调整存款准备金率就是其中的手段之一。

接下来，看看除了调整存款准备金率，央行的其他手段。

5.4　提高篇：从央行的工具看市场的走向

大多数人努力赚钱的方式是看别人去哪里"捡"到了钱，然后自己再去，殊不知，轮到你时早就没钱了。所以，还需要自己的独立判断——**钱从哪里撒下来，比以前多还是少。**市场的走向是以下三者的综合体现：

- 央行的心思（如存款准备金率会不会调整）。
- 银行的意愿（如银行更愿意贷款给谁）。
- 个人的行为（如大家的消费观念、投资热点）。

本节主要揣摩央行的心思，央行相当于一个家庭的家长，银行是家庭主要成员。个人则要看懂每一条央行政策的新闻，因为这关系到你的钱包。

央行手上的工具很多，因为降准（降低存款准备金率）的影响很大，轻易不会使用，所以会另配一些轻调或微调的工具。

在市场的流动中最重要的一环就是银行，它相当于央行和市场的"中间人"。央行每次操作后，市场未必按照其希望的路线走，毕竟还要看银行的执行和每个参与人的反应，但我们可以通过央行的这些动作，揣摩它"希望市场未来怎么走"的意图。

Part 1　降准外的好工具

央行就像是有一个水位检测器，总在测量市场的钱是太多了还是太少了，如果市场资金紧张，那就放一点"水"；如果市场资金太多，那就收一点"水"。以下这些央行用来调节市场的小工具，主要作用是反映央行通过什么手段借更多的钱给银行。既然是借款，就会到期，到期后银行把钱还回去，如果到期后市场资金还紧张，央行有可能会继续操作（就是财经新闻中所说的"续作"）。

- 逆回购：银行把有价证券抵押给央行获得资金。

每一次央行做逆回购，余额宝收益率都很可能会稍微下滑，想一想对应的关系。

- SLF（Standing Lending Facility，常备借贷便利）：央行给银行 1~3 个月的短期贷款。

俗称酸辣粉，于 2013 年开始使用，即银行用优质资产抵押给央行换钱用。这面向所有银行，借款利率相对较高，几乎是央行对银行发放贷款的利率上限。

- MLF（Medium-term Lending Facility，中期借贷便利）：央行给银行 3 个月、6 个月或一年期限的短期贷款。

俗称麻辣粉，于 2014 年 9 月开始使用。央行定向发放，而且可以展期（到期了再延长 3 个月），比起短期借款，银行借回去后可发放长期贷款，理论上央行会对贷款的对象做一些选择，如针对小微企业。

- PSL（Pledged Supplementary Lending，抵押补充贷款）：央行给银行的定向贷款。

PSL 期限为 3~5 年，和 MLF 的银行主动向央行借款不同，在 PSL 方式下央行的定向力度更大。如银行贷款给一项基础建设，再用这份债权做抵押，就能在央行那里获得一份确定、长期且低成本的资金。央行用这种手段把钱引导到某些领域（如 2014 年对棚改项目的支持）。当然，防止银行倒闭也可以用它。

- TLF（Temporary Lending Facility，临时流动性便利）：央行给银行的定向贷款。

俗称特辣粉。无须抵押，目前只借给工行、农行、中行、建行和交行这 5 大银行，借款 28 天后还款。

比起降准，这些工具的临时性和灵活性都更强。**一旦某一天看到新闻说央行动用了什么工具，就可以翻开书查一查。**

知识小卡片：2019 年 8 月，央行用 MLF 玩了点新花样

标准的降息，以前都是以降低中国人民银行公布的基准利率（一年期、二年期、三年期……）计算的。因为只要基准利率变动，银行的贷款利率就会变动，所以贷款买房的人对降息等消息特别敏感。

但 2019 年 8 月，央行用手上的小工具之一——MLF，把银行借钱给优质企业的贷款利率（LPR：各家银行给最优质客户的贷款利率）变得更灵活了。之前银行发放贷款只能参照固定的基准利率，现在可以在 MLF 基础上浮动。央行把"利率"搞得更灵活的目的是在经济下行压力下提升企业的投资热情。

新 LPR=1 年期 MLF 利率+xBP（银行自己的加点幅度）

比起基准利率的调整，MLF 更为灵活；而基于此的自由空间则是银行自己报价，具体可扫描笔者微信公众号二维码查看具体的解读文章。

Part 2　通过各种"辣粉"建立利率走廊

在实现利率市场化之前，央行的导向工具，靠近利率走廊（Interest Rate Corridor）的模式。即利率上限为 SLF（央行贷款给银行的利率）；下限是银行把钱存在央行这里拿到的存款利息（存款准备金率），所有的其他较为正规的利率都在这两道曲线形成的"走廊"中波动，图 5-7 所示为欧洲央行的利率走廊。

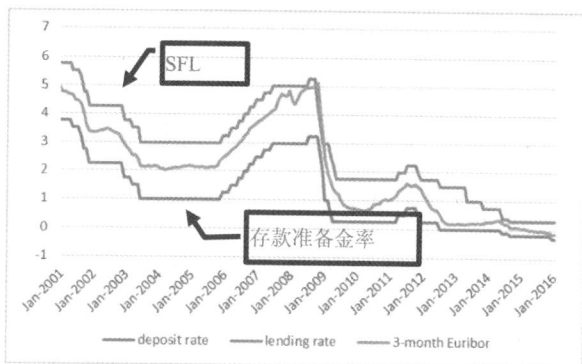

图 5-7　欧洲央行的利率走廊示意图（仅供参考）

Part 3　从利率走廊"出轨"，是一个信号

这两条线定下的"走廊宽度"，中间波动的各种利率不是没有冒出头过。一旦某个利率突破了上限，就表明市场缺钱（就像人急需用钱时只能以高利息为代价进行借贷一样），央行就会有相应的行动——利用工具平稳这种波动。其实，各种利率波动和央行的应对方法，投资者都应该查看，从而微调自己的投资方向。

如发现市场缺钱，就去股票账户做逆回购（相当于在证券市场借钱给别人，别人用债券做抵押）或购买货币基金，收益率会比平时高不少。在 2017 年年初的时候，MLF 的利率上涨，创业板指数大跌。为什么？因为市场认为这是加息信号，市场上流动的钱会变少。

因影响较大，走廊的上限（SLF）和下限（存款准备金率）一般不轻易调整，但中间那些，央行常用来以较低成本更为低调地传导自己的信号，如 MLF 利率上涨可能是警示银行，我虽然给了你钱，但不许乱贷款。

央行就是用各种工具，塑造了一道"坚不可摧"的利率走廊。

执行力大考验 28：想一想，全球央行谁的影响力最大

目前，全球最为通用的货币是美元，那么是不是可以理解为美国央行（美联储）的影响力最大呢！

黄金玩家启示 06：利率、央行的心思和经济景气度

著名经济学家威尔·罗杰斯高度赞誉中央银行，他说："人类有史以来有三项伟大的发明火、轮子和中央银行。"

海通证券宏观首席经济学家姜超曾在一份报告中提到："大家发现央行可以影响利率，而利率既可以影响居民消费和企业投资，还可以影响货币和信贷增速，因此货币政策可以通过调节利率来影响经济增长。在央行诞生以后，它成为影响经济周期的一个核心指标……回到 2008 年爆发的全球金融危机，按照 1929 年的经验，经济可能在未来十年都不好。但是因为美联储一夜之间把利率降到零，大家本来觉得经济不好要去存钱，后来发现利率降到零，只好又跑出来开始花钱。本来企业觉得经济不好，大家不想投资，一看利率这么低，又出来投资了。所以，美联储相当于用这样一个反周期的货币政策使得经济提前启动了。"

趣味小单子 10　世界知名银行家的思维模式（见表 5-2）

表 5-2　趣味小单子 10

	名　　称	简　　介	备　　注
趣味听读单	《数学规划与经济分析》	央行前行长周小川著，如你对用"上帝的视角"看问题还有兴趣，不妨读一读。这是一个宏观调控的实践者，用系统科学的思维框架对认知金融体系的一次总结	更重要的是，看他的思维框架
趣味听读单	《行动的勇气》	美联储前主席本·伯南克，记录他就任美联储主席时，在史上最严重的金融危机期间的经历	各国的央行领导都在怎样的思考中做出最后的决策

名　　称	简　　介	备　　注
可以关注的 银行家　盛松成	中国人民银行参事	

5.5　小技能：一个数据，揣测余额宝收益率走向

这一节我们看央行如何平衡利率走廊中的各种利率，以及钱袋子里的资产如何随之涨跌。其中，我们可以很直观地揣测余额宝收益接下来的走向，以及发现余额宝和市场上层的一条联系线。

如果市场上的钱很多，很容易就能借到，则市场上各种"利率值"就会下降。那么，谁处于主导地位呢？哪几个利率最关键？在生活中通常感知的又是哪几个？

Part 1　利率到底是什么

其实利率体系特别复杂，央行和银行、银行和银行、银行与你，以及你和别人之间，都存在着不同的各种"利率"。

知识小卡片：利率是一个最重要、基础的价格展示

利率影响每个人生活和投资的选择，如利率较高，你可能不去贷款买车，而选择把钱放在收益率相应提升的余额宝。利率也影响股票、房地产等资产的价格，如利率持续下降，对股市和房地产行业来说通常是利好，因为市场上钱多了，企业融资成本下降、投资者买股票的资金变得更充裕；开发商融资成本低了，开发意愿增强；房贷利率随之降低，购房者的成本下降。利率还会影响汇率——每个国家货币自带的"利率"也是判断持有该国货币合不合算的考量，像当年日本的"渡边太太"把日元换成澳元吃息差一样，资金大量涌入高利率货币会引起其升值。按这个逻辑：美联储加息会让很多新兴市场国家不敢降息，否则本国货币兑换美元会出现大幅贬值，如表5-3所示。

表 5-3　利率浮动对资产的大致影响，仅供参考

	股票	房产	汇率	国债
利率上升			利好	
利率下降	利好	利好		利好

利率也会影响物价，如果利率保持低位，让市场里的钱保持充裕，通常会出现通胀现象，因为购买力强，而物资少。因此，央行通常选择加息控制通胀水平。

央行和银行之间的利率，在上文中已有说明。虽然个人很少主动去关心这些利率，但它们却实实在在地出现在我们的生活中，如图 5-8 所示。

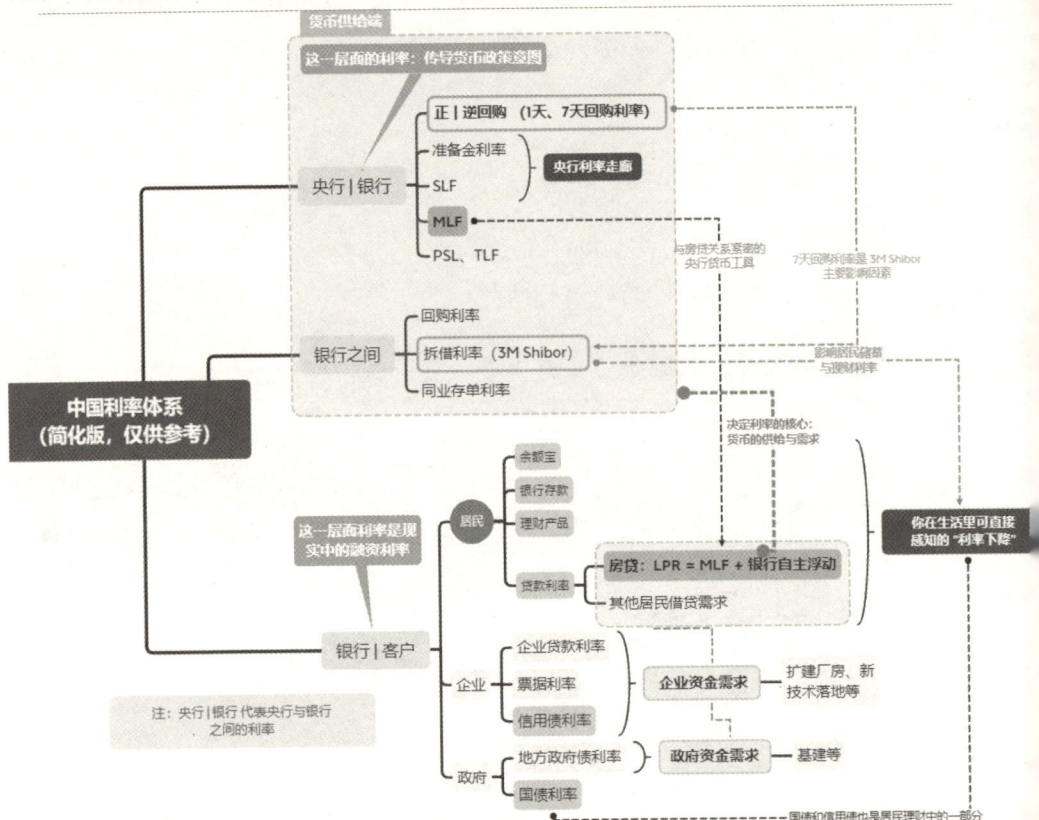

图 5-8　央行建立的利率体系，沿着一条路径传导到余额宝收益率、银行存款利率……

（1）生活中直接感知的“利率”：余额宝（货币基金）的收益率、银行存款的利率、理财产品的年化收益率，以及借呗或各种贷款利率。

（2）两个非常市场化的利率：第一个是银行之间的拆借利率；第二个是央行和银行之间的短期回购利率。

（3）短期回购利率的市场化属性，其反过来影响资金需求。

（4）为保障这种回路的顺畅，央行通过各种货币政策手段来调节货币供给（参见上一章）做相应的平衡。

如果把 2018 年的情况套到这个循环中，则可以还原出如下路径：央行“放水”（宽松货币）→没有那么多的企业和个人需要用钱→资金需求<资金供给→ 回购利率下降（FR001、FR007）→银行间拆借利率下降→居民的理财、贷款利率下降。

Part 2 看准关键数据

从以上逻辑可以判断短期利率走势的关键指标是 1 日或 7 日回购利率。用户可以在证券账户中查询，也可以在中国外汇交易中心网站查看，如图 5-9 所示。

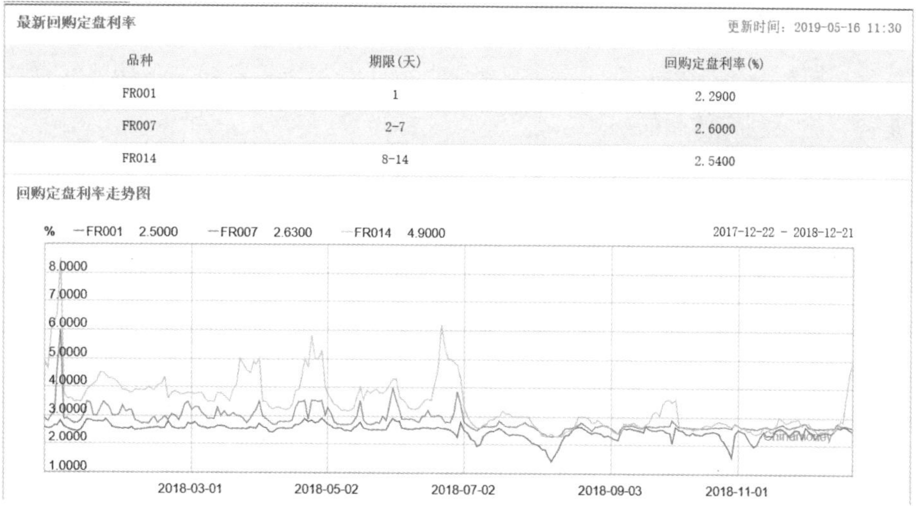
最新回购定盘利率　　更新时间：2019-05-16 11:30

品种	期限(天)	回购定盘利率(%)
FR001	1	2.2900
FR007	2-7	2.6000
FR014	8-14	2.5400

图 5-9 2018 年年初央行给银行的短期借款（短期逆回购利率），呈现下行趋势

为什么余额宝的收益率在 2018 年一直较低？就是因为上层利率的传导导致。这说明在钱的需求与供给回路中，央行希望用更多的钱刺激市场（宽松政策，贷款给银行的利率相对较低），但市场对此反应并不明显，对钱的需求一直没有大幅

增加（借贷利率在市场层面上一再下降）。

另外，既然体现央行与市场博弈的"上层利率"能直接影响余额宝的收益率，那么，反过来可以从余额宝的收益率判断"市场是否缺钱"并指导自己投资。

- 如果余额宝的年化收益率上升，说明市场上资金比较紧张。这时把自己的钱借出去能获得更高的收益，如用股票账户做逆回购。
- 如果余额宝的年化收益率下降，说明整个货币体系处于宽松状态，这时可以多关注高风险、高收益的资产，如股票（不是立即去投资）。

执行力大考验 29：为什么发展中国家的利率通常比发达国家的高

你可以想一想可能的原因，然后上网搜寻数据，运用已经掌握的利率知识做简单的分析。提示：每一种货币都有自带的利率。当某一种货币存在相对较高的利息时，可能是因为该国的经济状况不佳，需要保持比较高的利率来吸引外汇流入，尤其是本身出口做的并不好的国家。

5.6 投资者的投票结果，你能看懂吗

这一节，我们感受一个国家未来经济的好坏，参考点是该国长期国债收益率的走势，这是利率体系的一环。

- 长期国债收益率：体现市场参与者对未来利率变化的预期。
- 短期收益率：体现短期政策的调整。
- 长短利差：体现投资者预期与当下现实的直观分歧。

什么是短期收益率？7 日逆回购利率及被它传导的余额宝年化收益率就是短期收益率。什么是长期收益率？10 年期、30 年期国债收益率都是长期收益率，如表 5-4 所示。

表 5-4 短期和长期收益率说明

分　　类	说　　明
短期收益率	其对短期政策的调整有黏性（比如央行宣布加息）
长期收益率	其对大的经济面未来走向较为敏感

当下政策和经济的走向不可能完全同步，大部分是政策滞后，于是长短利差

成为很重要的参考指标，这代表着一种分歧，即现在的经济状况对更长期的经济预期，以及目前的政策对未来的看法。

长短利差这个指标告诉我们：如果以现在为原点，则市场中所有的参与者对未来"收益率"的投票结果偏向哪里。

以 2018 年的数据为例，看国债的长短期利差给我们展现的"市场态度"。

Part 1　以美国为例：利差接近零说明什么

美国的长短利差一般用 10 年期国（公）债收益率减去 2 年期国（公）债收益率来算（10Y-2Y），因为这两种流动性都非常好，能充分反映市场参与者的预期。在图 5-10 所示的柱状阴影区域中，2018 年美国的长短利差接近于零。

图 5-10　1980—2018 年美国长短期公债利差走势图（阴影线），低谷是投资者表现悲观的时间点

收益率曲线倒挂（10 年期收益率减去 2 年期收益率为负数）一直被大家视为一个较为可靠的经济衰退信号（类比生活体验：10 年存款利率应该比 2 年存款利率高才对，为什么倒挂？）——相当于市场参与者认为"现在这样，未来可能更糟糕"。2018 年年末，长短利差接近于零，于是美股遭遇抛售。如何解释这种现象呢？

- 因为当时美国加息，所以政策黏性强的短期收益率随之快速上升，但对经济走向更为灵敏的长期收益率却上升得较慢，说明大家不看好未来（出现大量购买远期国债的避险行为，想深究的读者可参考《躺着赚钱：一看就懂的懒人赚钱盈利技巧》）。

- 造成 10Y-2Y 的长短利差缩小，甚至接近零。

Part 2　学会看投资者的情绪

再看中国的长短利差，一般长的看 10 年期国债利率，短的看 7 日回购利率。

图 5-11 所示是 7 日回购利率，可以代表中国市场的短期收益率，以"对货币政策黏性很高"的特性去看，说明我们的货币政策比较平稳。

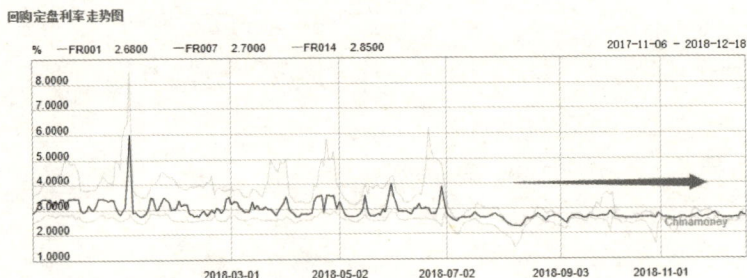

图 5-11　7 日回购利率

既然短期利率平稳，利差就主要看长期利率了。图 5-12 所示是 2018 年 10 月到 2018 年 12 月期间中国 10 年期国债收益率走势。可以看出，这段时间内大家对经济的长期增长不是特别乐观，但在年末时给人一些希望。

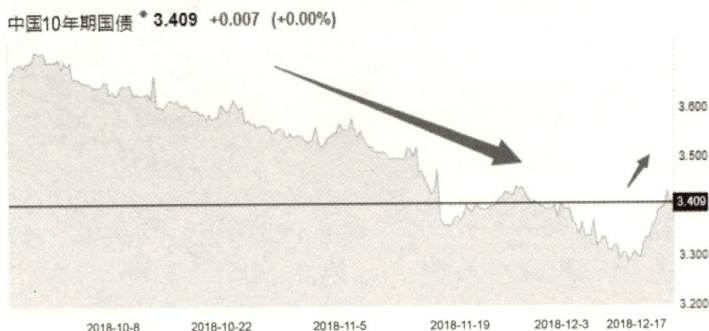

图 5-12　10 年期国债收益率（2018 年 10 月到 2018 年 12 月）走势图

黄金玩家的启示 07：预测经济的"手感"

广发证券首席宏观分析师郭磊在"宏观方法详解"课程中说过一段话：

"很多人判断中国经济时容易一惊一乍，就因为他是一个低频数据关注者，他关注的是月甚至年的整个经济增长会是什么样的，他理解的这种整个经济运行就不是一个连续的过程，我们只有跟踪高频数据，跟踪成习惯，跟踪多了你判断经济或者预测经济才会有'手感'，这一点非常关键。持续的观察，直到在我们心中形成这样的感觉，现实的经济运行跟你心中的经济运行步调是一致的，这时候你才能去判断它的下一步走向，你的预测才可能是准确的。"

执行力大考验 30：你的感觉和市场上投资者的感觉一致吗

在中国外汇交易中心网站上可以看到中国的短期利率和长期利率（中国 10 年期国债）的利差是变小还是变大了，这代表了市场投资者目前的态度，看看和你的感觉是否一样。

5.7　陪你翻 CPI 的"背包"

在经济指标中，我们已经接触了 GDP、M2，这里再新增一个 CPI（Consumer Price Index，居民消费价格指数），其关注的是手里的钱和物价的关系。

通货膨胀（简称通胀）与 CPI 有着密切的关系，那通胀是什么？

一提到通胀很多人的第一反应就是物品涨价，但其也有好的一面，如资产价格可能上涨，从这两方面综合考虑，掌握自己跑赢通胀的节奏。

通胀的两个知名指标是 CPI 和 PPI（Producer Price Index，生产价格指数），看看如何用到我们的生活中。

Part 1　CPI "背包"里的消费组合

在一些综艺节目里，喜欢突击翻看女明星的包，找有趣的玩意儿开聊，这里我们也来翻一翻 CPI 的"背包"，看看里面都装了什么。

全世界可以消费的商品可能超过 100 亿种；在阿里巴巴、亚马逊这样的电商网站上，每年被买走的商品大概有 3 亿~4 亿种；中国 CPI 的"大包包"里只有大概 600 种商品，即不是所有商品都被跟踪。

📋 **知识小卡片：** CPI 是怎么算出来的——一个组合、两个权重

- CPI 里的消费组合，有 8 个大类 262 个子类共大概 600 种商品。
- 统计局根据居民消费支出的比重，给每个分类定一个"热销权重"，我国 CPI 的跟踪组合里食品类的权重高达 30%。
- 每个地方的价格调查员会去超市实地采价，依照这些商品的实际售价乘以既定的热销权重，算出本地的 CPI。
- 统计局根据各个地方的消费水平，再分别给出权重（如上海、北京这种消费水平高的，权重就高一些，对 CPI 影响更大），汇总计算出全国 CPI 的数值。

官方每次公布的 CPI 数据，给每个人的感觉可能都不一样，如"吃货"和"非吃货"的感受不一样，生活在大城市和小城市的人的感受也不同。**CPI 只是反映一个特定"消费组合"的价格涨幅。**

做个不恰当的比喻：如果 CPI "背包"里装的是化妆品、衣服、鞋子，那么以这些商品的涨幅作为参考计算得出的 CPI 指标数值是 3%，在这方面花费很高的女性会觉得差不多；而对于消费更偏向于电子产品，以买房为主要目标的男性肯定觉得这个数据不对；而消费主要集中在柴米油盐的妈妈们也有疑问，怎么和我的感受不太一样？

"把钱花在哪里"是你的消费结构，它与"CPI '背包'里的特定消费组合"之间的匹配度，决定你对每次所公布的 CPI 指标数值的自我感受。

如 2019 年 4 月 CPI 的增速数据是 2.5%（同比数据，即 2018 年 4 月到 2019 年 4 月涨价情况如何），如果这和你感觉到的这一年来日常生活成本提高幅度不一致，很可能说明你的消费结构和 CPI 包含的消费组合不太一样。

你可能将此增速数据与刚买的房产做对比，觉得从 2018 年到 2019 年房价涨幅远远超过 2.5%，那么是 CPI 统计不准吗？不是。因为 CPI 中没有包产消费这个部分，只包含房租、装修之类的消费。

Part 2　CPI 痛感测试：你疼不疼

欧美及日本这些发达国家，通常把 CPI 年涨幅控制在 2%左右，对于发展中国家，这个数值在 3%~3.5%比较合适，如超过 4%，大家就会明显地感觉到物价上涨。当然，即使 CPI 为 5%，对不同收入群体的人来说感受也不同。

数据化的表现就是你的资产收益率>通胀涨幅。所有你获得的账面上的资产收益率都是名义收益率，只有减去通胀率，才是真实的收益率。如某年的通胀率为 3%，而你投资的是年化收益率为 2.5%的余额宝，那你的真实收益率就是负数（2.5%-3% = −0.5%）。

结合前面提到的 M2 就会发现，大多数人的财富增长虽然很难跑赢 M2 增速，但至少能跑赢 CPI 增速。

Part 3　PPI，了解产品出厂价

如果说 CPI 关注的是大家日常生活中的购物，是统计局采价员紧盯着的零售价，那么 PPI（生产者物价指数）关注的则是商品背后原料的出厂价，是各个代表企业定期上报的。看到财经新闻播报这两个经济数据时，我们的粗略感觉可能就是：

- CPI 高了——大家逛街、吃喝玩乐的消费品价格涨了。
- PPI 高了——工厂里生产原料的价格涨了。

Part 4　用 PPI 和 CPI 的差值判断 A 股走势

从上面可以得出一个结论：当 CPI>PPI 的时候，有可能是股市的底部，原理是什么？

很简单，CPI>PPI 隐含的逻辑是企业采购原料的成本降低，而卖出商品的价格上升，即利润提升。在 2002 年、2007 年、2012 年的股市底部都呈现这样的特征。

图 5-13 所示是笔者参考的 PPI 和 CPI 的差值——差值大的时候公司赚钱多，差值小的时候公司赚钱少。这么看就会发现，2019 年 1 月的 A 股处于相对低点。

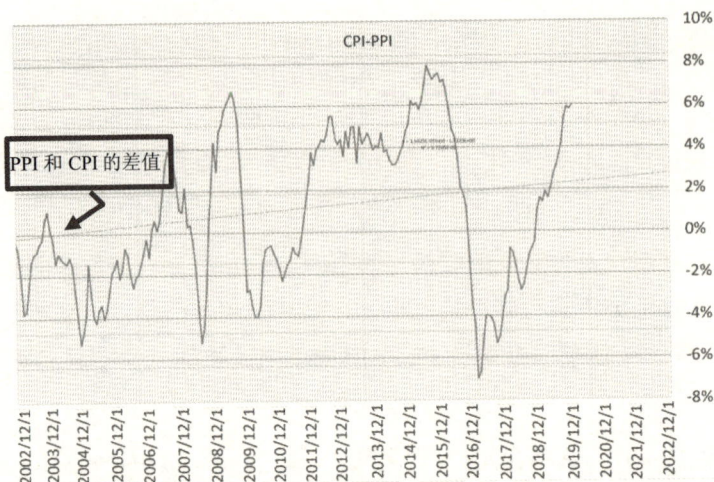

图 5-13　股市 PPI 和 CPI 数值差值，做成图表用来追踪观察。需要提醒的是，这只是一个因子，可以用来作为参考，不能用来判断全局

Part 5　一个脑洞：从股价来预判是否涨价

如 2018 年下半年，全国很多地方暴发了生猪疫情，虽然直到春节超市的猪肉价格都没上涨，但和猪肉相关的股票都跑赢了大盘，如天邦股份、牧原股份。

就是说 A 股的参与者用股价来投票：不久的将来，猪肉价格肯定上涨。

执行力大考验 31：包装一个属于你个人的 CPI

CPI 是"消费组合"的涨价幅度，你也可以自创一个自己的 CPI：在自己面前摆上 10~20 件占据日常消费主体的东西（类别重合小一些），比如一直要消费的口红、大衣、奶茶、牛排、牛奶……记下它们的价格。一年后同样的商品再以最新价格去计算一份价格涨跌幅数据……看看这个数值和国家同期公布的 CPI 是否合拍。如果你自己的 CPI 增速特别高，那么可以尝试给自己再设计一份涨价调研。

执行力大考验 32：给收益率找一个"位置"

如果将跑赢 M2 增速设定为"极为优秀"，跑赢 CPI 增速设定为"刚刚及格"，那么，对比最新数据，画一个 x 坐标轴看看：你的排名大概在哪里。

执行力大考验 33：给自己设计一份涨价调研

前面，我们用债券收益率的利差获知市场参与者对一个国家未来经济的看法，用猪肉股走势探知大家对今后猪肉是否涨价的预测，其道理都是一样的。

更有意思的是，在一次研究油价的时候，忽然发现油价似乎还关系到化妆品的价格（因为油是化工行业的原料，化工行业生产化妆品或其原料）……这类调研适合"小吃货""精致小妖精"的脑洞，要不你钻进去再好好想想，选个自己感兴趣的商品，看看从什么刁钻角度可以获知它的涨价预期。

5.8　资产涨幅怎么估算，给你一个简化公式

央行的货币政策之所以重要，是因为对于我们来说，它影响每个人的方方面面，无论余额宝的收益、贷款利率的高低，还是资产（股票、债券）价格的涨跌等，都与其挂钩。这一节，我们来看如何简单估算资产价格走势。

Part 1　一个简单的资产涨幅公式

我们已接触了 M2、GDP 和 CPI，这里有一个将它们联系起来的简单公式：

M2 增长率= GDP 增长率 +通货膨胀增长率 +资产价格的增长率

《中国经济周刊》2012 年刊发的《货币供应量接近 100 万亿，"超发"货币去哪儿了》报道中写："包括全国人大财经委副主任委员、中国人民银行原副行长吴晓灵在内的多位曾在央行工作过的相关人士告诉《中国经济周刊》，央行在确定来年货币供应量时主要依据的是这样一个公式：M2=GDP+CPI+x，而变量'x'的存在主要是因为物品(土地)货币化的需求。"这个变量其实就是资产价格的增长率，对普通人更有意义的公式是资产价格的增长率 =M2-GDP-CPI。

简单来说，货币宽松（M2 增速扩大）让资产启动防御机制，用升值的方式保住自己的价值。那么，哪些资产会启动防御性上涨呢？

Part 2　这个公式用在哪儿

如果某一年 M2 的增长率是 25%，同时 GDP 的增长率是 10%，CPI 的增长率是 5%。根据以上的公式，资产价格的增长率应该等于 10%。那么，这是告诉你

房价会涨价 10%，还是股市会上涨 10%？

都不是！

只是告诉你一个投资风格参考——这一年也许可以找到高收益率（差不多10%）的机会。机会在哪里，还需另行判断。

相反，如果某一年央行公布 M2 的增长率为 10%，GDP 增长率为 8%，而 CPI增长率为 3%，那么资产价格的增长率就是-1%——潜台词是：这一年，投资可能要相对保守。

为满足经济运行的需要，M2 一直在增长是正常现象。一般来说，按照目前的货币体系，M2-（GDP 增速+CPI 增速）=2%左右比较合适，低于这个数值，货币市场处于偏紧缩的状态；高于这个数值，就是偏宽松的状态。

去查一查 2011 年的 M2、GDP、通胀水平的增速数值，按公式粗略判断：当时股票、房地产、商品的价格是不是普遍下降，还可以再查一查 2018 年的。

说明：该公式适合以银行放贷为主的经济体，随着我国越来越多的企业直接融资，如发债、股市融资等，2%这个数值会慢慢变小。

执行力大考验 34：2019 年的"资产涨幅公式"结果告诉你什么

用最新的 M2、GDP 以及 CPI 预测数据算一算，2019 年的资产涨幅大概是多少，你的投资风格是积极还是保守，如积极，你会选择什么资产。

5.9　和自己好好说话 04：投资能力不足的人的未来困境

这里，说一个有趣的"生命周期理论"，描绘一个可能的未来，并到这个未来里看一看：如果自己没有一点投资能力，将会面对怎样的困境。

根据该理论，人们会通过借贷和储蓄来平滑不同年龄段消费和收入之间的不匹配状态，这是什么意思？

- 年轻人习惯于借贷消费，从而推升利率（借钱的人多了，借钱成本上升）。
- 中年人会选择债券或股票等投资，希望财富增值速度加快。
- 老年人的风险厌恶情绪显著提升，更愿意投资低风险的国债，增大债券需求。

债券收益率会受年轻人借贷需求的向上推力和中老年人配置债券类资产需求的向下压力的共同影响（债券需求大，债券价格抬升，收益率降低——这个逻辑下面单独讲）。

按照这个推论，得出债券收益率的正相关指标：

20~35 岁人口数/（35~50 岁人口数+60~70 岁人口数）

回顾本书中人口红利的内容和利率长期的走势，会发现我国即将迎来人口结构变化的潜在压力。至少在发达国家都经历了这样的时期：利率下滑，甚至出现负利率，如图 5-14 所示。

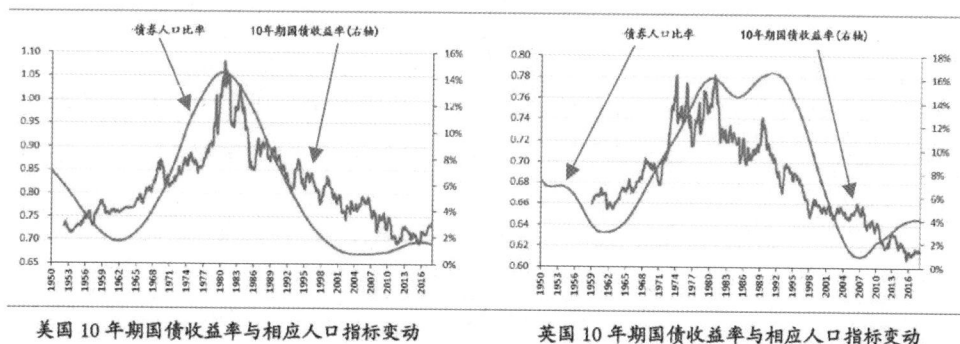

美国 10 年期国债收益率与相应人口指标变动　　　英国 10 年期国债收益率与相应人口指标变动

图 5-14　美国、英家的国债收益率与人口指标变动趋势图

数据来源：Datastream，联合国，兴业证券经济与金融研究院整理

如果你认同这样的趋势，那么想一想：当国债利率下滑时，基于所有利率都在一条线上互相传导，相应的结果就是你的银行存款利率、余额宝年化收益率可能从 3%跌到 2%，再跟着上述的趋势跌到 1%。这对于没有其他投资能力的人该怎么办？为了迎接这样一个未来，每个人都要刻意训练"提高投资收益的能力"。

5.10　第四关险过（债券投资技能值+1）

还记得第四关通关要具备的能力吗？即在投资中，先学会判断"大框架"。

这里虽躲在一个小角落，却打开了一张货币流向的大地图，把整个货币体系中最重要的一些表单、数据都讲解了一遍，告诉你里面的变量如何深刻地影响每一个人的生活，以此切入最顶层的因素：央行的货币政策。

　　像前面的资金流动简略图一样，政府、银行和资产市场之间的关系非常庞杂：**当政策、银行和市场合拍地走向一个方向时，大家都事半功倍，但大多数时候都处于阶段性的不平衡中**。作为个体，要预判"平衡要向哪个方向移动"。

　　这里在你的投资思维中加入一个新的维度：从政策中找线索并和日常的观察碰撞，也许就能撞出几道投资灵感的火花。

　　在这里，最为基础的一个资产类别——债券（对市场利率最为敏感的资产）也出来了。如果你对利率有兴趣，想深入研究，那么债券会是你尝试落地的一个非常好的资产——2014 年和 2018 年都是债市的牛市，为什么？因为市场利率一直在下行。

　　市场利率下行，债券收益率随之下行，但债券价格为什么上涨？——这一点笔者在《躺着赚钱：一看就懂的懒人理财盈利技巧》书中债券一节详细说过，这里再提一下。

　　债券有两个性质：一个是在发行时就定下来的静态的票面价值和票面收益率（到期还本付息）；另一个是发行后随时在市场上交易的价格和收益率。交易价格会怎么变动呢？市场利率上升，就会有很多人觉得锁定了低息的债券亏了，要抛！那么，这张债券的市场价格当然要打折；如果市场利率下降，自然会有人觉得被锁定了高息的债券性价比高，都去买，那么市场价格自然也就高了。

　　现在收下你的第四个资产图谱，如图 5-15 所示。

　　对普通的投资者来说，如果想把对利率走势的感觉落地到债券投资上，那么债券基金是最为便捷的方式。

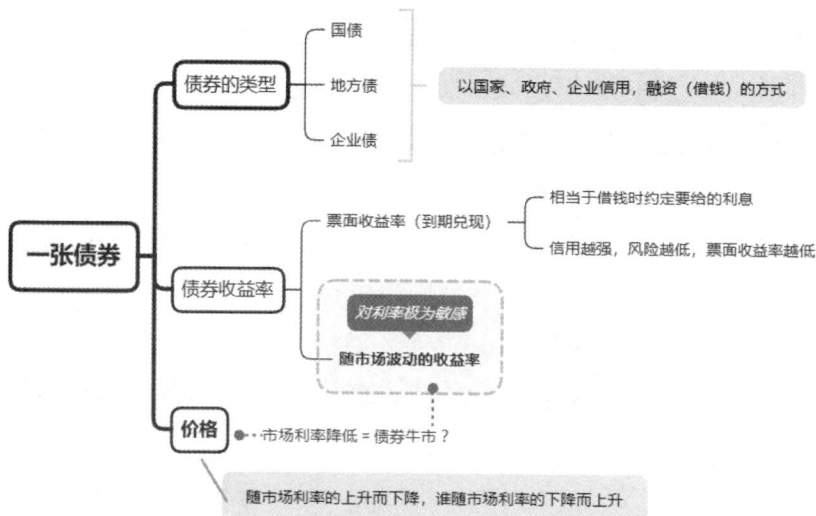

图 5-15 债券作为一种投资品种的主要特性

5.11 阶段总结：每天 10 分钟，发现新闻里的投资价值

《经济学思维》一书中提到："所谓看懂和听懂，只是在你脑袋里形成了一个模糊的，但连贯性很不稳定的'理解链'，当你需要表达出来的时候，其中薄弱的、缺失的环节就会暴露出来。"

前面我们用资产负债表粗略看到了在两个国家的资金流动中个体的贯穿，也看到了一个国家央行的货币政策与个体钱包的关系。

这是一个系统思考的方法，即把原来你看不懂的东西与自己联系起来，逐步梳理出条理。

之前，我们一直在讲由直觉而来的投资实例，并在不断学习中把对直觉的验证维度从一维扩展到二维再到多维，到这里，已进阶了三个 Level（等级）。

- Level1：从生活中找线索，学会刻意启发自己的套路。
- Level2：在投资中加一些硬指标进去，当"佐料"拌一拌。
- Level3：把视野扩大到全球，带着看中的标的，拉出去比较一番。

你会发现，我们完全把男性做投资的那一套方法逆向操作了一遍，从生活中启程，发现有趣的点，再落地到可以投资的资产，谁说不可以呢？

任何一些小细节，如果你加入更多联想，多问一些为什么，就能看到不一样的场景。当这套模式在你脑海中生根发芽，并最终建立起一个完整且独特的体系时，才能带来超额收益的机会。

我们经常可以看到理财类公众号推送的文章，如"人民币贬值，这时我们应该怎么办？""央行降准对老百姓有什么影响"。

当我们把视野扩大到全球体系之后，就会发现那些原本看不太明白的新闻的价值。

（1）前面提到的经济周期，个人要不断精确一个可能到来的拐点。除了历史的大致规律，还要看国家的经济政策，留意资金流向的可能，而最新的新闻资讯会给予提示和帮助。

（2）当你因为爱上一个品牌、一种生活方式，而由此看上一只消费股，除了不断去观察，还可以加入一些指标来简单判断风险或发现价值被低估的可能。现在，你可以再加上一个维度，留意它成本中的主要部分，是否涉及汇率、原油、铁矿石的价格波动。这些资讯的获得，同样是新闻给予的，它们即使不能让你占尽先机，至少也能帮你在风险弥漫之前止损。

以上是找你生活中的每一个细节，以及有所连线的全球投资缩略图，笔者也经常做一些小小的练习，去刻意锻炼大脑对新闻的条件反射。

Chapter 6

最佳实践：职场里的投资方法

我们从"买买买"里认识了股票，

在聚会中发现了房地产中的机会，

从旅游里了解了奇妙的汇率，

现在，我们从职场入手开辟一个投资实践区。

在职场，我们把之前学到的东西放到熔炉里炼一炼：第一，看大趋势；第二，抓住属于自己的机会；第三，落实到资产。

"践行，才是改变的根本。"

以工作为原点，跟上不断变化的社会，才能不畏惧未来。

本章思维导图

你选择一家公司，尤其是创业型公司，本质是一种投资行为。不同的是，VC（Venture Capital，风险投资）用真金白银投资，你用时间投资。工作本质上是一种对等的价值交换，用投资人和公司的关系理解员工和公司的关系才是正确的。

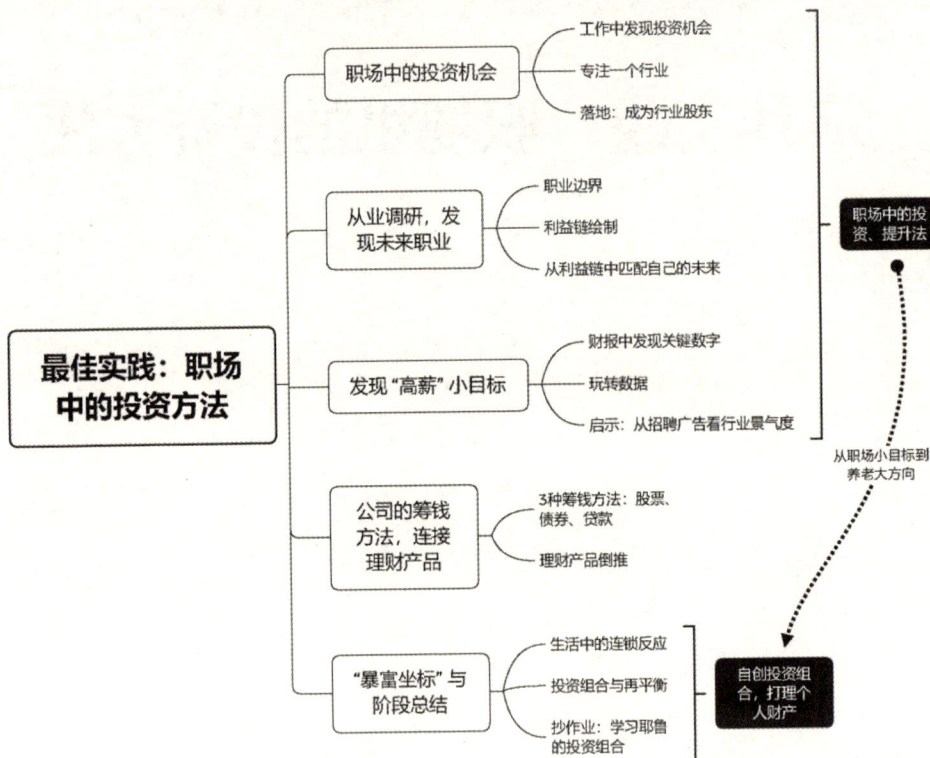

```
                                    ┌─ 工作中发现投资机会
                    职场中的投资机会 ─┼─ 专注一个行业
                                    └─ 落地：成为行业股东

                                    ┌─ 职业边界
                    从业调研，发    ─┼─ 利益链绘制              ┌──────────────┐
                    现未来职业       └─ 从利益链中匹配自己的未来  │ 职场中的投资、│
                                                             │ 提升法        │
                                    ┌─ 财报中发现关键数字       └──────────────┘
最佳实践：职场      发现"高薪"小目标 ─┼─ 玩转数据
中的投资方法                        └─ 启示：从招聘广告看行业景气度

                                                             从职场小目标到
                                    ┌─ 3种筹钱方法：股票、     养老大方向
                    公司的筹钱       │  债券、贷款
                    方法，连接      ─┤
                    理财产品         └─ 理财产品倒推

                                    ┌─ 生活中的连锁反应       ┌──────────────┐
                    "暴富坐标"与    ─┼─ 投资组合与再平衡       │ 自创投资组    │
                    阶段总结         └─ 抄作业：学习耶鲁       │ 合，打理个    │
                                       的投资组合             │ 人财产        │
                                                             └──────────────┘
```

6.1 从工作的"一亩三分地"中发现投资机会

从"全球之旅"回来，一脚跨到职场，打破一些对工作的认知。

Part 1 在工作中赚"外快"

先说说身边朋友兼顾工作和投资的有趣故事：

- 前面提到的曾在 3M 公司工作的一个朋友，投资了同一行业链的艾利科技公司的股票，在享受了翻倍收益后，自己跳槽去了艾利科技公司。

- 还有一个朋友，一直在大企业打拼，几乎是进一家公司就买这家公司的股票并长期持有，因为她很自信地觉得：自己的选择不会错，自己愿意为之付出的企业前景也会很好。中国平安这家公司让她在职场进阶的同时也收获了几倍的投资收益，如图 6-1 所示。

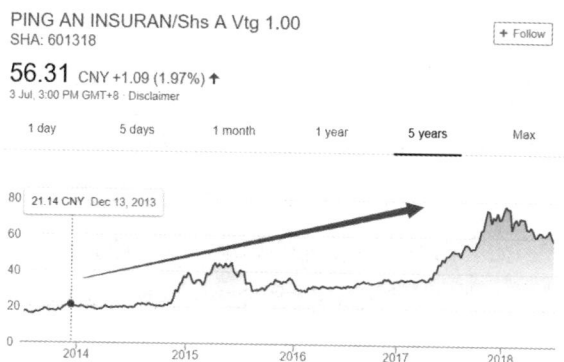

图 6-1 中国平安股价从 2014 年开始的 5 年走势图

通过和她们聊天我发现，她们对于自己公司所在的行业前景、突破口、转型趋势、竞争对手，以及大致薪资结构等内容如数家珍，可以说她们就是所在行业里的一个合格甚至优秀的分析师。

前一段时间，一个表妹说她想去拍卖行工作，来问我艺术品行业前景怎么样。很多人在扑面而来的选择面前，习惯抓住最近的"稻草"并抛出一个很直接的请求：告诉我答案！

我的答案是：我没有研究过这个行业，但就我的第一直觉来说，你可以通过看苏富比（一家知名国际拍卖公司，和佳士得齐名）公司的股价走势获得间接参考（见图 6-2）。这是我在《投资中最简单的事》一书中看到的案例并与表妹求教的场景建立了联系。

图 6-2　苏富比的股价走势图。从 2005 年至 2018 年的几个波峰波谷中会发现，艺术品拍卖市场的兴衰，和富人有没有闲钱有很大关系。几个低谷分别对应的是互联网泡沫破裂之后、2008 年金融危机、2015 年年底美国开始加息……我给表妹的进一步建议是对比全球奢侈品类消费的增速

以上是生活里的例子，也许可以说明：要想做出更好的选择，积累很重要。

每个人都有的天然积累是成长经历。前一段时间我去某电影学院听中国香港的电影人文隽的讲座。他认为，最好的导演最先拍的往往都是自己最熟悉的内容。

投资也是如此。**如果你做投资没能快速地让自己收益倍增，那么你应该明白自己不是投资天才。建议先从自己最熟悉的且与成长息息相关的工作中探寻更有确定性的方向吧！**

Part 2　紧盯一个行业

我在公司时，会有意无意做一些调研，如问同事对公司的感受：产品核心是什么？利润来自哪里？现有行业前景以及公司最近新开发的业务、核心策略如何？该赛道上还有谁在追赶？通过这个过程，会发现很多人其实说不清楚这些内容，有种"近在咫尺，视若无睹"的感觉。我个人认为，**在工作中学会观察和分析，对于岗位晋升、职业再选择和获得比较靠谱的投资标的是一箭三雕的事情。**

认真对待工作，紧盯该行业并从中发现机会，是很自然的事。何帆老师在《变量》一书中写到，一位教授建筑学的大学老师的教学规划中就有一个重要的部分：

教学生如何去发现，如观察街心花园的流浪汉、看城管的工作方法等，以此锻炼学生的观察能力。

前面的医美内容已经粗略涉及一个行业的上下游。图 6-3 所示是我当时给出的一张上下游产业链的简单图形。

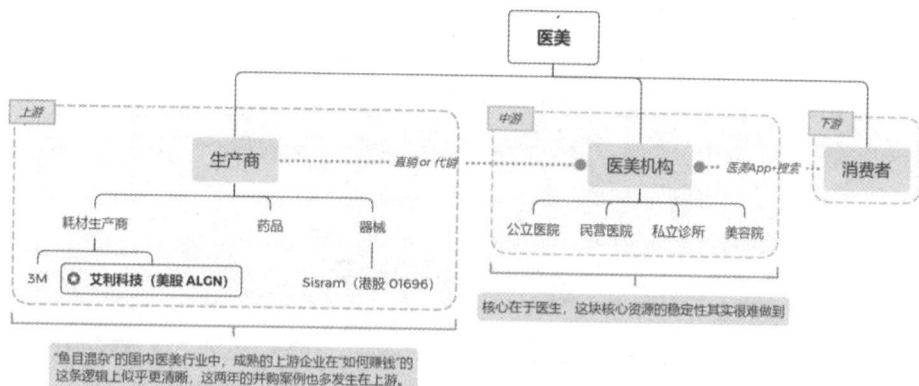

图 6-3　一张简单的上下游产业链

基于同样的逻辑，如果你正在求职或新入职一家公司，那么同样可以用上下游产业链方式看这家公司在行业的上下游链条中扮演什么角色。

这样一张图能帮助你在各重要节点做判断。具体是哪些节点呢？

- 你所在行业适合的投资点判断节后。假定你在一家咖啡豆总代理公司 A 工作，随着通胀来临，你发现公司产品的出货价在同步提升，等于把成本压力转嫁给了下游公司。这就说明，你所在的公司具有定价权！在食品饮料、白色家电等消费品链条中，很容易找到这样有话语权的公司。相反，如果你所在的公司是承接成本压力的，那么在这个链条中就处于末端位置。因为竞争太激烈，这种类型的公司并不适合在通胀周期中投资。

- 发现行业转型的节点。2017 年和一个从事 P2P 行业的朋友吃午餐，说起 P2P 在当时趋严政策之下的艰难推广。她说："从赚钱角度来说，大的 P2P 公司依然比较舒服，但它们以后大概率会转型为技术公司，因为它的技术和积累比外界的人想象的要强大，且在征信数据这一块足以为更大的机构服务。"这是她对一个行业在大浪淘沙期间的转型思考，也让我想到另外一个故事——国内私募基金业绩排名靠前的某女基金经理的一笔成功投资。2013 年，这位基金经理看过一些 ERP 公司，她判断这些公司在未来会转型为大数据公司，几家优秀的公司很可能会被大型公司收购，所以她所在基金持有其中一家公司长达两年多，该公司股价也从 20 元涨到 80 元，收益达 3 倍。

- 预测个人收益点。如在人民币贬值时，看行业利润会因为汇率波动损失多少，从而对自己的季度或年度奖金做一个预期。
- 投资退出节点。在 A 股市场上很多投资者喜欢炒概念，如行业受到政策扶持等。身在其中的你应该知道，受政策扶持意味着会有更多的人进来，盯着这块"肥肉"的人更多。你在参与热炒时，要给自己定下一个规矩：在涨幅超过一定的百分比时及早退出。

Part 3 落地到资产！成为所在行业的小股东

所谓"春江水暖鸭先知"，投资可先从你所在的行业出发。如想找到最佳投资标的，你所在行业中的相关企业一般能最快让你感知到。看好某个方向，在工作的同时，成为该行业的小股东，或许可以过上"三年不开张，开张吃三年"的生活。

在自己的工作中要做到以下几点：

- 多观察，多问为什么。
- 关于这个行业，信息的来源要足够多、足够广（包括历史）。
- 用上下游的信息验证，花足够多的时间形成自己的大趋势判断风格。

现在，金融产品和工具如此丰富，让所有的预判都有落地的可能——这是你行之有效的知识变现手段。

下面，加上一些判断方法，验证你的职场投资机会。

黄金玩家的启示 08："好好研究就能赚钱"

2019 年年初，听了中信建投证券研究所所长武超则老师的投资课，当时科创板正快速落地，他谈到对行业的影响："以前听消息可以很轻松地赚钱，但以后这种方法会越来越行不通，到了好好研究才能赚钱的时候了。"她还举例说，一位分析师因为运动导致骨折，只能在家看各种报告和财报，没机会实地调研和听企业的"一通侃"……业绩在那一阶段反而做到了全组第一。

虽然以上个例不具有普遍意义，但看懂你要投资的东西，会变得越来越重要。

6.2　画从业调研图——追上"未来的职业"

上一节，简略说了"从工作发散出去"的思路，这一节深度实操一下。

所有的行业都有一条利益链，你职业生涯的起步往往在这个链条的某一环里。

不论你入的是哪一行，个人建议不要先问"我应该参加什么培训""怎么处理上下级关系"这些工作上的小细节，而应该先确立大框架。

我不否认"360 行，行行出状元"这个说法，但研究哪一行在未来两年更容易出状元，或这一行的利益链中哪一环最能让你受益，对个人来说也许更为重要。

金融圈的一个前辈是从城市规划专业毕业的。刚毕业时，国家的建设浪潮让他们一毕业就接图纸接到手软，赚得比别的专业同学多很多。后来，他分析该行业的上游行业，认为金融比城市规划对自己更有益，所以跨界进了金融圈，抓住了后续金融业大发展的机遇。

一个大的趋势，必然会推动一批拥有匹配技能的人快速向前，并迅速放大他们的财富。他们之中可能有很多人是运气好"撞上去"的，但这本身也包含感受到趋势并主动向那个方向靠拢的微妙动作。即使你的第一份工作足够幸运，也不一定足以支撑你一辈子，要尽可能地感知下一个可以推升你的浪头；如你的第一份工作不那么幸运，那么何不慢慢在找第二次、第三次工作时向可能的大趋势方向靠近一点呢？

Part 1　口红与辣椒？尝试打开职业边界

如果你是一家化妆品公司的销售员或小红书上的试色"网红"，那么你的工作主体围绕的可能就是一支拥有诱人颜色的口红。

除本职工作外，如果有人说，你手上的口红可以用一张利益链触达新疆的一大片农场、一次农业技术的革命、一场颠覆生活方式的精准数据战，你会不会觉得不可思议？

现在看向新疆，新疆博湖县种植的铁皮辣椒（辣椒红素含量最高达 22%，只有辣椒红素达到 7%以上的农作物才是口红的优质原料）出口到美国、法国、西班牙等地，由当地的企业（如香奈儿、迪奥等）提炼色素，用于制作口红之类的化妆品。同时，在新疆这片农场，正在进行无人种植尝试，这也许会是首批农业 AI 应用场景的落地实验。图 6-4 所示就是从一支口红拓展出来的新世界。

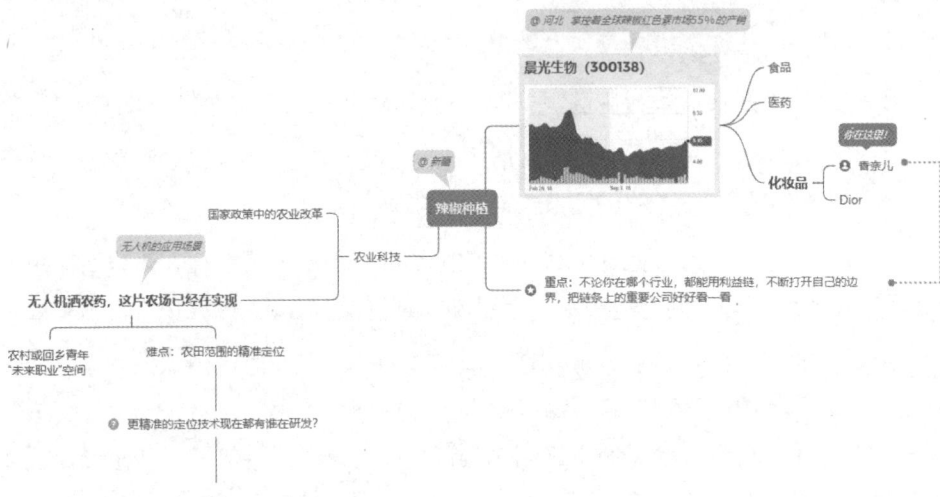

图 6-4　何帆老师的《变量》一书中提到过新疆种植的辣椒。我们也可以在晨光生物的财报里看到化妆品色素的利润增速、利润率

深入思考并验证你所在的行业发展规模是在扩大还是在缩小，并关注它的科技突破，比如说分离色素现在有 465 个不同程度的红色，以后呢？可以猜测下一个独特的爆款色号大概在什么时候出现，或沿着一条画出来的"利益链"安排下一次的旅游考察线路。

如果你不是运气会主动撞到的体质，那么就沿着熟悉的路稍微往外走一走，提高自己去撞到它的概率！

Part 2　利益链的不变与巨变

以生活里随处可见的电视、智能手机来说，看其利益链在大趋势中的变化。（以下案例整理自赵晓光的大师课"掘金科技产业"，已获得授权）。

首先，这条利益链很稳固：这个朋友圈里有你吗？

1994—1999 年，PC 行业巨头的惠普、戴尔，几乎占据了全球电脑销售量的绝大部分，世界上那么多人买了这些电脑产品，到底谁赚的利润最多呢？

其实，这几家品牌巨头把最主要的工作都交给了中国台湾的四家代工企业：广达、仁宝、英业达和鸿海。这四家代工企业负责找供应商和定价——产业的利润集中在代工企业。也就是说你用着美国品牌的电脑，但其中的利润被这些代工企业占据了很大比例。

你开着奔驰和宝马，背后是四大或者五大系统集成商，这些企业决定着零部件的采购，全球汽车零部件企业前 100 强，只有 6 家来自中国，其他基本都是日本和欧洲企业，即"日本和欧洲企业圈"占据了最高利润点。这就是一个时代造就的"利益分工"且决定定价体系的圈子。

然后，这条利益链被颠覆、被重塑时，都是行业里的一次变革大浪潮：新建的朋友圈你能挤进去吗？智能手机时代，曾经固化的上下游链条被一个破局者（苹果）打破，这时有两个非常大的变化是值得所有从业者注意的：

● 利润点转移到了上游——这时候会看到很多零部件供应企业的股票大涨，如中国台湾的大立光、可成、舜宇。

● 越来越多的中国企业挤入这样一条新生产业链中，因为链条的重塑给了新入局者很大的空间，如京东方、歌尔声学。

这启发我们去做一些"突破自己狭隘观察角度"的事，这或许对"下一次朋友圈的重建"有一些预判：搜集行业研报，看分析师的观点。

● 对行业历史做深入了解；
● 看透分析师的最新观点，研究一下他们提到的企业；
● 和同事讨论行业的最新变化；
● 着手画一张自己所在行业的演进图，图 6-5 为我画的电子行业演进图。

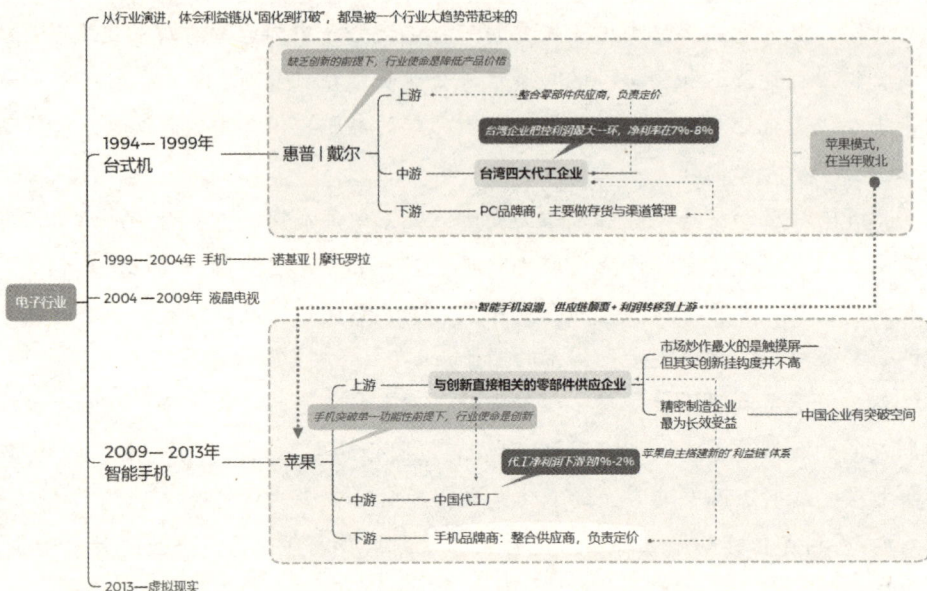

图 6-5　智能机浪潮带起新的供应链和利润点的转移。映射到投资上就是"暴富坐标"一直在转移：在 1995 年前后买中游企业的股票，或进入这样的一家企业；在 2009年智能浪潮来临时，买入上游企业的股票，或跳槽进入上游企业工作

这张"演进图"缺少了未来的部分，仅作为一个参考模板。当你花一些时间，把这张演进图整理完并不断更新后，就会感受到所在行业那些细微的变化。

Part 3　小手机连起全世界

在不断更新的行业利益链中嗅到变革的苗头，但要等到这样一次重塑，周期还是比较长的。那么如何在较短时间里观察公司所在的行业呢？这就需要不断细化上下游企业，找出共振关系。

在 2018 年 5 月，我写过一篇名为《中国是"超级装配车间"，贸易摩擦会连累谁》的文章。以彩电和手机行业为例，提醒海外投资的风险：如在海外做投资，你投资的国家是否会被波及？类似韩国为中国提供配件的工厂，会因为中国部分产品的出口量下降导致订单量下滑，如图 6-6 所示。

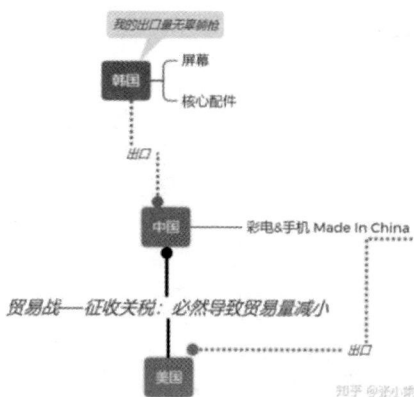

图 6-6　一件事情的发生，往往有波及效应，这就是投资中的点与面

其实，以上观察不是金融行业的人可能很难想到，但如果你身处这个行业，则很容易在积累中产生条件反射。

如你在电器生产企业，那么公司生产的成品电器的主要配件来自哪里？你可以上网查，也可以自己绘制。如果这些配件关联到某些国家的支柱类企业（如韩国三星），那么这个国家的经济状况也就很可能与你的行业景气度出现共振。通过这样的积累，一旦有一些事情发生，你立刻可以预判走向：

知识小卡片：韩国是全球经济的"晴雨表"

　　2002 年，投资公司高盛发布了一个著名的全球领先指标（Global Leading Indicator，GLI），这么多年过去了，这个指标内 10 个观察因子经过多次大的调整，但"韩国出口"始终在列。

　　为什么？韩国主要出口产品是全球工业生产的重要"中间投入品"（如平板显示器和传感器、半导体、汽车配件等）；类似上例展示的"韩国出口重要配件→中国组装→出口成品到美国"这个路线，所以韩国出口增速数据和全球生产景气度关联很大，且其占据产业的上游，影响会提前 0~3 个月显现出来。

- 这个事件对你所在行业的可能影响是什么？
- 你所在行业的这一影响，会波及哪个经济体？

Part 4　在利益链条里，匹配自己的未来

在一个行业赛道上，玩法有没有变、谁占据主场，以及未来中国有可能占据

主场的行业有哪些……这个思考过程，会对你的人生选择有很大帮助——在什么时代，把自己的位置放在哪一环，以及关注哪一环的股票。

一个行业本身很难消亡，而它如何改变，却关系着你所在的那一环会不会被替代、消亡或崛起。不少阅读量超过 10 万次的微信公众号文章在贩卖焦虑，如你正在被同龄人抛弃、中年遭遇裁员……所描述的人物和事件都是在一个"打开便关不上"的大趋势下站对或站错了位置。这有外力的作用，**也与一个人本身具有的洞察力有关。**

在选择专业和职业时，很多人都陷入"用过去判断未来"的狭隘视角里。尤其是大学生，很大概率是看现在什么行业火爆来决定 4 年后自己的从业方向，但在变化如此快的时代，人才需求和供给的匹配度似乎总是很小，部分人甚至面临毕业即待业的尴尬局面。

如果你想在某一领域大展宏图，请结合图 6-4 到图 6-6 画一张图，在毕业前找准自己在这个领域中的位置。如你的职业目标是进入阿里巴巴、腾讯这类互联网公司做一名程序员，那么关于未来两年的行业演进怎么样，你可在这张图里描绘自己的想象。

随着行业和相关公司的"圈子变化"，**一直花时间去观察和深入探究的你，也能更早地感知自己需要学习什么新知识。**

如果在这个追踪观察中更熟悉自己的行业内在和外延，你就有极大可能避免因为行业滑坡没能及时跳离而引发中年危机的情况出现。

都说投资是选择好行业、好公司、好时机，个人的职业方向也是如此。这两者并行，会让你事半功倍。

在 2017 年度的"造就未来大会"上，《人类简史》的作者说："这是历史上首次，我们不知道该教给孩子什么技能。最保险的方法，不是教他们计算机编码之类的东西，而是教会孩子如何保持不断学习的习惯，在一生中不断重塑自己。"

我想，不仅是孩子，成年人同样要敢于打破边界，重塑自己，知道自己需要学习什么，从而迎接未来的职业。现在，从你的工作选择开始。

执行力大考验 35：做一个 3 年后再看的小预测

现在给你一张纸，让你对目前世界上前 5 大互联网巨头在 3 年后的格局做个排名，你觉得谁是第一、谁处于后面？

或许你可以记录一下，在 3 年后验证今天的答案。如果能投入一小笔资金，或许可以用"做多第一名、做空最后一名"的方式，去量化你的判断是否会带来盈利。

对行业有一个长期趋势判断，这其实并不容易，片面的了解并不能帮助你做出一个相对准确的判断。毕竟，找到正确的趋势，你只需要付出小的努力就能收获很大；反之，处于一个错误的趋势上，很可能越努力错得越离谱。

执行力大考验 36：给你的行业，做一个敏感测试

你所从事的工作和所属的行业，和大势的各个因素关联。如 GDP 指标对于做婴儿车生意的公司关联度可能不大（其更大的影响来自人口出生率），但对做水泥、建筑生意的公司，则感受明显。

再如你所在的创业公司，靠融资生活，那么行业最为敏感的是资本愿不愿意继续投资——在一个利率下行期（投资成本低）和市场风险偏好上升（股市行情还不错）的时候更好融资。在上文示例的行业利益链图谱（见图 6-5）中，加上这一环节，再思考自己是否需要依此做出职场"位移"。

趣味小单子 11：更多把工作与投资联系起来的方法（见表 6-1）

表 6-1　趣味小单子 11

	名　称	简　介	备　注
趣味听读单	《彼得·林奇的成功投资》	彼得·林奇爱用逛街留意意向公司的投资人，书中透露了很多他对"好公司"的独特判定标准："在股票投资方面，散户绝对具有难以置信的优势。有些散户在化工行业工作、有些则在造纸行业就业。他们比我提前 9 个月获悉化工行业的景气状况变化、能最先知道氯出现了短缺、可以率先知道腐蚀剂缺货，也能第一时间知道库存销售完毕。"	"每隔几年只需要投资几只自己拥有丰富信息的股票就可以获得良好的回报。"
趣味听读单	《超预测：预见未来的艺术和科学》	告诉你超级预测家是怎么思考和决策的。作者做了一个有意思的实验：发起"精准预测"项目，超过两万名普通人对许多全球性问题进行了为期半年到一年的预测	预判很重要,如何做到尽量抛开自己的偏见和局限,看这本书会有一些启发

名　称	简　介	备　注
趣味听读单	《要么拯救世界，要么滚回家 !》	作者休·麦克劳德（Hugh McLeod）做了 10 多年的广告文案，也是个业余的漫画家和博学家。他的博客 Gaping Void，每月有 200 万人次的访问量。本书的原型《如何搞创作》，迄今已被下载 100 多万次	很有创意的一本书，帮助你的脑力"发芽"
值得关注	行业分析师	每一个行业在金融圈都对应着不少专业分析师，去找一找他们的微博或微信公众号，重点关注 2~3 个	从经济角度看他们的观点，从而获得更全面的信息

6.3　香奈儿、LV——感知未来的榜样

前面的举例似乎太数据化，下面从个人喜欢的角度论证，依然还是在职业方向中感受趋势和未来。

2018 年 LV 在上海举办了一场名为"飞行、航行、旅行"的展览，这个展览追溯其 1854 年至 2018 年的历程。下面简单看一看 LV 在 18 到 20 世纪踩准的大趋势。

- 18 世纪，第一次工业革命时，上流社会的人们开始乘坐火车频繁旅行——LV 提供便携且功能性极佳的旅行箱，一举成名。
- 19 世纪，轮船出现，上流社会的人们开始热爱乘坐游轮旅行（从《泰坦尼克号》里的女主角露丝的行李可见一斑）。LV 有了移动衣橱款的皮箱，还专门设计了脏衣袋（脏衣袋即现在依然经典的 Steamer 手袋的原型）。
- 20 世纪，公路旅行开始盛行。LV 设计了把心爱餐具一并打包的野餐箱、防止汽车备胎损坏的定制皮质保护套等。
- 20 世纪初，少数人开始尝试乘坐飞机旅行。LV 为此主打最轻的行李箱。

简单来说，装鞋子、帽子、香水、野餐餐具，以及装书、画作、唱片和汽车备胎等，有钱人不论去哪里，想带什么东西，都能用 LV 的箱子完美地达成目的。

创始人路易·威登的思维模式一直围绕着"这个世界正在发生变化，我能为他们做些什么"这个方向于是他创新、大胆且体贴的设计他的产品，一路助推该

品牌爆红之后百年不倒。

如果说 LV 是用产品不断满足变化的旅行方式，紧紧抓着利益链条中"旅行"这一环，那么香奈儿则是在新的社会思潮中抓住趋势——第一次工业革命后，女性投入到工作中，这股潮流让"从男装获得灵感"的香奈儿如鱼得水，香奈儿的经典款也就是一部曲折而执着的女性奋斗史。香奈儿让女人从累赘的大裙摆中释放出来，穿着海军符号的条纹衫与爽朗的裤装走入工作岗位和社交场所。

- 1926 年，小黑裙问世；
- 1955 年 2 月，历史上第一个专为女性使用设计的链条包问世，故命名为 2.55 包。从传统的手拿与手提中把女人的另一只手解放——挎身上。

当然，你会说两者都遇上了好时代，但百年不倒的背后，其洞察力才是更重要的东西。

为什么我们觉得时装秀上的很多衣服都不接地气，因为它们更多地是对需求和思想趋势的表达，是给专业人士参考的。

执行力大考验 37："有洞察力"的品牌，总在抛给你一个问题

如果觉得自己在趋势面前太弱小，可以列一些你觉得具备一流洞察力的品牌，去看它们的最新产品设计、发布会和广告，感受它们对趋势的判断。然后，不断问自己："如果世界真的变成这样，那么我所在的行业，能做些什么？"

6.4　两个数字与一个算式，从财报里找职场高薪小目标

所有人都希望找一份轻松又赚钱多的工作，而成功的价值投资者在选择股票时也是如此——挑出好的行业。

在我的选股因子中，有一个因子会专门看公司的薪资增速。对个人来说，该指标即使不作为考察股票的指标，也有以下两个用途：

- 衡量一下自己现在的薪资在行业中处于什么水平。
- 从行业中找出薪资最高的公司，作为跳槽目标。

如果你所在的行业薪资增速一般，那么可以看工作"滋润"的朋友都处在什么行业，用财报数字验证一下，换个高薪潜力更大的行业。

怎么看呢？这个秘密藏在上市公司的财报里面，下面教你看财报。

Part 1　在近 300 页的财报里，找 4 个数字

随机在 A 股上市公司里找一家公司，如某面板制造公司 A 主要生产手机、电脑和电视屏幕。

一家公司的财报既可以在股票交易软件里找到，也可以在深交所官网"上市公司公告"或上交所官网里找到，如图 6-7 所示。

图 6-7　深交所官网财报页面，从中可以搜索相应的公司财报

打开公司 A 2017 年年度报告。那么，怎么从中发现自己需要的信息呢？首先要知道自己的目的是什么，以及能从哪几个数据中获得。财报有固定格式，所以数据非常容易找到，针对"薪资增速"一般只看以下 4 个数字即可。

Part 2　计算公司的平均工资

第 1 个数字，在财报里使用<Ctrl+F>快捷键查找"合并现金流量表"，如在公司 A 2017 年的财报中第 15 页很容易找到"支付给职工以及为职工支付的现金"一栏，这可以粗略理解为员工工资、奖金和福利的总和，其总数是 8,015,171,249 元，如图 6-8 所示。

然后找第 2 个数字，即公司员工人数，搜索"公司员工情况"，找到一张"员工数量、专业构成及教育程度"表格，如图 6-9 所示。

合并现金流量表

2017 年度

（金额单位：人民币元）

	附注	2017 年	2016 年
一、经营活动产生的现金流量：			
销售商品、提供劳务收到的现金		102,954,356,249	68,853,018,038
收到的税费返还		8,111,061,033	3,917,650,651
收到其他与经营活动有关的现金		869,275,860	840,215,406
经营活动现金流入小计		111,934,693,142	73,610,884,095
购买商品、接受劳务支付的现金		(73,250,817,397)	(55,859,347,637)
支付给职工以及为职工支付的现金		(8,015,171,249)	(6,063,846,083)
支付的各项税费		(2,480,139,386)	(604,705,988)
支付其他与经营活动有关的现金		(1,921,579,095)	(1,009,697,267)
经营活动现金流出小计		(85,667,707,127)	(63,537,596,975)
经营活动产生的现金流量净额	五、53(1)	26,266,986,015	10,073,287,120

图 6-8　公司 A 2017 年支付给职工以及为职工支付的所有现金

五、公司员工情况

1、员工数量、专业构成及教育程度

母公司在职员工的数量（人）	2,078
主要子公司在职员工的数量（人）	58,455
在职员工的数量合计（人）	62,516
当期领取薪酬员工总人数（人）	62,516
母公司及主要子公司需承担费用的离退休职工人数（人）	21
专业构成	
专业构成类别	专业构成人数（人）
生产人员	38,208
销售人员	1,859
技术人员	19,088
财务人员	671
行政人员	644
管理人员	1,642
其他	404

图 6-9　员工人数，以及相应的结构，可以看到该公司 2017 年领薪酬的员工数量是 62,516 人。简单计算可知，平均工资即 2017 年发出去的钱除以员工数量：8,015,171,249 元/62,516 人 = 12.83 万元，也就是说这家公司平均年薪（包含奖金和福利）是 12.83 万元，因包含公司为他们交的所有各种保险等，税后平均年薪大概是 7.7 万元

Part 3　看加薪速度

考察了最新的人均薪资以后，继续考察它的薪资增速，查询 2015 年、2016 年的财报，把以上两个数字（即第 3、4 个数字）列在表 6-2 中。

表 6-2　公司年薪与涨幅

公司 A	2015 年	2016 年	2017 年
支付给职工以及为职工支付的现金（元）	5,127,957,029	6,063,846,083	8,015,171,249
当期领取薪酬员工总人数（人）	42,837	49,151	62,516
平均年薪（包含公司所交三险一金等，万元）	11.97	12.34	12.83
薪资年涨幅（%）		3.1	4

从表中可以看到，工资涨幅处于正常水平，但人员增长较快，可能和它的业务扩张有关。如果你也处在面板行业，那么可以深入了解，作为这个行业内最大的公司，它把业务扩张到了哪一块，和你的公司有无相应的关系？可能会有一些启发。

总之，一个高速发展的行业，往往伴随着员工人数的增加和薪资的提高，以上是一个可以论证的方法。

当然，以上所说可能会造成误差：如当年的新员工不一定拿了全年的工资，或有些以项目结算制的公司奖金分发没有在当年结算（在资产负债表里的"应付员工薪酬"）。这个方法关乎你的切身利益，同时可以让你熟悉财报。

执行力大考验 38：去财报里找人生下一个小目标

找一家你所在行业的上市公司，或你渴望跳槽去工作的上市公司，看它最近两年的年度报告，找出关键的数据。

算一算，这家公司员工的平均年薪是多少？这两年的薪资涨幅大概是多少？

然后比较一下，这个平均年薪比你现在的高还是低？涨幅是不是让你羡慕？然后再看看员工的学历构成与你对照，心里是不是有了方向？

如果这两方面都让你艳羡不已，那么，你可以定一个小目标：

（1）看招聘启事，跳槽！

（2）如以你目前的条件还不足以跳槽，就依招聘启事所列的条件，给自己充电。

（3）多看这家公司的股票，从更多维度解读，决定是不是投资。

人生的小目标其实不难找，这不就从一份财报里找到了吗？

黄金玩家启示 09：从消失的招聘广告看经济景气度

2018 年 11 月末，天风证券的分析师宋雪涛出过一份报告《消失的招聘广告》，"经过相关数据分析，发现 4 月到 9 月共消失了 202 万个招聘广告，其中金融、影视、贸易、家具家电、建筑行业都有明显萎缩，依然在增长的是消费服务、保险、酒店旅游、高端制造行业……"

"招聘广告的消失并不代表职位的消失，也可能是因为职位空缺被填补。但横向比较招聘广告在不同行业之间的数量变化，能看出长期的转型升级和产业趋势。"

即使不是专业的分析师，也能从另类的数据中看出一些端倪。

6.5 从公司怎么筹钱连接你买过的理财产品

Excel 模板下载：理财存量观察表

如果一家公司要扩张业务，但账面上的钱不足以支撑，就只能筹钱，怎么筹呢？听上去和个人没什么关系，但"公司如何筹钱"最终会落到你买的各种理财产品上，而筹钱这件事所挂钩的融资条款也注定了这些理财产品的特性……我们不妨从这样一条线，去重新审视和扩展个人对资产的认识。

Part 1 三种最基本的筹钱方法

公司筹钱的方式各有不同，最为常见的是向银行贷款，发行股票、债券等。

向银行贷款，不少中小企业常常是求而不得，因为这需要足额的抵押。

发行股票是拿股权换钱。非上市公司获得风投（PE/VC）；上市公司在股票市场获得股票投资者的资金（你买股票的行为对应这家公司的融资）。但对创办公司的原始股东来说，这种方式股权会被稀释，有被赶下台的风险。对投资人来说股票虽然有分红，但大家更关心股价是不是上涨。

而发行债券呢？就是约定利息借钱！就像国家发行国债、地方政府发行地方债一样，公司也可以通过发行债券的方法筹钱，而且这么做有以下两个好处：第一，不稀释股权；第二，一般比银行贷款的利率低。通常，有信心发行债券且还能把这些债券卖出去的公司，都是质地不错的公司，购买公司债券的人被承诺了商定的年化利率。所以，买入债券的投资者更关心每年能拿多少利息，当然也关心这家公司到时能不能还得起钱（信用风险越高的公司，所发行的债券利率也越高），对债券在二手市场的价格涨跌往往不太关注。如华为公司 2019 年在国内发行 30 亿元债券。

对一家好公司来说，债券融资成本最低，股市融资次之。

知识小卡片：科创板希望哪些公司来融资

市场上未盈利的科技创新公司很多，但它们很难融到钱，尤其在经济形势不明朗的情况下。毕竟在上一轮互联网浪潮里，很多国外知名科技公司曾经历过"没钱快关门"的至暗时刻。

在上交所交易的科创板复刻了欧美上市模式，对上市公司盈利没有硬性要求，对股权结构也没有特别限制。最重要的是：

- 公司信息该披露的披露，该回答的回答，全部公开（重点）。
- 有投行愿意给公司做 IPO（必需）。
- 审批的权力下放给交易所，宗旨是：一切以信息披露为核心，其他各种门槛降低，交给市场判断。
- 投资者的投资决策，就看"史无前例透明的"招股书，然后由投资者自己判断。
- 优胜劣汰，严格执行退市政策。

如以上条件都满足，小公司也可以上市融资。

Part 2 变着法子筹钱，连线你买过的理财产品

对很多公司来说，申请银行贷款未必会批、想 IPO 未必能成功、发行债券未必有人买……这时，总要想别的方法。

拿股权融资来说，上市公司除了公开市场发行股票（股市上可以买到），还有定向增发股票（类似内卖会，一般人买不到），就是把股权按照目前股价打折批发

给特定的机构或个人，一次性获得大笔资金。联想一下定增基金这样的产品，可以理解为这只基金用募集的资金购买一些企业在非公开市场放出来的定向增发的股票。虽然很多定增基金在广告上突出"股价折扣"优势，但市场的波动永远出人意料，由于 2018 年股市整体下跌，就让很多在 2017 年进行定向增发股票的折扣优势瞬间消失殆尽。

约定利息借钱，除了正式的债券，公司还可以拿值钱的资产抵押去借钱，比如股权、应收账款等，抵押给一些小贷公司，以较高的成本获得贷款。那些小贷公司不是银行，它们借给公司的钱从哪里来呢？你可以想到，2014—2017 年红极一时的一些 P2P 公司就从事这个业务。而 2018 年很多 P2P 公司的倒闭，也和背后这些借钱的公司还不上钱（经济呈下行趋势，公司收入少）、抵押的股权贬值太多（股市低迷），或抵押的应收账款债权收不回来有关。

一家公司要筹钱，变换的方法还有很多，最后大部分可以连接到一款你可能买过的资产或理财产品上。

这里把以上举例整理为图 6-10。

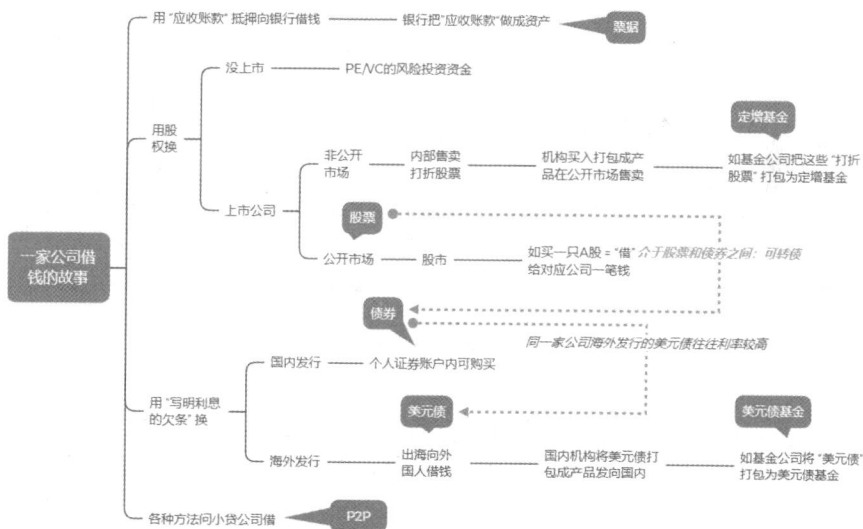

图 6-10　一家公司借钱的故事，可以连接到大家购买的某一款具体的理财产品上

Part 3　每一份理财产品都值得倒推去看

每个人都希望自己能买到省心、省力、保本、收益又不错的理财产品，毕竟

大部分人都想多赚钱。但这样的产品很少，即使有，也离不开特定阶段的市场背景。

比如，余额宝在整个市场流动性紧张时有过 7%～8% 的年化收益率；P2P 更有过年化收益率超过 10% 的光景，不论你买了什么样的理财产品，如果投了大量的资金，都请务必倒推回去看一看：其背后到底是什么？

如余额宝这样的货币基金，含有一定比例的债券资产，背后也许就有一家公司从事"发行债券借钱"的操作。再比如 P2P，可能背后就是一家公司在三大基础筹钱渠道受挫时向小贷公司求助的故事。

所以，在每一份你要买的产品背后，债权关系是什么？不管是看产品说明、追问客服，或到这家公司应聘去了解均可，以上这些方法我自己都尝试过。

2013 年开始，我买过某 P2P 产品，其背后资产随着监管的变化也发生过几次大的变化：

（1）2015 年 A 股大跌前，将投资人的钱借给了用量化策略进行股票投资的人（官方宣传），收益率甚至超过 20%，既然和股票投资相关，那么"股市好不好赚钱"就成为这份理财产品表现好坏的分水岭。大资金用量化策略赚钱，做空是一个重要的选项，所以在 2015 年股指期货被严格限制时，投资脑袋里就有一个信号：量化不好做了，这个产品会不会受影响呢？

（2）平台转型，产品收益率下降到 12% 左右。把投资人的钱借给一些需要资金的上市公司，这些上市公司用股权作抵押。即使不知道借给了哪几家公司，这样一笔"借钱"的交易安不安全也显而易见：经济环境（企业盈利如何，能不能按时还钱）、股市行情（抵押的股权会不会贬值）如何等，所以，在 2017 年经济和股市低迷的大环境下，到期回收不再复投。

为什么这样倒推？为了一旦大环境变成"不利于这个产品"的局面，脑子里能响起警报并及时撤退。

执行力大考验 39：从你买的理财产品倒推背后的筹钱故事

整理现在持有的理财产品，不管是基金平台还是银行平台，查一查它们背后的底层资产，可以倒推出一家公司借钱的故事，整理一份"理财存量观察表"，如表 6-3 所示。

表 6-3　理财存量观察表

产品	平台	收益	到期	背后资产逻辑	可能风险点

6.6　提高篇：除了想涨工资外，你想过产业转型吗

每个月转到银行卡里的工资是"税后"结果，和劳动合同上签署的数字相差挺大。2018 年的减税是所有职场人关心的事儿：每个月我能多拿多少钱？

这样全民"加薪"的背后，到底是为什么？既然涉及几乎所有纳税人，那么需要仔细思考一下是否对应着一场转型。

Part 1　从新闻中发现投资机会

要想看懂一个产业的转型，首先看官方新闻。在我国，以《新闻联播》为例，可以把它看作是一家管理着 10 多亿人的公司每天做的例行报告。

比如"很少发生变化"，等于传达政策的稳定性。在这种看不到太大变化的基调下，一旦哪天新闻有了一点不同寻常的改变，才更容易被人发现，然后人们可以敏锐捕捉并查询背后的内容。

全国每天都发生很多事，为什么播这些而不播那些？看久了，对每一条新闻都要去揣摩一个问题：为什么选这一条？

有点像玩游戏，揣摩一起玩游戏的人说的每一句话，发现其真实目的和感知前后不一致的地方。

想做好投资要看《新闻联播》，就是每天花一点时间把自己的思维和国家的意志放到一个平行轨道上，踏准节奏，才能在偶尔出现不寻常的小改变时更容易察觉。

如你愿意从新闻中找出乐趣，可以在一天的节目里挑出你认为比较重要的一条来分析。如 2018 年年底的中央经济工作会议中说，"积极的财政政策要加力提效，实施更大规模的减税降费"。

针对一些重要会议中透露出来的信息，试着问自己几个问题：

（1）这句话是什么意思——什么是财政政策提效、更大规模减税是给哪些人减？

（2）为什么要提效、减税？

（3）减税，只是给你加薪吗？

《新闻联播》内容是一个阶段里政策导向的真实意志体现，在真正发生变化前，让你有足够时间去验证与准备，并在脑子里写好一份投资计划书。

电视剧《暗算》里安德罗说过："风是看不见的，破译密码就是看见风。"

这让我想起一本解读名画的书，书中说"画者如何让人感受到身临其境的清风拂面，用你眼睛能看见飘扬的丝带、用云彩的形状……"

市场上的风，从来不是一吹就带你飞起来，而要自己体会"丝带是不是飘起来了？""云彩是不是流动起来了？"

如果自己观察不到，也可以关注一些经济学家和分析师，听听他们的分析，如刘煜辉、姜超等。还有很多人对《新闻联播》做词频分析，今后甚至可能会有基于此的"风向转变提醒器"面世，但在依靠别人的分析和期待现有产品之外，独立思考不可或缺。

我之前研究减税时，就把断断续续看到的信息集合在一张图上帮自己找逻辑。

Part 2　转型，总能找到参照的模板

回顾前面的内容，用一张"经济数据"表初步了解一个国家目前的经济大致构成，包括支柱产业等。

如果追踪一个国家长期的 GDP 变动情况，比如说十年前和十年后，会发现那些全球贡献 GDP 的"大户"内部很可能已经发生了质的改变。如美国，以前是制造业大国，现在是消费大国，这就是一种转型。

不少国家已经走过的路也值得参考，比如：

（1）它们通过减税提振经济的手段成功了吗？

（2）在这个过程中，哪些资产价格上涨了，哪些资产价格下跌了？

（3）当国家政策开始对支柱产业进行限制时，钱的缺口用什么来补？如果发展实体经济，那么你所在的行业机会在哪里？

在投资中，人们愿意遵循成功经验，但变化总会悄然而至。有能力感知并修正靠经验设定的投资权重，是让自己长时间保持赚钱状态的一种能力。

执行力大考验 40：列一份全球转型名单，押注最有潜力的一个

把全球亟待转型的国家简单列表，如何判断哪一个最有潜力？

6.7　和自己好好说话 05：生活，给了很多暴富坐标

天风证券研究所所长赵晓光曾说："做投资研究，第一个条件就是充满好奇心，你要对在现实中观察到的事情问为什么，因为这本身就是一个让你不断形成预测信息体系的过程。这一点非常重要。"

以前看过他写的《黄金时代——致敬电子&研究这十年》一文，用一个例子说他在电子产业"还原一条逻辑线"的方法，个人感觉很受启发，本篇以此为基础展开说明。

Part 1　生活里每一个变化的连锁反应

先回到 2004 年。为了追求自由，我上大学时在校园对面租了一套房子，搬进去第一天房东给新配了一台长虹电视，那时开播不久的《财经郎闲评》节目做过一期《TCL 之辩》。

我那时还年轻，对这种"生活里的小变化"毫无深究的意思。而在这样一个时间点，被当时的电子行业分析师赵晓光找到了机会，如图 6-11 所示。

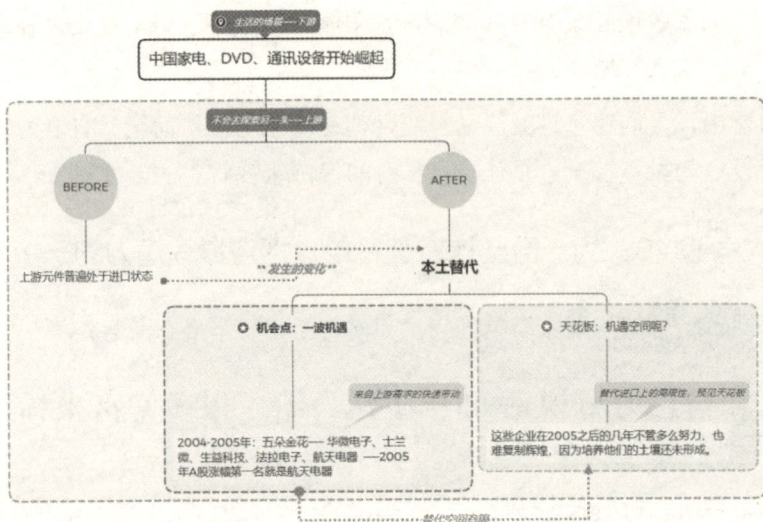

图 6-11　大多数人不会去看上游元件正在发生的变化以及带来的巨大机会（左侧虚线框），而更少的人会去验证，这样一个变化的天花板在哪里（右侧虚线框）

- 生活里：可以感受和看到国产家电的崛起。
- 上游产业链的变化：家电的一些元器件从"普遍进口"渐渐转变为"本土替代"。
- 可以替代补位的最杰出的"五朵金花"分别是：华微电子、士兰微、生益科技、法拉电子和航天电器。

这个逻辑下的资产表现：2005 年 A 股涨幅第一名的公司就是它们发掘的——航天电器。

Part 2　在朝九晚五之外，存一份退休技能

2010 年前后，同事忽然和我说想辞职回家做生意，问了一下，原来他的亲戚做挖掘机租赁生意，年均收益率据说超过 50%。当时我们讨论了很久，我认为如果看好这块，那么不如投资挖掘机生产企业的股票。后来，她既没有辞职，也没有买挖掘机生产企业的股票。

现在回头去看，很容易明白 2008 年经济危机后企业对资产投入的保守（不愿意买，更愿意租），以及 2009 年的投资，使得挖掘机租赁成为一门好生意，生意的红火促进了挖掘机的需求量，进一步催生了三一重工这样的企业利润一再提升，

图 6-12 所示为三一重工在 2010 年前后股价走势图。

图 6-12 三一重工 2005—2018 年股价走势图

我们时常羡慕成功的人"脑袋转得快，抓住了机会"，其实生活给予的信号都差不多，但大多数人的思路处于"别人做什么赚钱，我也要去做"的肤浅层面。如果对生活细节的变化充满好奇心，一直深入追问，一条赚钱的线路就能清晰地呈现在你面前。

虽然，这样的思考方式不是一蹴而就的，需要长期的深入追问。在工作之余，认真抬起头往远处看，总有一天会看到"暴富"坐标隐约显现的方向（如果没有风控意识和动态调整，那么这个坐标也可能是一个坑）。

6.8 你想活成什么样=投资组合设计成什么样

所有的资产，都用自己特有的方式展现着世界的运转情况，你想知道投资什么更好，就需要仔细琢磨。反过来思考世界如何运转、一个国家"运营"得好不好、一个行业是不是景气等，从大到小，慢慢聚焦。本节来看看你持有的资产，去探讨投资组合应该长什么样子。

前面执行力大考验试着整理了吗？如果认真做了，那么一定有了一份类似表6-4 所示的结果（2019 年年初）。

表 6-4　个人资产分类

产品	平台	投资资金（元）	年化收益率	到期时间	资产类别	最终资产类别	直接或间接投资	背后关于"借钱"的大概逻辑	收益下滑的风险点
余额宝	支付宝	10,000	2.5%	NA	货币基金	债券（中国）	间接	银行向基金借钱，因为量大，给的利率略高于银行存款利率	银行不缺钱，央行宽松政策
指数基金定投	支付宝	80,000	NA	NA	股票型基金	A 股	间接	一池子以股权筹钱的公司	股市行情下滑：央行紧缩政策、经济下行
长安汽车（000625）	A 股证券账户	100,000	NA	NA	股票	A 股	直接	这家公司以股权筹钱	除了股市整体行情，还要关注该股票所在行业和公司本身的趋势
**信用债券	支付宝	10,000	NA		债券型基金	债券（中国）	间接	企业发债融资，基金买下企业的债券作为投资	
**美国房地产基金（QDII）	支付宝	10,000	NA	NA	QDII 基金	REITs（美国）	间接	房产商出售资产筹钱，REITs 基金买下并运营	美国经济下滑，失业率上升（租金下滑）

续表

产品	平台	投资资金（元）	年化收益率	到期时间	资产类别	最终资产类别	直接或间接投资	背后关于"借钱"的大概逻辑	收益下滑的风险点
国内房产	NA	2,000,000	NA	NA	房产	房产（中国）	直接	你向银行贷款，以房价30%首付买下的房子	货币或财政政策（短期）、中国经济结构转型（中期）、人口结构变化（长期）
银行活期	银行	3000	0.3%	NA	现金	现金	NA	NA	

Part 1　投资组合理论教会我们的事

很多投资组合的理论都说，不要把鸡蛋放在一个篮子里，但如何做到这一点呢？是考察看上去不一样的"产品"，还是考察"最终资产类别"和"收益下滑的风险点"呢？

我个人认为"不放在一个篮子里"的含义就是当风险来临时，你组合里的资产出现了涨跌不一的反应。所以，在这张投资组合表里，应该更关注后者。

那么，现在这份投资组合有什么问题？以上面的随机样本为例说明，这份组合中的几个重点，然后回答自己4个问题：

（1）**占据最多资金的资产是什么**：国内房产在这个组合中占据非常重要的位置，其次是A股。然后问自己，现在的经济情况、政策环境，对你的主力资产是利好还是利空？是否需要避险？

（2）**有多少间接投资，又有多少直接投资**：组合中直接投资占大头，如去掉房产项，依然如此。这一条是让我们考虑，自己适合做理财吗？是否需要在比例上做调整？

（3）**整个组合的流动性如何**：万一你急需用钱，能拿出来多少？立刻能拿出来的是2000元活期存款，大概一天内能再拿出来的是余额宝的10,000元，那么三天内能拿出来的资产呢？这一环让我们思考资产是否足够应急，除了类现金资产，容易变现并保本的资产是否足够。

（4）现在的经济和政策环境下，里面**哪些资产能让你更受益**？

Part 2　再平衡！一个逃不开的问题

所有人的投资组合都不可能是静态的，对于组合的再平衡大多数人心里面都没有制定严格的规则，基本上在不自觉地跟风调整比例："听说现在债券基金比较好，买！""可以投资股票了？我也买点。"

现在，问自己以上 4 个问题后，就有了大致的调整方向，继续思考：

- 房产收益不像前几年那么好，要密切关注房产税（增加了房产持有成本）和国家支持实业的动向（如减税，会削减房地产作为经济支柱的地位）。
- 考虑到自己的精力和水平，间接投资比例需要上调。
- 因为"借呗"之类的现金贷产品很方便，能立刻到账且有 10 万元的借款额度，在目前这个年龄段来说，高流动性的"类现金"足够了，不做调整。
- 现在利率下行，为抑制地产复苏不会全面降息，因为中美贸易摩擦力度减弱，投资人有松一口气的感觉——债券可以加大一点，股票似乎可以再投一些，并看可转债有没有机会。美国经济不明朗，美国房产 REITs 维持现状即可。

以上是一个大致感觉，然后据此做多维度验证，找更为匹配的新资产类型，最后就是买卖，把组合再平衡。

所以，**每个人的组合都应该按照自己的需求，和想过的生活进行不断的平衡。**

几乎每天都有人问我：最近投资什么好？这个问题其实很难回答。我觉得 A 股好，但这基于我有足够的流动资金和等待的耐心；我觉得投资伦敦房产挺好，这基于我有分散资金风险的需求，以及心中对此有亏损的心理准备。

在对你的资金状况、风险承受能力没有足够了解的情况下，没有人能给你一个确切答案。据统计，市场 95% 的人都不赚钱，是因为他们每一年都想换一种"更好的投资方向"——老人劝诫我们，年轻人切忌好高骛远。但在投资中，大部分投资者就是如此。组合的作用，就是让"东方不亮西方亮"这种事情更容易发生。

Part 3　高效获取再平衡思路的小贴士

和行业观察一样，可以让行业精英引导你的思考方向，如张忆东、郭磊、洪灏、姜超、王涵等，他们对于资产配置的建议，可以作为参考（并非原样照搬使用，而是获得启发），如他们在 2019 年年初的一些观点。

> "A 股和港股一季度反弹行情的动力依然较强……外资加快布局 A 股，带动更便宜的港股同步反弹。"——张忆东
>
> "整体看好今年转债市场的反弹行情。短期市场出现明显上涨，需警惕可能的回调风险。但从中长期看，权益市场或仍处于底部区域，可转债作为类权益资产具备长期配置价值。其中转债价格不高，兼顾股性、债性的可保持仓位，逢回调要积极关注。"——姜超

是不是容易理解？如果你在配置建议里发现一个不熟悉的资产，如可转债，就去查一查这个资产到底是什么和背后的逻辑，以及如何方便地投资。也可以去看《躺着赚钱一看就懂的懒人赚钱盈利技巧》那本书，它更像是资产工具书，帮你了解各种资产的特性和投资规律。

作为投资者，要想在投资中获取理想的收益，比工作更难。所以，笔者个人建议，在投资上不要投入太多的精力，而要从生活和工作出发，关注一些能启发你投资想法的人，从而找到效率更高的投资方式。

黄金玩家启示 10：在投资组合再平衡里，找当编剧的感觉

当大的经济环境发生变化时，组合也会出现有涨有跌、有买有卖的现象——组合中资产的比例自然随之变动。如想对组合有更多的主控权，就需要多维思考。

在《金融怪杰》一书里，作者采访了布鲁斯·科夫纳（20 世纪 90 年代曾保持 10 年复合收益率达 87% 的著名交易者），他说：

> "我对每一笔交易都设想'会发生什么'，每周至少进行一次，预想了今后世界格局各种不同的情景，并逐一验证……对我而言，对市场进行分析，就像面对一张巨大的、多维的棋盘进行思考，其中的乐趣都来自智力上的挑战。"

专业交易者每周猜一次未来的"剧情"，我们可以每月一次，甚至每季度一次，

然后更新自己的组合表格。对应每一种资产的风险点，判断是否需要增减原有资产或增加新资产等。

6.9 阶段总结：参考耶鲁，试水最方便的组合搭建方式

上一节说了投资组合的设置，应该是千人千面的，和你想要"活出来的样子"挂钩：能笃定地面对突发事件（流动性），要花多少心思（直接与间接投资比例），以及时不时体验一次刺激的大起大落（风险点的分散）……

本节回答这几个问题：

- 一个被验证真实有效、跑赢市场的组合大概长什么样？
- 配比好自己的投资方向，怎么实现最方便？

只要用了解玻尿酸的一半热情，就能慢慢把你的组合填满。为什么这一章涉及投资组合？读到这里，你应该已经可以初步判断资产的风险。

- 从全球视角看，大概知道如何发现资金流的方向，经济好的时候投资什么，经济差的时候有什么避险方法。学会了解国家的主要驱动力在哪里，至少有自己的观测指标（第 4 章）。
- 在大格局下加入国家政策的分析，以及这些政策对资产涨跌的影响（第 5 章）。
- 落实到资产上，了解如何通过上下游产业链深挖一个行业（第 6 章），以及如何用直觉发现市场参与者的行为与预期（第 2~3 章）。

这时，一个相对完整的投资逻辑框架已经出现雏形。本节介绍如何用相应的投资组合去实现奇思妙想。这时会发现要满足组合多样性的需求，必须开很多账户，如港股、美股账户等，而很多人在这一步被挡在门外。

人生的第一个组合，以方便为主！建议略微降低直接投资比例，即自己掌握大局，找人处理具体事务更合适。下面，通过开户门槛和起购点都非常低的公募基金去"填满"该组合。

Part 1 去耶鲁看一看——最成功的组合配比大概什么样

目前，全球最知名也最成功的两个组合是耶鲁大学捐赠基金和达里奥的桥水

基金，如果以这两个最经典的组合作参考，搭建一份自己的投资组合试水，那么应该怎么做呢？步骤如下。

（1）以 David Swensen 管理的耶鲁大学捐赠基金为例。这是一个风格积极、几乎永远满仓的基金，它每年的基金收益和组合分配都会被公布在耶鲁大学官网上。通过近 30 年的成功运营，它在全美国所有学校基金中排名第一，即使在 2008 年金融危机期间，都保持了 4.5% 的年化收益率，是投资界津津乐道的案例。

图 6-13 所示是其 2013—2017 年的年回报统计和资金分配情况，可以看出，其资产配比这几年没有太大的变化。数据来自耶鲁大学官网。

Endowment Highlights

	Fiscal Year				
	2017	2016	2015	2014	2013
Market Value (in millions)	$27,176.1	$25,408.6	$25,572.1	$23,894.8	$20,780.0
Return	11.3%	3.4%	11.5%	20.2%	12.5%
Spending (in millions)	$ 1,225.8	$ 1,152.8	$ 1,082.5	$ 1,041.5	$ 1,024.0
Operating Budget Revenues (in millions)	$ 3,692.2	$ 3,472.4	$ 3,297.7	$ 3,116.1	$ 2,968.6
Endowment Percentage	33.2%	33.2%	32.8%	33.4%	34.5%
Asset Allocation (as of June 30)					
Absolute Return	25.1%	22.1%	20.5%	17.4%	17.8%
Domestic Equity	3.9	4.0	3.9	3.9	5.9
Fixed Income	4.6	4.9	4.9	4.9	4.9
Foreign Equity	15.2	14.9	14.7	11.5	9.8
Leveraged Buyouts	14.2	14.7	16.2	19.3	21.9
Natural Resources	7.8	7.9	6.7	8.2	7.9
Real Estate	10.9	13.0	14.0	17.6	20.2
Venture Capital	17.1	16.2	16.3	13.7	10.0
Cash	1.2	2.3	2.8	3.5	1.6

图 6-13   耶鲁大学捐赠基金 2013—2017 年的年回报统计和资金分配情况

（2）如果你是一个风格积极的投资者，那么不妨参考这个经典比例，如图 6-14 所示。

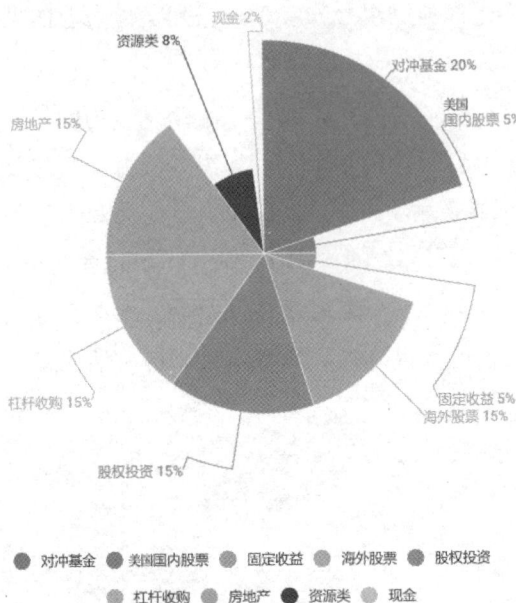

图 6-14　耶鲁大学捐赠基金投资分布图

Part 2　具体资产，用国内基金填空

参照上面的资产配比，下面就是一个填空题。

（1）15%的房地产投资，可以选择用 REITs 基金配置海外房产，这在前面介绍过，最简单的方式就是 10 元起投的国内 QDII 基金。

（2）资源类，可以选择原油、黄金等，这些在公募基金池里都有。

（3）该组合 5%投资美股，15%投资其他市场。可以简化为 15%配置 A 股及其他市场，5%配置美股，首选这两个市场的指数基金。

（4）5%的固定收益，以债券基金填充。

（5）2%的现金类，用余额宝替换。

（6）30%的杠杆收购和股权投资呢？在国内找到同样的投资标的并不容易，我用"心目中的好行业"股票替代，像前面提到的，在自己的消费偏好和职场观察中挑选这一部分的主力军。如我在金融行业从业，有一家健身房在合伙经营，目前个人的消费大部分用在家庭成员医疗和各项生活用品升级上，而这些也都是自己看好的。所以，这部分大多数配置在金融、医疗、消费领域，宗旨是选择中规中矩的指数型基金，降低基金经理更换或决策失误带来的风险。

（7）那么组合中 20% 的对冲基金呢？我把它作为自己的机会备用金，即一旦感觉有新机会，就用这部分资金去投资。

所以，在这个组合中我把它细化为一个基金产品表格（此为举例，不作为投资建议，仅供参考），如表 6-5 所示。

表 6-5　参考的投资替代

	资产属性	具体标的举例（仅供参考）	起投金额（元）	比例	投资金额（元）
1	REITs	广发美国房地产	100	15%	100
		诺安全球收益不动产	10		50
2	资源类	华宝标普石油天然气	10	8%	50
		华安黄金易 ETF 联接 A	1		30
3	美股	大成标普 500 等权重指数	10	5%	50
	A 股+其他	南方中证 500ETF 联接	10	15%	50
		博时沪深 300 指数 A	10		50
		招商标普金砖四国指数	10		50
4	固定收益	广发中债 7~10 年国开债指数 A	10	5%	20
		华夏海外收益债券 A	10		30
5	现金	余额宝	1	2%	20
6	股权类（转换为选择好行业）	广发中证全指金融地产联接 A	10	30%	100
		广发养老指数 A	10		100
		广发医药卫生联接 A	10		100
7	对冲基金	机会备用金		20%	200

Part 3　每月 1000 元足以定投的组合

有了这样一个组合，对里面的所有基金进行定投。一个月 1000 元就完全可以覆盖，并不复杂是不是？

当然，这个组合很难在短期内盈利，但这个方法足够让你理解投资组合到底是什么。而且，1000 元零花钱就可以大致搭配出一个经典的配置，这也让你有定力承受一些暂时的亏损。持有 2~3 年，看收益率是否比你每年都在寻找新的投资方向高很多。

当然，这个组合中第 6、7 步依然考量你自己的选择眼光，就把其当成是每月 500 元的投资技能训练金吧！

以上这份组合，对入门的人而言，是"新手试水"的捷径：

- 参考一个风格和自己相近的经典组合。
- 用最方便的公募基金去"填空"。
- 用定投的方式解放自己的大脑。

但也留了一定的自选空间和备用资金，不放过因兴趣、直觉或观察带来的投资机会，并能劳逸结合，是能让你大概率在投资路上坚持走下去的一个方式。再次重申：这是一个组合起步的简易方式，目的是在这个过程中更深入地了解资产特性。

执行力大考验 41：自己完成一道瑞·达里奥的资产组合填空题

实践一下，用国内基金产品填空另一个经典的投资组合。图 6-15 所示是瑞·达里奥的简化版投资组合建议。如你以这样的比例去设置，该如何一步步具象为一份基金投资标的？

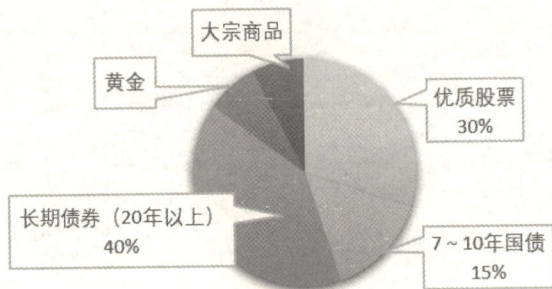

瑞·达里奥的投资组合建议（历史最优组合）

图 6-15　瑞·达里奥的简化版投资组合建议

执行力大考验 42：全球资金筑起的一个股票组合，能配全吗

前面讲的是个人投资组合，在进入下一章前，再加一个有趣的角度：如果把全球股市的钱汇集在一起，会组成一个什么样的股票组合呢？

瑞士信贷全球投资年鉴，每年都有这样的报告，用来统计一个全球股票投资组合，如图 6-16 所示。

Relative sizes of world stock markets, end-1899 versus end-2017

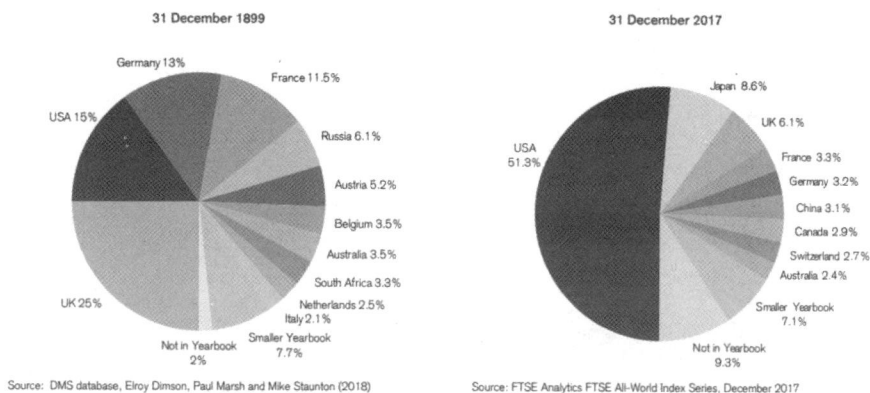

31 December 1899

Germany 13%
France 11.5%
USA 15%
Russia 6.1%
Austria 5.2%
Belgium 3.5%
Australia 3.5%
South Africa 3.3%
Netherlands 2.5%
Italy 2.1%
UK 25%
Not in Yearbook 2%
Smaller Yearbook 7.7%

Source: DMS database, Elroy Dimson, Paul Marsh and Mike Staunton (2018)

31 December 2017

Japan 8.6%
UK 6.1%
France 3.3%
Germany 3.2%
China 3.1%
Canada 2.9%
Switzerland 2.7%
Australia 2.4%
USA 51.3%
Smaller Yearbook 7.1%
Not in Yearbook 9.3%

Source: FTSE Analytics FTSE All-World Index Series, December 2017

Credit Suisse Global Investment Returns Yearbook 2018: Summary Edition 7

图 6-16 这样一个全球股票投资组合，从 1899 年到 2017 年年末的演变，美国股市吸引了更多资金，英国股市的吸引力则大大降低

截至 2017 年年底，全球股票市场分配中包括 51.3% 的美国股票市场配置，以及 48.7% 的非美国股票市场配置。这样一份动态的股票配置年化收益率如何？截取三个不同时间阶段，对比同类型的全球债券投资组合，如表 6-6 所示。

表 6-6　全球股市组合和债市组合比较

时　　间	全球股市组合年化收益率	全球债市组合年化收益率
1900—2017 年	5.2%	2.0%
1968—2017 年	5.3%	4.4%
2000—2017 年	2.9%	4.9%

通过以上说明，可以发现两个问题，并留给读者一份作业。

- 问题一：全球股市上所有的资金，长期平均年化收益率约为 5%，近几年为 2.9%。你投资在股市的资金收益率是否跑赢了世界平均水平？
- 问题二：暂且不管这样的年化收益率是否吸引你，你能通过国内基金产品去完成这样的配置吗？

提醒：目前，全部以国内基金产品来说应该配不齐全，但总能找到两三个匹配的。比如美国股市，可以用标普 500 指数基金操作。

这个作业的目的是：在中国金融开放的背景下，基金产品类型的扩展，总有一天，你能通过这种便捷的方式，投资全球任意一个国家的股市，释放你更大的野心。

6.10 第五关通过（投资组合技能值+1）

同事喜欢看日本美食节目，有一次惊叹："为什么日本一个养牛的大叔也能那么有气质！"

这位养牛大叔在节目中给出了答案："倾注自己的感情进去。"——认真对待自己的工作。从这个原点出发，无论挖掘深度还是拓展广度，都会让自己视野开阔而领先于他人，然后从容避开中年危机。

你现在的工作，真的投入感情去做了吗？

如果没有，那么考虑是你个人的问题还是工作的问题，然后想是换一份工作，还是等不需要情感的机器人替代你。

这让我们意识到，作为从业者（或未来从业者），具有天然信息优势的"行业分析师"身份，可以从"上下游利益链出发"角度跟上行业的大趋势，从中发现自己的职业方向、需要匹配的技能，以及可以投资的机会，如图 6-17 所示。

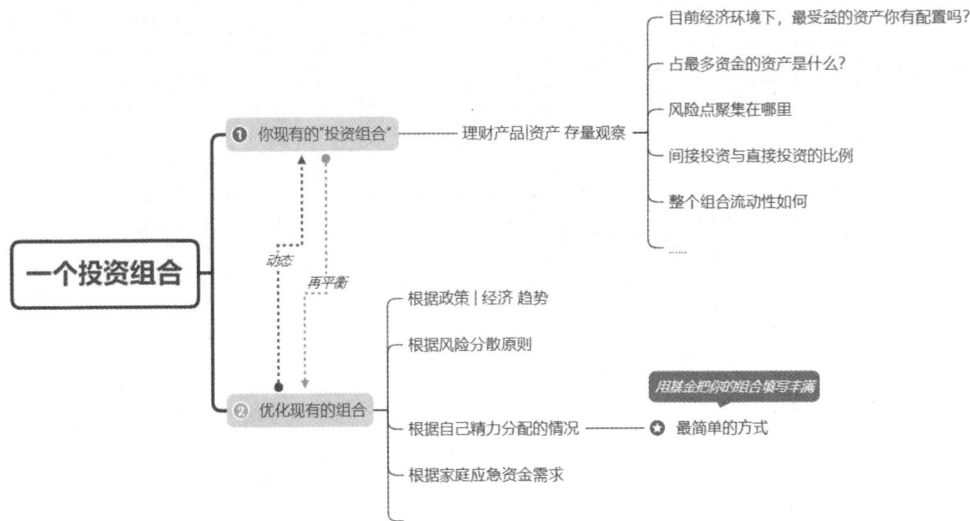

图 6-17 一个投资组合的动态平衡

Chapter 7

财富配置升级：用 Excel 看清
女人需要的安全感

改变生活，也防止生活被改变，

若升级防御装备，

保险可能是女人最好的陪伴了，

它是一个随时给你枕着的安全垫，

请好好阅读"使用说明"。

高收益的投资都伴随着高风险，而这种高收益能增强人的安全感——世界真的有点不可思议，永远都不够平衡。

上一章所说的投资组合，更像是一家投资公司的操作：这并非一份足够完善的"家庭财富配置"，如组合中的现金还算不上对生活的托底，加上保险才是。

本章思维导图

"不管你掉得有多深，我都会在下面给你托着。"
——《无问西东》

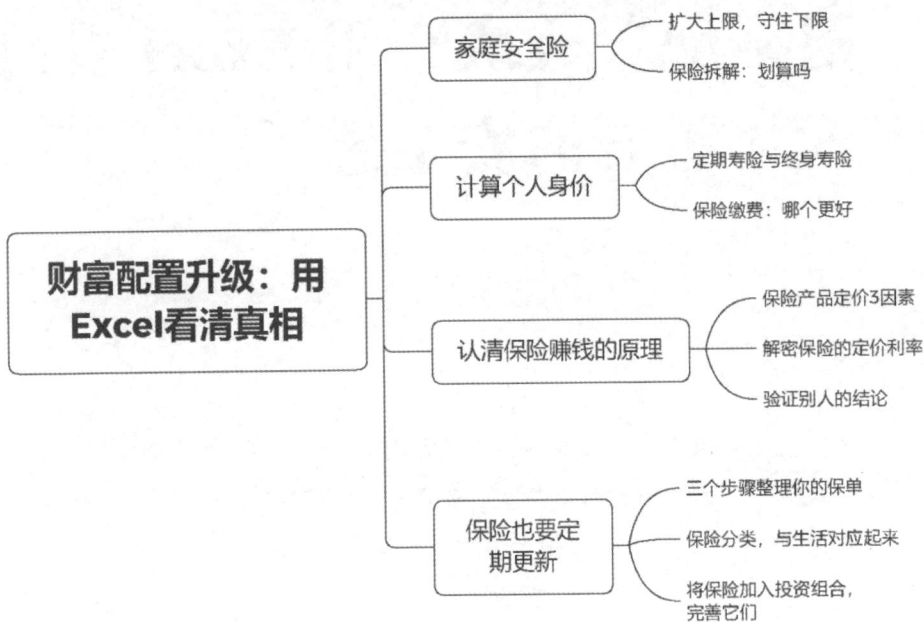

财富配置升级：用
Excel看清真相

- 家庭安全险
  - 扩大上限，守住下限
  - 保险拆解：划算吗
- 计算个人身价
  - 定期寿险与终身寿险
  - 保险缴费：哪个更好
- 认清保险赚钱的原理
  - 保险产品定价3因素
  - 解密保险的定价利率
  - 验证别人的结论
- 保险也要定期更新
  - 三个步骤整理你的保单
  - 保险分类，与生活对应起来
  - 将保险加入投资组合，完善它们

7.1　和谐家庭必备的保险

Excel 模板下载：算一算返还年金型保险的真实年化收益率

前面几个章节，不论是"买买买"、旅游还是职场，我们都走进去，和自己并不熟悉的一些投资思维、方法及技巧碰了个面。

现在收回来，看看自己的安全垫——保险。但这里不告诉你去买什么保险，而是教你一个方法：如何给保险"卸妆"，看它给予你保障的真实样子。

首先，明确我个人对保险的一些感觉：

- 保险是一种很不错的产品；
- 大多数人需要重新认识保险，但**不要对它抱有多种期望，比如额外收益**；
- 买到合适自己的保险，**对熨平风险有极大的帮助**。

Part 1　两件事：财富的上限和下限

保险的本质是花钱买保障。如果保险本身让你觉得性价比很高，那就先冷静两天再买。和所有商品一样，保险也有外包装，让自己看上去更适合用户。但其也与成本挂钩，大致遵循"一分钱一分货"的原则。

保险又和普通商品不同，普通商品买入后，发现不符合预期可以退货，但买了保险多年后需要出险时才发现不符合预期，就非常被动了，甚至会影响生活。有人说过：保险就像 10 元钱 1 次的停车费用，再便宜都觉得贵。停马路边后，突然收到一张罚单，让交 200 元罚款时才意识到还是放停车场更好。

所以，我们每个人都要做好两件事：

- 以追上 M2 增速为目标，学习投资并实践，提高自己的财富上限。
- 重塑对保险的观念，为自己建一个足以在任何时候接住自己的安全垫，守住自己的财富下限。

这一节不涉及具体产品，用几张 Excel 表拆解保险——让你认清保险就是一种保障工具，有它不可忽视的功能。

我在前面提过，保险业可能是把现值概念用的最好的一个行业。我们可以通过一张 Excel 表，用通胀率还原"保额"这件事，让你有一个感知：买了一份 100

万元保额的定期重大疾病保险，在 N 年后赔付到手的 100 万元其现值大约多少钱。也让你在投保时思考：投保 100 万元，到底够不够。

Part 2　拆解一款保险，先把包装撕掉

现在，用 Excel 软件去还原一款号称 400%回报的保险产品（下称保险）。这类保险里有一个营销与实质的分叉，会让你在高预期下有种被骗的感觉。但这类保险也被我归为"家庭和谐型保险"的必备款，即孩子的教育金保险，属于返还年金型的保险。

先随机从网上找一款作为案例（仅用于举例，不带任何褒贬色彩），如图 7-1 所示。

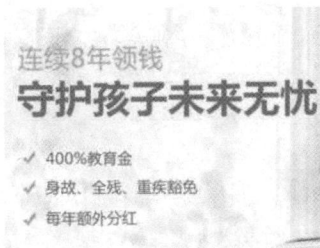

图 7-1　宣传图上的重点：连续 8 年领钱、回报率 400%

这类保险的特点：一般是在孩子很小的时候开始交纳保费，若干年后，到孩子用钱时（一般为上大学）开始每年领取保险金，连续领取若干年。像这款保险，保费可以选择交 5 年或 8 年，官方给出的宣传案例是交 10 万元领回 40 万元。

如果你理解了前面讲解的内容，那么看到这个宣传页，第一反应肯定不是"性价比太高了"，而是打开 Excel 软件给这份保险"卸妆"。对这样一份年金返还型保险，分析如下。

因为宣传上没给出具体条款，这里只粗略测算，结果作为对比，让你感受一下真实的情况（大家如果遇到这样的保险，可以按照具体条款和自身情况，有针对性地在本节开头提到的 Excel 模板中填写，结果更准确）。

图 7-2 把这份保险在 N 年里给你带来的现金流完整地列出来。

比如图中表里面列的，你从孩子 1 岁开始连续缴纳 5 年保费，每年支出的现金是 2 万元，从孩子 18 岁开始到 25 岁每年有了返还，返还金额从 3 万元慢慢递

增到 10 万元。

若看一个没有"时间维度"的金额，即你交了 10 万元，拿回来了 40 万元，即宣传图中的 400%回报率。

实际情况如何呢？这里把你的现金流按照时间列出来，相当于计算你连续投资了 5 年，每年 2 万元，大概 12 年后有了回报，整个过程每年的回报率是多少？

根据具体保险变动	孩子年龄（岁）	投资（元）	回报（元）	你的现金流（元）
保费缴5年	1	-20,000	0	-20,000
	2	-20,000	0	-20,000
	3	-20,000	0	-20,000
	4	-20,000	0	-20,000
	5	-20,000	0	-20,000
……	6	0	0	0
	7 ……	0	0	0
	17	0	0	0
18～21岁 每年领取"大学教育金"	18	0	30,000	30,000
	19	0	30,000	30,000
	20	0	30,000	30,000
	21	0	30,000	30,000
22～24岁 每年领取"深造教育金"	22	0	60,000	60,000
	23	0	60,000	60,000
	24	0	60,000	60,000
25岁 领取创业or婚嫁金	25	0	100,000	100,000
保险公司想让你看到的		-100,000	400,000	300,000
实际回报率			7%	

图 7-2 计算保险的回报率

可以看出，经历了大概 25 年，整个过程实际回报年化（收益）率是 7%，是不是和 400%回报的说法有天壤之别？

因为没有根据实际的保险案例而只是广告片面信息计算，可能会有偏差，即 7%这个算出来的年回报率仍是偏高的，这里主要学习这个方法。

在 Excel 软件中用到的是 IRR 函数，就是把这 25 年里这款保险中"你的现金流"打包，算出年化收益率。本节提供下载的 Excel 模板中都已设定好了，所有这类返还年金的保险都可以调用，按照保险条款修改表中蓝色和红色的数字即可。

Part 3 为什么说这一款是家庭和谐型保险

看清保险的收益本质后，买保险前心里是不是有点犹豫？保险是一个好东西，只是需要我们在看清其本质后问自己：这款保险产品的特性适合我吗？如这一款教育金返还型保险适合对资金安全性更为看重的人。

前面也说了，这类保险产品的年化收益率一般都低于 4%，即收益率没有优势。但这个广告会吸引一批看重 2 倍或 4 倍回报的人——这也是不少人觉得保险有问题的原因，而在这款保险的特性宣传上并未说清楚。

虽然真实收益率并不那么吸引人，但该产品能确保实现未来的目标。因为保险公司破产的概率极小，除监管更严外，其退出机制也非常严格，如银保监会出手接管转移保单，即资金安全更有保障（按国家规定，在一家银行不管有多少存款，万一该银行破产，能确定拿到的保障最多只有 50 万元）。这是其一大特点，下面几条更为关键。

- 在几十年里锁住一个尚可接受的收益率

虽然 4%这样的收益率现在来看并没有吸引力，但毕竟要存几十年。同时有这么一个假设：如果利率的未来趋势是下降的，那么这份保险为你在后面的几十年中锁定了这个收益率，不会下降。

- "投保人保费豁免"：对于家庭的重大意义

其实不少人喜欢配置这样的保险。因为对他们来说手上资源已经够多，牺牲一点收益可以确保未来目标的实现。而且，这个保险有"投保人保费豁免"条款——万一作为投保人的父母在缴保费那 5～10 年期间身故、全身伤残（具体看保险不同的细则），即使保费没有缴完，孩子数年后享受的返还依然完整有效，而且是在他成年后（保证不被后续监护人滥用）返还且能拿到现金。

- "专款专用"：出现万一情况时的垫底

孩子的教育金返还险的另一个特点是"专款专用"。从我身边的案例来看，这类保险的使用场景非常具体，如离婚，这也是我把它归为家庭和谐组合必备配置的原因：给孩子买一大笔教育金保险，即使家庭遭遇离婚、破产，也能给孩子一份确定的保障。

知识小卡片：关于"投保人保费豁免"条款

"投保人保费豁免"这一项特性，对整个家庭的意义非常重大。即如果投保人出现了约定的保险事故（如身故、全残、重疾等），则剩下的保费可以豁免，而被投保人获得的保险收益不变。

可能有人说孩子的教育金保险不划算，但每一类保险都有其适合的场景。要在打开保险的"包装"后，去探寻更为本质的东西。

本节涉及的是年金返还型教育金保险，下面继续用 Excel 工具，和你一起看清更多的保险，然后再热情地拥抱它。

7.2　把生命货币化的小算盘

Excel 模板下载：解决购房者的两个终极问题

上一节用 Excel 工具结合 IRR 函数公式给年金返还 400%的保险卸了妆，这一节说说寿险。

寿险是什么？就是以生命终止为赔付点的保险。虽然很多人觉得这个保险很无趣，和残酷的现实距离太近。毕竟，很多人无法平静地面对死亡，但作为一家之主，我们要考虑这样一份保险场景的重要性：人离世但家庭仍有很重的负担，如房贷、车贷等。

那么很简单，为家庭的经济支柱买一份寿险！

寿险，正如电影《我不是药神》里男主角的台词：命，就是钱——这样一份保险能把生命货币化。如果某一天这个生命一定要离开，那么至少折现一份可以让家庭平稳过渡的钱，是不是非常现实？

从和谐必备款，到偿债必备款，保险这一章强调的都是安全垫。

Part 1　便宜一点，就保最能赚钱的那一段时间

寿险分为终身寿险和定期寿险两大类，从"保障债务偿还"的场景来看：如果家庭处于初具成型的经济薄弱期，更为便宜的定期寿险性价比高，只将"最能赚钱"的那一段生命期限货币化即可。比如，我自己的一份定期寿险，选择保障到 60 岁，很多买定期寿险的人大多会选择在这个年龄段终止保险，为什么？

因为 60 岁左右时，一般家庭已处于比较坚韧的状态：房贷还清了、孩子成年了、自己也退休了，即已从支柱的角色退下来了，定期寿险也就在这一阶段触发了 Stop（停止）键。至于之后高昂医疗费用可能带来的负担，这就需要重疾险或住院险之类的保险。

看到这里，你可能会想：定期寿险，很可能白花钱。如保险到期人是健康的，保费岂不是白缴了吗？

买寿险的重要意义是安然躲过面临最大风险的这一阶段。这类保险的本质是"众筹互助"，就是 N 个鲜活的生命，把自己的保费放进一个池子里，约定 30 年的保险期。在此期间 N 个人中任何一个人生命终止，他的家人都能拿走池子中的一部分钱，这部分钱的数目远远大于他缴的费用。

Part 2　用 Excel 解决定期寿险上的两个终极难题

说了定期寿险的应用场景后，再思考一下，想一想用贷款购房的人在定期寿险上的两个终极难题。

李雷在 30 岁和韩梅梅奉子成婚，买房贷款 200 万元，约定 30 年还清。李雷想买一份定期寿险，万一自己有什么意外，至少老婆孩子能保住房子。这份保险免体检的最高保额是 150 万元，保费是每年缴 4800 元连缴 20 年或一次缴清近 7 万元。

这时李雷面临两个问题：

- 选择年缴费还是一次性缴费？
- 150 万元的保额够不够？

同样用 Excel 来计算看一看每一年可能的情况（这里通胀率以每年 3.5% 计算，可自行修改合适的通胀数值进行比较）。

下面，打开小节开始处下载的 Excel 表格继续阅读。

第一个问题是选择年缴费还是一次性缴费？

看图 7-3 所示的表格左侧，年缴费和一次性缴费的区别（留意下载后的表中蓝色字，根据例子中填写：年通胀率 3.5%、保额是 150 万元、保险年限 30 年，房贷是 200 万元。可根据实际情况自行修改，表格会自动获取计算结果）。

首先，看哪一种缴的钱少，以第 16 年来算，若李雷在这时候身故，则年缴的费用是 4800×16=76,800 元。比一次缴清的 69,450 元多，但这只是数值的简单相加，若加入通胀计算（这是在现值小节里说的知识点，每一年所缴的 4800 元保费，离现在越远，折现到现在的实际金额越低），看"第 N 年缴费现值"那一列，16

年来已经缴清的总保费的现值是 60,084 元（2865+2965+…+4800，大家可以在表格中求和）。

预计通胀率	3.50%	赔付保额（万元）		150	保险年限		30	房贷	200万元
保单年度（第N年）		保费相关				保额相关		房贷相关	
		年缴			一次性缴		第N年赔付现值（万元）	第N年赔付现值（万元）	房贷剩余（等额本息，元）
	年保费（元）	第N年交费现值（元）	杠杆（赔付现值/已交保费现值）	趸交保费（元）	杠杆（赔付现值/已交保费现值）				
1	4,800	4,800	313	69,450	22	150	150	1,969,957	
2	4,800	4,638	154	0	21	145	150	1,938,408	
3	4,800	4,481	101	0	20	140	150	1,905,278	
4	4,800	4,329	74	0	19	135	150	1,870,488	
5	4,800	4,183	58	0	19	131	150	1,833,954	
6	4,800	4,041	48	0	18	126	150	1,795,590	
7	4,800	3,905	40	0	18	122	150	1,755,302	
8	4,800	3,773	35	0	17	118	150	1,712,996	
9	4,800	3,645	30	0	16	114	150	1,668,569	
10	4,800	3,522	27	0	16	110	150	1,621,916	
11	4,800	3,403	24	0	15	106	150	1,572,925	
12	4,800	3,288	21	0	15	103	150	1,521,479	
13	4,800	3,177	19	0	14	99	150	1,467,454	
14	4,800	3,069	18	0	14	96	150	1,410,722	
15	4,800	2,965	16	0	13	93	150	1,351,147	
16	4,800	2,865	15	0	13	90	150	1,288,586	
17	4,800	2,768	14	0	12	87	150	1,222,890	
18	4,800	2,675	13	0	12	84	150	1,153,902	
19	4,800	2,584	12	0	12	81	150	1,081,456	
20	4,800	2,497	11	0	11	78	150	1,005,379	
21	0	0	11	0	11	75	150	925,490	
22	0	0	10	0	10	73	150	841,597	
23	0	0	10	0	10	70	150	753,500	
24	0	0	10	0	10	68	150	660,988	
25	0	0	9	0	9	66	150	563,840	
26	0	0	9	0	9	63	150	461,822	
27	0	0	9	0	9	61	150	354,692	
28	0	0	8	0	9	59	150	242,194	
29	0	0	8	0	8	57	150	124,057	
30	0	0	8	0	8	55	150	0	
30年总交费	96,000	70,607		69,450					

图 7-3　保险数值计算

以上是缴满 16 年的情况，我们再看到最后的第 20 年。20 年后，李雷缴了最后一笔保费，自己一点事儿也没有，总交费额简单相加是 9 万多元，以 3.5% 的通胀率计算，现值是 70,607 元，只比一次性缴费多一点，如果通胀率是 4% 及以上，实际上现值就更少了。

所以这一局，依照目前通胀水平来看，年缴的方式似乎更合适。

然后再看哪种方式撬动保额放的杠杆更大。

用更少的钱撬起 150 万元的保额，就是杠杆更大，性价比更高。表格里把每年能拿到的保额也加入了通胀影响（赔付现值），因为很多定期寿险保单都附带有"保费豁免条款"，人身故直接赔付 150 万元，保单终止。如果在第 13 年李雷身故，年缴费的资金杠杆是 19，而一次性缴费只是 14。

所以，从两个角度来看，都是缴费期拉长一点性价比更高。

第二个问题是 150 万元的保额够不够？

对于"够不够"这个问题只要去看任意一年，保额和剩余房贷的差值即可，毕竟很多人买定期寿险的初衷是为了避免出现"人不在了，房贷还必须还"的窘境。

所以，在表格里也把的房贷每一年剩余的情况列一下，比如贷款了 200 万元，30 年还清，每一年剩余贷款都标注在最右侧一列。

这里就不计算现值了，因为这 30 年不论哪一年身故，保险公司都会赔付 150 万，只要这 150 万和剩余贷款数值差不多就视为安全。

可以看到李雷选择的这个保额，在第一年有 40 多万元的差距，第 13 年开始慢慢大于剩余房贷（李雷 43 岁时）。

也就是说选择多大的保额，大家可以根据自身情况（比如对身体状况的判断、收入情况的预计、家庭储蓄的衡量）和房贷的多少去比较。毕竟保额越大保费越高，从支出角度来说一边是房贷一边是保费，做个平衡即可。

这一节内容的计算包含两个问题，相对有些复杂，最好的理解方式就是把一份具体的定期寿险数额填写进去算一遍。

Part 3　终身寿险如何

以上说的是定期寿险，下面说终身寿险。除了保险期长，终身寿险有特定的场景：

（1）在国外有避税的用途，即把财产用这份保险的赔付留给下一代。比如巴菲特设立了家族信托基金，将终身寿险的受益人指定为该信托基金，然后指定他儿子为基金管理人，即把财富传承给了他儿子，这个操作合法且不用交遗产税。如果中国未来也征收遗产税，终身寿险也应该会成为富人的必选。

（2）一些企业家，为避免企业波动可能带来的低谷，买一份终身寿险并指定孩子作为受益人，这样孩子拿到的赔偿金就完全和他生前的债务隔离。

通过以上研究发现，我们可以用配置保险的方式把安全感牢牢钉在一个标准之上。

7.3　搞懂保险公司如何赚钱

继续在确定的安全感里打转，前面说了普通人如何看清保险，这一节，我们去探索保险公司到底是怎么赚钱的？

之前的两节，做了两件事情。

- 一是纠偏：对于保险的第一个考量维度不应该是"性价比高不高"，而应该是它的特性是否涵盖了你想要的保障。这一点本应是保险经纪人重点强调的，但因为部分从业人员业务素质不达标，或抱着卖出更多保险的目的，没能很好地完成他自己的工作。
- 二是撕掉保险的包装：使用 Excel 这类辅助工具，看保障的真实落脚点，看清在未来能获得的保障去除通胀影响后的实际数额。

Part 1　换个角度看保险

保险的原理就是平时大家每个人出点钱，组成一个资金池，万一哪个人遭了难，就从里面拿出一大笔钱救助他。当然，保险公司不是慈善机构，作为组织者，它会从资金池里面抽取一部分，用来覆盖自己的经营成本并产生合理的利润。

保险产品的定价综合了三个因素：保险事故发生率、定价费用和定价利率，对应三个利润点：死差、费差和利差。

死差就是预期赔付和实际赔付的一个差额。以身故保险来说，死差就是在保险期内实际死亡率和预期死亡率的一个差额。这个预期死亡率是保险公司根据保监会核发的大数据测算的。举个例子，保险公司估算 100 人中有 10 个人会出险索赔，赔偿每个人 1 万元，保险公司需要支出的索赔金额就是 10 万元，所以为了保本，保费摊到每个购买这份保险的人身上最少就是 10 万元/100 人=1000 元。但幸运的是，这 100 个人中只有 5 个人出险了，那么剩余的 1 万×5=5 万元就是保险公司的盈利。当然，如果碰到极劣状况，100 个人里有 7 个人索赔，那么保险公司大概率亏损。

大多数人认为死差是保险公司用"拒赔"方式来大赚特赚的那一部分，这是不符合实际情况的。如果你觉得赔付纠纷多，主要有以下两个原因：

- 一是保险从业人员为了成交而把保险产品说得太好，让客户预期过高；

- 二是买保险的人不愿意深入了解自己买的保险，没认真看保单赔付条款。

下面以笔者的相似案例说明这一点。

我自己参与投资了一家健身房，碰到这样的纠纷：不设期限的单节私教课 400 元，3 个月有效期的 30 节私教课单节 350 元。很多会员选择购买后者，但这必须安排相对紧密的训练课，且合同上也都清晰写明了课程的过期时间。在课程过期后，依然会有会员不断要求延期，且不接受补差价转换成单次课的方案。是不是和保险有点类似？

在处理这样的事情时，就需要事先非常明确地与客户达成共识！

比起健身课，保险重要许多，别把希望寄托在保险经纪人事无巨细的提醒上，请自己务必把最重要的"保险责任"和"除外责任"勾画出来！关于"赔付流程"中不明白的地方一定要问明白！

所有对"打破预期差"的努力都会让这种赔付纠纷降低很多。

费差是实际运营的费用和预期运营费用的差值，每一款保险产品的顺利推出背后都有很多推广和人力成本，如果保险公司给一款产品的预期运营费用是 1000 万元，最后用了 1200 万元，那么就在费差上损失了 200 万元。

Part 2　解密每个保险产品的定价利率

利差是保险公司的最大盈利点。保险产品会设置一个"定价利率"，去设定未来能够给予客户的赔付范围。

如一个长期寿险，每期缴纳定额保费，缴 20 年，但对保险公司来说它需要保你 30 年，而且你年龄越大，赔付风险越大。那么你缴纳的费用，就需要用一个设定好的利率使其增值，来弥补后期的空档。你每期缴纳的保费金额到底是多少，就是这么平衡出来的。如果保险公司拿着你的钱投资，收益高于保险产品设计时的定价利率，那么保险公司就能赚钱，如图 7-4 所示。

从利差这件事，可以联想到生活里很多东西。

- 为什么要买大保险公司的产品——实质就是能发展壮大的公司背后潜藏的特质。尤其是一些全球知名保险公司，其在利差上的盈利能力（也就是这家公司的投资能力）是其壮大的必要条件。

- 为什么保险公司也推不具备太多保险功能的长期储蓄分红型产品？其背

后都和保险公司扩大自己的资金池，以及用这个资金池获取利差相关。

- 2016 年保监会（现为银保监会）严格规范高收益的万能险，就是为了规范保险公司的投资风险等级，保障保险人的保费安全。

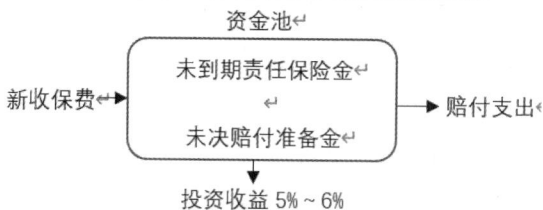

图 7-4　可以看到，保险公司的利润点和银行有相似之处，只不过银行的资金池子里是客户的存款，保险公司的资金池子里是客户的保费。银行存款到期还本付息，保险满足条件后赔付保险金。银行利润靠放贷收更高利息，而保险则是通过投资增值，吃的是利差（图中投资收益率仅为举例）

股神巴菲特的超多廉价资金也是从他背后的保险帝国来的。

再比如韩国的投资者，因为区域经济发展成熟，他们能获得高收益的投资渠道不多，很多人会买保险获得长期保障。这些保险公司拿着如此庞大的资金去投资什么？最典型的就是美元债券。这其中的买入、卖出都涉及市场对国际态势的判断、货币间的汇率涨跌等。虽然涉及的东西比较庞杂，但可以看出，大家的保险金被聚集起来，在投资市场是一股不可忽视的力量，即所谓的险资。

📋 知识小卡片：保险公司的小无奈——30 年国债期货

利率风险是保险公司特别是寿险资产管理中出现的首要风险。由于保单偿付期较长、现金流量比较稳定，因此寿险资金主要用于投资银行存款和购买中长期限固定利率债券，而这类资产价值对利率变化高度敏感。

1996 年，国内保险公司开发的保险产品就出现过利差亏损。因为保单"预定利率"过高（当时一年期存款利率为 9.18%），而几年后随着实际利率的大幅降低，导致许多保险公司陷入连年亏损的境地，有的公司亏空了近 800 亿元。

所以，保险公司需要稳定的资产去固定它的长期收益，比如 30 年期的国债。2018 年年底，30 年国债期货出现在仿真交易现场，对保险公司来说，终于有了可靠的安全垫。大致来说，就是你放在保险公司存的保费，保险公司就可以放在国家那里存 30 年，获得一部分安全的利差。

Part 3　学会验证别人给你的结论

这里说的"保险，不从你们的赔付骗钱，而更多地是从利差赚钱"的观点，证据在哪里？谁能保证它不是带有目的性的说教呢？——这是接受"别人的结论"时我们应该问自己的问题。下面用两个方法验证。

第一，按照我说的保险公司的利润点主要来自利差，那么加息对于保险公司的股票是不是利好？（你静静地想一想）

答案是，央行加息对保险公司的股票的确是利好，这和银行股的逻辑类似。由于保险资金有 80% 左右配置在固定收益类资产上，因此当利率进入上升周期时，固定收益类资产的投资收益率提升将增加公司价值。这能佐证利差在保险公司的利润中占比不小，却不能证明它是第一位的。

第二，使用财报验证。看一个保险公司的财报，是否能证明我说的保险公司利润点。

在上交所上市公司公告里，找到中国平安的 2017 年年度报告，看寿险和健康险部分。

先看利差，如图 7-5 所示。在"总投资收益"项中可以看到，2017 年中国平安寿险和健康险的总投资收益率为 6.1%，总投资收益达到 1138 亿元。

总投资收益 （人民币百万元）	2017年	2016年	变动(%)
净投资收益[1]	107,827	94,542	14.1
已实现的收益[2]	5,248	(11,713)	不适用
公允价值变动损益	640	2,655	(75.9)
投资资产减值损失	96	(617)	不适用
总投资收益	113,811	84,867	34.1
净投资收益率(%)[3]	5.8	6.0	下降 0.2个 百分点
总投资收益率(%)[3]	6.1	5.3	上升 0.8个 百分点

(1) 包含存款利息收入、债券利息收入、权益类股息收入、投资性房地产租金收入以及应占联营企业和合营企业损益等。

(2) 包含证券投资差价收入。

(3) 上述投资收益率计算未考虑以外币计价的投资资产产生的净汇兑损益。作为分母的平均投资资产，参照 Modified Dietz 方法的原则计算。

图 7-5　财报中的利差

对于"保费和赔付差"的利润规模，可从经营业绩中计算出来，已赚保费减去赔付金额等于 636 亿元，与利差利润相差一个身位，如图 7-6、图 7-7 所示。

经营业绩

（人民币百万元）	2017年	2016年	变动(%)
规模保费	**475,895**	373,781	27.3
减：未通过重大保险风险测试的规模保费	**(5,886)**	(5,311)	10.8
减：万能、投连产品分拆至保费存款的部分	**(81,367)**	(77,206)	5.4
保费收入	**388,642**	291,264	33.4
已赚保费	**384,567**	288,064	33.5
赔款及保户利益[1]	**(320,957)**	(241,283)	33.0
保险业务佣金支出	**(77,754)**	(56,249)	38.2
业务及管理费支出[2]	**(47,569)**	(40,349)	17.9
总投资收益[3]	**113,811**	84,867	34.1
其他收支净额	**(1,427)**	(1,814)	(21.3)
税前利润	**50,671**	33,236	52.5
所得税	**(14,528)**	(8,203)	77.1
净利润	**36,143**	25,033	44.4

(1) 赔款及保户利益包括分部利润表中的退保金、保险合同赔付支出、摊回保险合同赔付支出、保险责任准备金增加净额、保单红利支出以及其他业务成本中的投资型保单账户利息。

(2) 业务及管理费支出包括分部利润表中的税金及附加、管理费用、资产减值损失中的应收账款等其他资产减值损失。

(3) 总投资收益包括分部利润表中的投资收益、公允价值变动损益、其他业务收入中的投资性房地产租金收入、资产减值损失中的投资资产减值损失。

图 7-6　已赚保费

投资组合

（人民币百万元）	2017年12月31日 账面值	2017年12月31日 占总额比例(%)	2016年12月31日 账面值	2016年12月31日 占总额比例(%)
按投资对象分				
固定收益类投资	**1,680,071**	**68.5**	1,470,798	73.4
定期存款	**163,074**	**6.6**	206,548	10.3
债券投资	**1,071,688**	**43.7**	910,968	45.4
债权计划投资	**140,292**	**5.7**	135,781	6.8
理财产品投资[1]	**195,633**	**8.0**	124,004	6.2
其他固定收益类投资[2]	**109,384**	**4.5**	93,497	4.7
权益投资	**580,305**	**23.7**	366,876	18.2
股票	**272,474**	**11.1**	136,350	6.8
权益型基金	**33,226**	**1.4**	30,096	1.5
股权投资[3]	**97,198**	**4.0**	71,051	3.5
债券型基金	**11,973**	**0.5**	12,544	0.6
优先股	**78,546**	**3.2**	74,721	3.7
理财产品投资[1]	**86,888**	**3.5**	42,114	2.1
投资性物业	**47,769**	**2.0**	43,442	2.2
现金、现金等价物及其他	**141,329**	**5.8**	123,664	6.2
投资资产合计	**2,449,474**	**100.0**	2,004,780	100.0
按投资目的分				
以公允价值计量且其变动计入当期损益的金融资产	**45,771**	**1.9**	64,461	3.2
可供出售金融资产	**675,148**	**27.6**	471,914	23.6
持有至到期投资	**881,657**	**36.0**	721,527	36.0
贷款和应收款项	**740,695**	**30.2**	662,058	33.0
其他	**106,203**	**4.3**	84,820	4.2
投资资产合计	**2,449,474**	**100.0**	2,004,780	100.0

(1) 理财产品投资包括信托公司信托计划、商业银行理财产品等。

(2) 其他固定收益类投资包括买入返售金融资产、保单质押贷款、存出资本保证金等。

(3) 根据最新的资产分类口径，股权投资包括对联营和合营企业的投资、非上市股权投资及私募股权基金等，对可比数据进行了追溯重列。

图 7-7　利润规模

这里讲了保险公司如何赚钱，涉及的几点内容需要大家思考：

（1）“预期差”产生的不信任，在任何事情上都有，目前在保险产品上能够解决的最好方法是从自己出发，对事物有正确的认识方法，降低预期。

（2）对“保险公司最大利润点在利差”所有这种类似结论性的知识扫盲，要心存怀疑，然后通过一些方法去验证。

（3）从保险角度出发，考虑与银行的类似属性，以及被严格限制的万能险、汇率、股神巴菲特的秘密、全球资产价格波动等，把世界串联起来。

在投资理财的道路上，建议利用自己的长处，审慎思考，剥丝抽茧，对解决很多看似不相关的问题都有很大的帮助。

执行力大考验 43：以保险公司投资收益衡量自己的安全收益率

在选择保险公司这个问题上，对新人来说，就要看“保费收入”“新业务价值”，再看“投资收益”，相当于确认公司能收上来钱且还能赚钱。

比如中国人保、中国平安、中国太保和中国人寿等几家公司，你能从财报上找到线索，比较它们的投资收益率吗？比如 2016 年，赚钱能力最强的是中国人保，投资收益率为 5.8%；赚钱能力最弱的是中国人寿，投资收益率为 4.56%。

我们也可以从这些保险公司的投资收益率上，感知整个市场最新的、相对安全的投资收益率大概是多少。让自己心里有一个基准：市场上五花八门的理财产品中，如果收益率太高，那么要好好地衡量风险。

7.4 像整理衣橱一样，定期优化你的保险组合

像整理衣橱时扔掉很多的"夏季衣橱必备单品"一样，也要及时优化自己的保险单。

这里特别强调梳理工作的重要性。我一个朋友印象中自己买了很多保险，但遇到意外时却没获得任何赔付，就是因为已买的所有保险都"不对口"。

是不是和大多数女人对衣服的态度一样？"这件好看，买""导购说这种款式限量，买"，但突然要出席某特定场合，才发现根本没有合适的衣服。

衣服可以立即买，到保险出险时才发现不合适导致的心理落差会让人崩溃。

Part 1 三个步骤，整理你的保险存货

建议在接下来的某一天，好好梳理这件事，方法如下：

- 列出你对未来的一切焦虑。
- 把你现有的保险与这些焦虑挂钩，把所有保险的正式合同放在一起（即使在网上买的保险，也把保险合同打印出来），仔细阅读每一份保险的"保险责任"和"除外责任"。
- 如有空缺，把该买的保险买上。

如 2020 年某上市公司财务造假事件，就有人指出保险免除责任的条款中包含"对被保险人的故意违法行为可拒绝承保"。

也就是说，免责条款里很可能含有你目前想不到而会发生的事情。

然后，对发现的所有空缺和窟窿，去尽力找相应的保险进行补漏。

这样操作后，今后再买保险，基于你对"存货"的了解，就能避免重复投保，或更好地强化自己的保险组合。

Part 2　一张保险分类图，和你的生活连连看

粗略把个人保险的分类画为一张图（见图 7-8），作为提示模板。

- 如我的一个朋友不知道寿险和重大疾病险的区别，因为她自己的重大疾病险是复合型，附加赔付身故；
- 如有人觉得住院做手术就会触发重大疾病险；
- 很多人不清楚航空意外险不涵盖航班延误险，因为这两个所属的险种和业务线完全不一样；
- 有些保险会扩展你的需求，如意外险中包括网约车、健身这样的场景等。

在图 7-8 中可以把已有的保险贴上去，与你的焦虑场景对照。这里主要分享一个思路，大家可以在此基础上优化。

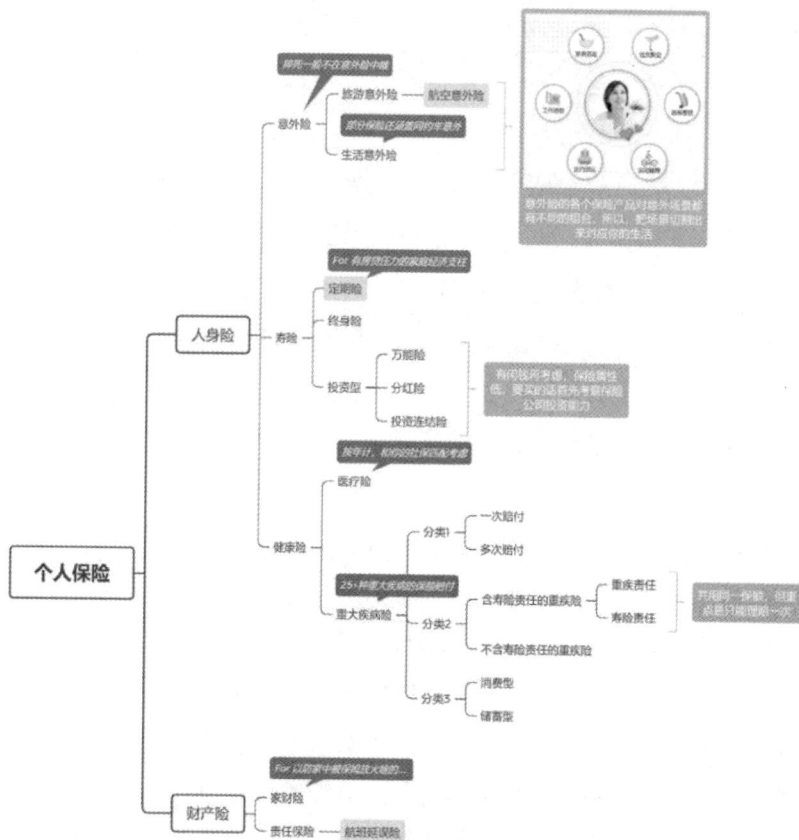

图 7-8　个人保险中的大致分类（非专业分类，仅供参考思路）

前面案例提到过返还型年金险、寿险，下面说一说健康险。

- 第一：复合型保险，在梳理规划时要特别注意。

曾经有一个朋友，买了一份重大疾病险（含身故责任），于是就认为有了重疾险和寿险，却忽略了这份保险的一个重要特性："共享保额，只享受一次赔付。"

这是什么意思呢？就是她只要出现重疾被赔付一次，那么附加的寿险就自动失效。如果没有重视这个特性，对自己保险单的梳理就是不全面的。

寿险是为了保障家人后续生活，重疾险是为了让自己因疾病必然发生的收入损失和医疗支出有托底。两者目的完全不同，而这样的一份复合型保险把"保额强行统一，并只赔付一次"，会在"保障规划"时混淆视听，就是你认为用一份保险把两种焦虑都打消了，但实际上未必，所以要细读条款。

知识小卡片：买重疾险不要买带寿险责任的？未必

以上案例不是说这种复合型保险没有存在的必要。因为重疾险中重疾的确认非常严格，在很多情况下除了初次确诊，还需要观察期，万一被保险人得了重病还未过观察期不到就去世了，就很可能拿不到重疾险的赔付，这时复合型保险变身为寿险，可以发挥理赔作用。

- 第二：同一大类下的两种保险，"二选一"可能不是最佳选择。

我刚接触保险时问保险经纪人："我买 60 年的医疗险，这 60 年内生病的医疗费都能报销，不是和重疾险差不多吗？"还有一个上海的朋友问：我有社保，为什么还要另外买医疗保险？

下面，我们逐一来讲。

重大疾病险是买了 100 万元的保额，只要确定重疾后就赔付 100 万元，不管你是用来治疗还是用作其他。医疗险是报销类险种，只能拿着医疗费用凭证去报销拿钱。所以，上面说买 60 年的医疗险等于重疾险的想法，是不太可能实现的。因为医疗险大部分是按年度购买，很少能做到连续续保。

如韩梅梅买了一份医疗险，续保几年之后这个产品停售了，正好这时她得了胃癌，报销了半年的费用后医疗险到期了，后续的医疗费只能自己付钱。而治愈后的韩梅梅因为购买保险时"必须健康披露"的条款，基本上很难再买到医疗险和重疾险了。

反过来想，如果统一大类下的两个保险所保障的东西能相互替代，那么就没必要分为两个子类。

关于社保和医疗险，后者算是社保的一个升级。如医疗险可以覆盖社保无法涵盖的进口药、报销比例限制、异地就医以及免责的场景（像在路上被误伤，医疗费应该由第三方负责的情况等）。更高端的医疗险，可以涵盖全球范围的私立医院。

到这里，是不是感觉到钱的重要性了？医疗险加上重疾险，虽然保费更贵，但保障也更为全面。

● 第三：根据测试结果考察保险。

我按照自己的需求，着手配置保险的顺序是意外险、医疗险、寿险、家财险，然后是重疾险。之所以把大家都很重视的重疾险排在最后，是因为重疾险赔付的触发条件很复杂，我需要花时间想清楚自己未来最有可能被哪种疾病击倒。

分享个小窍门，在购买重大疾病险之前，先做基因测试，把你基因决定的健康风险一一列出。这样，对重大疾病险的选择就有一个比较明确的考察目标。如韩梅梅的基因测试显示患胃癌的风险在平均水平之上，那么就可以针对胃癌，对各种保险中关于疾病定义、确认做一个比对。

如果很不幸，韩梅梅的基因健康风险里不仅有胃癌，还有心血管类，那么她至少可以再参考多次赔付型的重疾险，以防一次赔付后无法购买重疾险。

以上是我以健康险做的一个保险单的梳理思路，对于保险的各种条款解读，我的公众号"张小乘的玩赚世界"里有一些深度专题，可供参考。

执行力大考验 44：最后给梳理保险设定一个最后期限

快一点完善自己的保险组合！因为很多保险，购买时年龄越大，保费越高，即每拖延一年，很可能就要多付 10% 的钱。

执行力大考验 45：把保险加入投资中，就是一份家庭财富组合

把你的保险，加入整理好的投资组合里，就是一份相对完整的家庭财富组合。

另外，一些保单还可以抵押给保险公司或银行换取贷款。看一看，你所买的保险有哪几个可以抵押？家庭流动性又因此增加了多少？

用户可以在网上搜索"保险抵押"内容，看一看哪些保险产品可以抵押，以及最多能够贷出多少钱。

Chapter 8

从追星与减肥这两件事中读懂自己

一蹴而就的成长，

片刻即会的技能，

人人都爱。

也许我们连自己都不了解，

面对投资世界的瞬息盈亏，

神经做出怎样的瞬间反应。

研究自己，比研究别人及研究钱更为重要。

本章思维导图

投资，是人和人之间的游戏，也是精神波段的不断增强与消解。学习大师的成功经验，利用好他们绘制的投资地图。

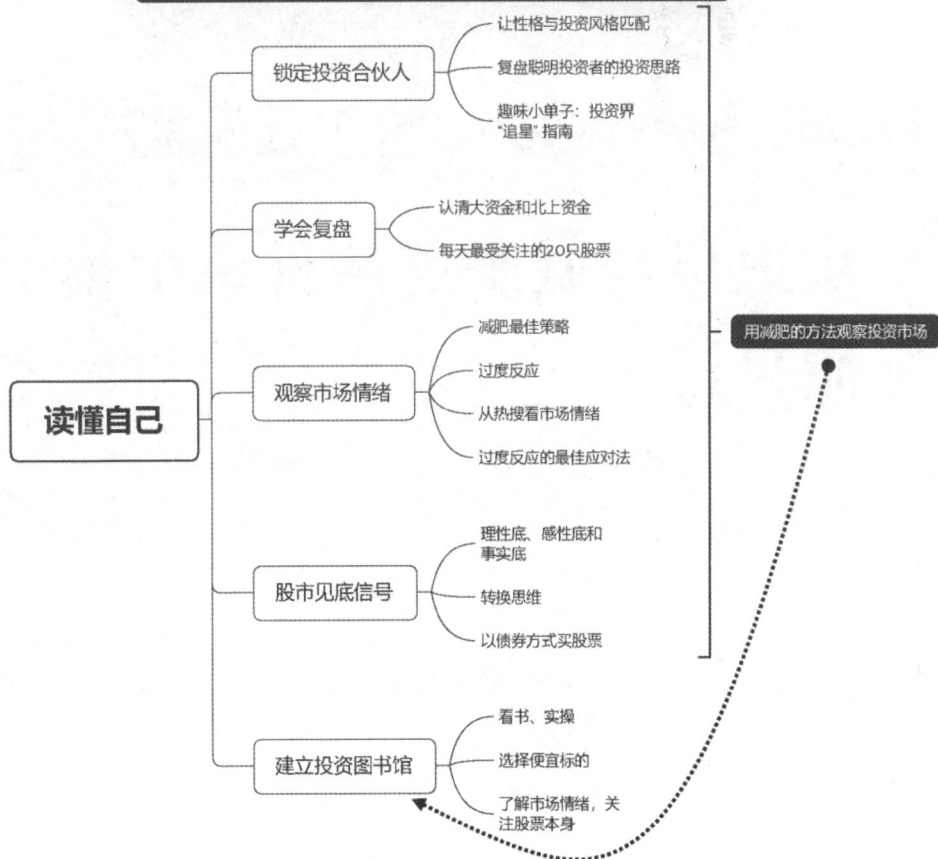

读懂自己

- 锁定投资合伙人
  - 让性格与投资风格匹配
  - 复盘聪明投资者的投资思路
  - 趣味小单子：投资界"追星"指南
- 学会复盘
  - 认清大资金和北上资金
  - 每天最受关注的20只股票
- 观察市场情绪
  - 减肥最佳策略
  - 过度反应
  - 从热搜看市场情绪
  - 过度反应的最佳应对法
- 股市见底信号
  - 理性底、感性底和事实底
  - 转换思维
  - 以债券方式买股票
- 建立投资图书馆
  - 看书、实操
  - 选择便宜标的
  - 了解市场情绪，关注股票本身

用减肥的方法观察投资市场

8.1　复盘大师的投资方法

两个人看同一本书会有不同的感悟、同一个班的学生收获却完全不同、同样的机会有人视而不见有人马上行动。虽然同处一个世界，但每个人看到的却不尽相同，好像每个人都戴着一副滤镜在看世界。

这就是为什么人要先了解自己，再读懂市场，才能在投资中进退自如。

Part 1　性格与投资风格要同步

世界头号投资大师巴菲特，小时候性格内向而敏感，因此做事谨慎。巴菲特却认为这是自己最大的性格优点——耐心，这让他"买下自己看得懂的公司"，然后等待。如在 2002 年买入中石油的股票，2007 年抛售，5 年时间的年化收益率约为 50%。

乔治·索罗斯师承哲学宗师波普尔和哈耶克，"一再用刁钻角度追问为什么"的传统在索罗斯身上体现为**善于敏锐地发现逻辑中的主要矛盾**。这让他 1997年在东南亚的资产盛宴中看到了漏洞，确认信号（泰国央行宣布国内数家房贷公司资产质量不高以及流动性不足）后就立刻做空泰铢，收获颇丰。

两个性情截然不同的大师，匹配不同的投资风格。你想过自己是什么样的人，和什么样的投资风格最匹配吗？

如果巴菲特的价值投资带来丰厚回报的故事给过你力量，但这种节奏让你不适应，那么另找一个榜样学习即可。

申银万国前首席策略分析师凌鹏在其"A 股复盘笔记｜大师课"的线上课程中说：

"一个好的投资体系，一定首先跟这个投资者的性格，包括他的整个价值观是相符的，如果非要去做一些跟你性格相违背的东西，是很难长期执行下去的。投资最后是知行合一的，所以首先要从本质上了解自己的性格，或者说这个投资体系它需要什么性格的人，而你是不是这样的人。"

Part 2　拿出追星的劲头，完整复盘大师的投资

前面说过，大师都在自己所处的独特时代里熠熠生辉。那么他们的方法论是否适合现在？通过香盘学习他们的思维模式才是更重要的，具体的操作倒在其次。

- 他们所处的时间点，以及当时全球经济的格局。
- 他们所交易的品种，在那个时候的规则、特性与当时市场上的看法。
- 他们在那个时间点做出的判断，以及为此判断做了什么样的考虑。
- 他们做了什么样的操作，风险如何把控。
- 他们什么时候离场，为什么？是设置的止损止盈，还是市场的变化让他们做出这样的选择。

涉及一次完整投资路径的这五点，你从他们写的投资书中很难一次获得足够的信息。很多时候，**只有像追星一样**，将从各处搜集的遗漏信息拼起来，才能比较完整地看出一个投资大师完整的思维模式。然后，自己设身处地想一想，如果是你自己，你会怎么做？

我曾经复盘国内某债券投资大牛的投资笔记，一边看行情图和查询当时各个机构研报发表的观点，一边看他的心路历程，**尽量"真实地还原现场"**，虽然累了点，但收获颇丰。

总之，应该学习偶像成功的方法，而不是片面地了解他们甚至曲解的投资行为，否则，消耗的人生成本是无法挽回的。

趣味小单子 12：一份投资界的"追星"指南（见表 8-1）

表 8-1　趣味小单子 12

	名　称	简　介	备　注
趣味听读单	《金融怪杰》	从一个金融专家的视角，对华尔街最成功的 17 位金融高手做的访谈实录，重点思考每一个高手在特定的市场时期失败的经历	
值得关注	SEC	追踪全球投资大师持仓的网站。美国 SEC 规定，管理资产超过 1 亿美元的投资基金需要每个季度过后的 45 天内发布持仓报告。在 SEC 上搜索公司名即可，比如巴菲特的就是 Berkshire Hathaway、达里奥的就是 Bridgewater Associates	持仓信息有延迟，不建议购买，而是去看"偶像"的持仓变化，结合其发布的观点，琢磨为什么会有变化

8.2 建一个自己的消息源，从参考开始

一个人特有的风格不是一朝一夕形成的，我们可以从模仿做起，除了通过盯准一个和你有点联系的大师，不断还原他的投资场景学习之外，还可以先找一个比你水平高的同学参考，这里说一下 A 股中"最快的消息渠道"。

Part 1   "国家队"与"北上资金"

很多股票投资者说要跟着大资金买股票，如"国家队"（市场上对中国证券金融股份有限公司、中证金融资产管理计划、中央汇金投资有限公司、全国社会保障基金的综合称呼，又简称为证金、证金资管、汇金和社保）资金、基金等。2019年，"国家队"资金存量约 1 万亿元。

目前外资进入 A 股有沪港通、深港通两个渠道。简单来说，就是绕道中国香港，通过这两个渠道进入 A 股。投资 2019 年，这两个渠道每天分别限额 520 亿元，又称为"北上资金"。

跟着"北上资金"选股很多人写过，这里从"最快的消息渠道"角度为你整理一条实操路径。怎么理解"最快的消息渠道"？

- "北上资金"的资金量没有广义上的"国家队"资金那么大，但这些资金持有者的平均水平比一般投资者高明，适合入门者参考。
- 与"国家队"资金的持仓信息严重延迟相比，"北上资金"的持仓每天盘后公布。

为什么很多人跟着"国家队"黄金的效果并不好呢？一个很重要的原因是消息延时，因为投资者只能通过一年两次的季报和半年报、年报才能知道"国家队"资金配置了什么股票，等你看到的时候它可能已经抛出。而在每天盘后你就能看到"北上资金"买了什么股票，其在及时性上超"国家队"奖金好几个月。

简单来说，A 股以后国内资金一块、境外资金一块，不同风格的资金要开始"混战"了。这个游戏怎么玩？跟着"北上资金"，每天观察一些蛛丝马迹。

Part 2   "北上资金"每天都在用钱买的 20 只股票

究竟每天北上资金在用钱买哪 20 只股票？——深交所和上交所的网站都会公布，也可以直接去港交所官网 "每日数据"里查看，这里可以看到四项数据：

沪股通、深股通、港股通（沪）、港股通（深）。前面两个，就是"北上资金"买A 股的数据（后面两个是买港股的数据）。

图 8-1 是沪股通在 2020 年 4 月 1 日成交的前十位股票，你可以看到很多熟悉的股票：中国平安、贵州茅台、招商银行等，再选择切换到"深股通"看一看，会看到五粮液、万科 A、格力电器等蓝筹股。

2020-04-01	
买入及卖出金额（RMB Mil）	25,479.05
买入成交额 (RMB mil)	12,945.86
卖出成交额 (RMB mil)	12,533.19
买入及卖出成交数目	1,450,516
买入成交数目	692,414
卖出成交数目	758,102
每日额度余额(RMB mil)	51,016.50
每日额度余额(%)	98

十大成交活跃股					
排名	股票代码	股票名称	买入金额 (RMB)	卖出金额 (RMB)	买入及卖出金额（RMB Mil）
1	600519	贵州茅台	638,969,648	565,992,287	1,204,961,935
2	601318	中国平安	386,081,264	660,306,649	1,046,387,913
3	603288	海天味业	629,089,800	212,603,248	841,693,048
4	600276	恒瑞医药	323,399,070	314,759,308	638,158,378
5	600031	三一重工	269,901,564	196,990,850	466,892,414
6	600036	招商银行	194,064,518	208,814,403	402,878,921
7	601166	兴业银行	239,276,608	125,038,933	364,315,541
8	601012	隆基股份	189,177,862	166,777,755	355,955,617
9	600887	伊利股份	151,387,755	198,416,416	349,804,171
10	600585	海螺水泥	145,808,641	168,954,238	314,762,879

图 8-1　沪股通 2020 年 4 月 1 日数据

Part 3　用什么姿势参考

现在教你怎么参考。

如果你是选股新手，想走中长期的价值投资路线，最简单的办法就是在这 20 只股票里挑选。

- 纯直觉：如果你心情好会喝贵州茅台酒、买中国平安的保险、工资由工商银行代发、家里用的是格力空调，那么就从这 20 只里挑出这 4 只买入，然后待涨与分红即可，算是"投资就在生活里"的具体体现。

- 直觉+一点验证：直觉加上一些指标和你对行业的判断，继续筛选即可。

这是一个简单思路，用这个方式减轻选股负担，如果在实践中觉得合适，可以一直走下去。

8.3　从减肥中看见投资的心智模式

大部分人都希望自己身体健康、延缓衰老，于是，越来越多的人开始健身。

因为看了很多健身书籍，并参加了不少培训课程，这让我对健身有了新的认知。同时发现，它与投资一样，健身是一个和自己身体对话，并不断做出调整的过程。什么都在变，但人性的特质没变，投资如此，减肥也如此。

Part 1　减肥的最佳策略

健身圈里，关于减肥也充斥着各种各样的最佳策略——有人说 HIIT（高强度心肺间歇运动）有效，也有人说慢跑、进行力量训练和断碳水有效等，不一而足。

如果把投资的那一套方法代入减肥策略分析就会发现：首先，每一个理论都有片面性；其次，这样的理论或实验结果只是一个可以尝试的方法，最多是选择之一；最后，每个人都需要先尝试，才知道是否适合自己。

如果你轻信一种最终被证明无效的减肥方法，那么在投资上，你也大概率会跟风——一个人的思考模式，在各种事情的判断上基本相同。

脱离这种怪圈的办法很简单，就是不断问为什么，然后自己找答案。这里以"节食减肥特别快"结论为例会发现不一样的东西。

Part 2　节食减掉的肥——自己查出真相

如果你觉得节食减掉的是脂肪的重量，那么你肯定认为在食物摄入不足时，身体会燃烧脂肪获取能量。

但事实并非如此，且减肥速度没你想象中那么快，就像我们平时消费一样。

- 现金 = 身体里的糖。
- 银行存款 = 脂肪。

在收入不足的时候，我们肯定是先用现金与提现类现金的余额宝余额来应付。直到现金账户用无可用了，才会把压箱底的银行存款拿出来。

那么你节食，最先减掉的到底是什么？可以查资料看一看。

我的调研结果如下：**节食两天体重就下降，其实是肌肉脱水，脂肪并没减少，一旦正常饮食，体重会立即反弹。**

所以，在生活里，如果你听朋友说节食减肥效果好就立即执行，那么在投资的路上，一定要克服"跟别人的结论走"的习惯。你可以尝试多种方式，找最适合自己的。

投资和减肥一样，我们的身体、头脑，常常在阻挡我们达成目标，因为这两项都不是轻易能达成的。没有速成且不反弹的减肥，也没有让你赚了一笔还能长久赚钱的投资方法。

个人推崇的减肥，是慢慢改变生活习惯达到一个长期平衡的状态。投资也是，不局限在赚快钱的梦想里，而是用自己的好奇心带上更多的思辨力，在渐变中享受慢慢变富。

8.4 让你最爱的甜点讲故事：如何观察市场情绪

投资中的反人性操作大概有两层意义：

其一，了解自己，承认自己有"难以克服的人性弱点"并尽可能规避，所谓"扬长避短"。

其二，把自己从群体中"隔离"出来，知道其他人陷入集体性的疯狂而做出违背内心的错误决定时，利用它去赚钱。就像我们知道"在别人恐慌时贪婪，在别人贪婪时恐慌"一样，将其很好地用在实操中。

本节讲一讲市场情绪。

为什么反人性的投资方法能赚到钱？因为当面对恐慌时，绝大多数人还不具备快速切换为更科学的"贪婪"本能，那些始终对自己和周边保持理性观察的人除外。

慢慢训练这种能力，先突破不自知到"我恐慌，但我知道自己可能陷在了一个不理性的恐慌里"；然后再进行下一步。

Part 1　市场的过度反应

如果你在减肥期，那么肯定会有人对你说不要吃高 GI（Galvanized Iron，血糖生成的指数）的食物。

比如甜食是高 GI 食物，由于消化快、吸收率高，吃下去后会使你身体里的血糖含量迅速升高，当超过人体本身所需的能量时，就会转变为脂肪堆积在体内。这时胰岛素分泌增加，大脑发出信号："我又饿了。"

而低 GI 的食物，吸收率低，在身体里要消化分解一会儿才慢慢变成糖，身体内血糖上升相对缓慢，不会引起胰岛素过度反应，也不会让人感到饥饿，如图 8-2 所示。

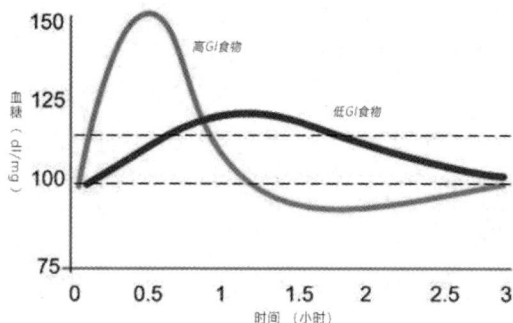

图 8-2　像奶茶、可乐之类饮品，除摄入更多糖以外，这种"简单的结构糖"饮料会让你在短时间里血糖"过度"升高、引发胰岛素降糖反应。所以，尽量维持身体内糖平稳，是减肥的必修课

Part 2　情绪与股价的过度反应

投资和减肥一样，投资者可以把图 8-2 看成一张股价走势图，市场情绪的过度反应在股价上有非常充分的表现，如图 8-3 所示。

市场上因为有太多人同时参与，所以对一件事或新闻可能出现反应过度的情况，映射到资产上即为较为快速的涨跌。

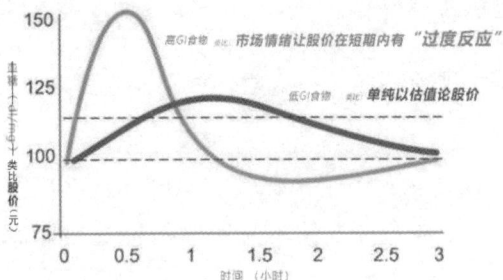

图 8-3　总有人说估值没用，短期看确实如此。总体来说，中长期以估值为标尺，短期更重视市场情绪

知识小卡片：金融圈的正反馈

> 　　正反馈是信号学中的专业名词，经索罗斯的投资圈发扬光大，即投资者们的投资偏见在群体互动中会不断自我强化，以至产生"蝴蝶效应"，推动市场朝着单一方向发展，然后最终又必然反转（图 8-3 表现为一大群人共同强化好的预期，让股价快速上涨，一旦兑现，发现事实不及预期，就必然反转）。正反馈过程是自我强化的，它不可能永远持续下去，因为参与者的观点与客观事实相差越来越远，最终参与者也不得不承认它是无法实现的。

　　每个投资者对自己的投资都有一个预期。以股票为例，投资者在买的时候觉得这家公司业绩太好了，可以实现股价翻一番的目标，于是股价一路被炒上去，但过了一个月财报出来了，发现业绩实际提升 30%——虽然也非常棒，但"不及预期"让它的股价下跌。**金融市场永远不会保持风平浪静，涨会涨得过高，跌也会跌得疯狂。**

8.5　投资里的市场情绪，从热搜说起

　　是不是依然不明白市场情绪是什么，下面再用微博热搜来类比说明。

Part 1　对于大多数人的情绪，你跟随还是跳出来看看

　　假如微博热搜的排名就是你的投资标的。在 2018 年 11 月 28 日，某高人气团队成员生日，你买下一手"×××（团队某成员）获得热搜第一"的标的待涨。

你的投资逻辑是：按照另一个成员 18 岁生日的盛况，这笔投资肯定大赚。

但你没想到的是，同一天曝出某歌唱组合成员发唱片、某明星大婚等消息，热搜第一花落旁人，这是突发事件让市场情绪瞬间转换关注标的的案例。

再比如明星因为行为不当"扑街"的案例，作为情绪的感知者会反向思考衡量这个明星未来的"市场价值"：

（1）在"白某某"价值筑底的时候，大家的反应是不是过度了？

（2）在"错怪白某某"的声音第一次发出时，去判断后续会有更多具有同感的人吗？

市场情绪被很多突发事件、关联信息搅动，对于以上涉及的事件，谁都不知道其在未来的走势，但在一个情绪场里，总有过度反应或反应不及时的状况出现。对世界的理解，被每天市场的波动左右，最后落在哪个方向，就靠个人的感知——就像处在一个特别拥挤的房子里面，更多地以一个旁观者的姿态，先不断地观察周边的事物，来判断人流的涌动，再确定自己要站的位置。

利弗莫尔曾说，股价只往阻力最小的方向运行。这句话看似简单，但内涵深刻，能推演出很多东西。

Part 2　摆脱情绪带来的仓促感

"如果你想有一个未来，那么一定是和其他人一起的未来"（托克维尔）。在投资的世界里，市场上的其他人对未来的预期和你的投资息息相关。

选一家还没有被市场大部分人关注的好公司（即股价低于估值）、**等待业绩爆发**（即估值被兑现），以及由此带来更多人赋予"高预期"的市场情绪（再加上一些过度反应），这是很多价值投资者的求胜路径。

而作为入门者，第一步先做到：当你恐慌时，你知道大部分人和你类似；当你贪婪时，也知道大部分人和你类似。你可以尝试收敛恐慌和贪婪的程度，要想做到这些，应该注意以下几点：

- 用自己的独立思考，预判股价在未来可能达到的"平衡趋势"。
- 同时看到市场情绪的作用，以及短期时间里把股价推往哪个方向。

相当于守住自己的情绪，等待对手情绪失控。

Part 3 做刻意的恐慌练习

下面我说一些平时会**刻意做的恐慌练习，当作投资的小甜点**，仅供参考。

2012 年，市场上爆发某白酒塑化剂超标事件，白酒股瞬间全面下跌，整个板块市值当时跌掉近千亿元，而我当时在尾盘买了一些白酒股。

以上就是一次恐慌练习，我当时认为市场可能反应过度了。

这可能算是逆向投资，《投资中最简单的事》这本书中对这种做法有比较具体的阐释："在沸沸扬扬的突发事件发生后的一两个月内，股市往往会有过度反应，此时买入比较容易有超额收益。"

负面影响一般持续 3 个月左右，非常值得注意的是那些没有卷入事件漩涡的行业龙头，股价虽然在事件中被拖累，但之后其市场份额会进一步扩大。这样的案例还有 "9·11" 事件后买入航空股。食品安全是这一信条最大的支撑，如在疯牛病肆虐时买入麦当劳股票，数年后有 5 倍的收益（因为事件过后该吃麦当劳的人依然会吃）。

那么，怎么在一个负面突发事件中找到相对靠谱的标的呢？可以考虑这样几点。

- "肇事者"有无替代品。
- 选择的标的是负主要责任还是被动"中枪"，如果是后者，则可以关注。
- 负面问题是否容易解决。
- 股价下跌是否会让股票或者行业的基本面继续恶化，如可口可乐股价无论如何下跌其产品都还能正常销售，而有些公司（如国外的一些银行）股价暴跌的话可能会引发挤兑，造成股价进一步下跌。

用以上方法定位市场对坏消息过度反应中的那些错杀股。

同样，在 2018 年的失效疫苗事件中，负面中心点的那只股票自然不能去碰，我当时的选择思路大概有两点：疫苗股中，那些销售成本很低的；其他医药股被拖累下跌，估值低于自己心理价位的。

因为只想获得瞬间超跌带来的收益空间，所以，我在选择项中列出天坛生物（在生物制品类中经营比较稳健）、华兰生物（血液制品，疫苗占比较小）和花园生物（生产维生素），关注的还有奇正藏药、华润双鹤、恒瑞医药和贝瑞基因等股票。

最后买了两只验证自己的思考，当时想法是上涨 3% 就卖掉，后来的结果还是不错的，如图 8-4 所示。

当然，**这样的练习有风险，主要目的是锻炼自己对市场情绪的把握**，所以，用尽量少的资金去验证，且有一个完整的筛选逻辑，这样才能达到有效锻炼的目的。

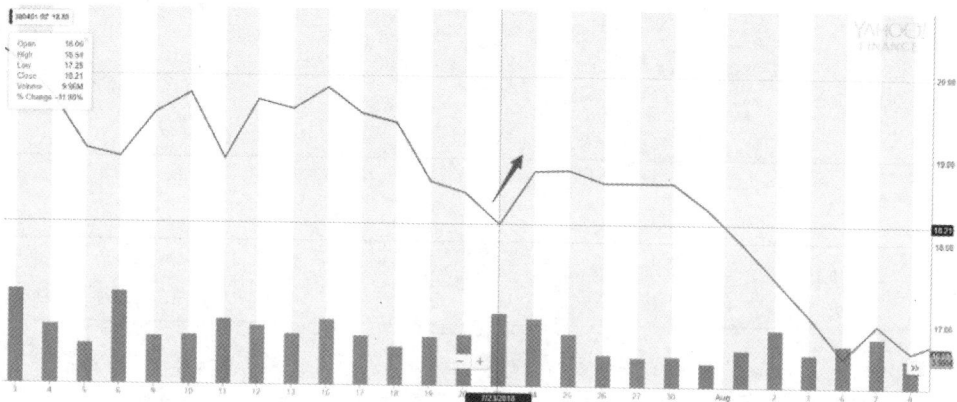

图 8-4　以花园生物为例，第二天股价涨了 3%+，但如果对于反弹的期待太多没有及时抛出，则可能遭遇滑铁卢

Part 4　辅助观察情绪的工具

观察市场情绪，每个人都有自己的方法，但还是提醒一句，所有的辅助方法和工具都可能失效。如曾经的微博热搜，随着热搜可人为影响，导致展现出来的已经偏离原始结果。再如之前用百度热搜作为观察的辅助工具，但随着人们搜索习惯的改变，现在微信指数（在微信中搜索"微信指数"小程序，见图 8-5）可能更有效。

用户也可以通过垂直网站观察，笔者之前用雪球网上的股票关注度作为判断股票热度的一个因子，随着网站流量的下降，笔者把这个权重降低，改为抓研报中出现的股票关键字。

图 8-5　微信指数，基于微信大数据，随时可以查看你所关心事物的热度变化，以图上随机举例来说，最近指甲油的关注度上升比较快，但口红关注度依然最高

所以，即使是非常好用的辅助工具，也需要经常更新。

趣味小单子 13：逆向投资的那些方法（见表 8-2）

表 8-2　趣味小单子 13

	名　称	简　介	备　注
趣味听读单	《投资中最简单的事》	阐明了"对于大多数人而言，只有价值投资才是真正可学、可用、可掌握的"这一观点，分享了易于普通投资者学习、操作的投资方法	价值投资小圣经，在国内讲 A 股的书中很难得
	《金融炼金术》	索罗斯的经典著作	慢慢细读，很有收获
	《直觉与冒险：金融市场起落的生理学之谜》	很有趣地将金融市场的疯狂与人体各项健康指标联系起来	体内化学反应所驱动的"市场判断"，可以尝试在自己身上体会一下
值得关注	微信指数	微信官方提供的基于微信大数据分析的移动端指数	作为观察市场情绪的辅助工具，与微博"微指数"和百度指数一起用

8.6 用所学知识梳理 A 股的 3 大底

既然在别人恐慌的时候贪婪，那为什么很多人抄底抄在了半山腰？在梳理过程中发现，**在投资中做判断，需要多维和多面的知识。**

市场上流传着各种底的传说，我以前也搞不明白，后来经多次研究后，我将其分成了三类。

Part 1 股市见底的三步

熊市末欺牛市初期，见底大致有三步，这里我将其分为三类。

- 理性底："聪明"的钱，理性思考者感知的底部区间。
- 感性底：市场充斥的过度反应情绪继续往下拉的底。
- 事实底：经济复苏+企业盈利的数据好转，就是事实上的底部，未来指数极大概率要上行。

你在各种报告和文章中看到的五花八门的"××底"都可以放入这一类。以 2018 年 11 月的时间点举例说明。

1. 理性底：大概代表这个市场 5%的人

$$理性底 = 政策底 + 估值底 + \cdots$$

这个公式中主要就是政策底和估值底，可以粗略理解为代表了政策和价值投资者对市场的估值。政策（见）底，就是说明货币政策和财政政策都放松了，比如放松民营企融资，企业可以续贷。估值底，就是用 PE（市盈率）和 PB（市净率）指标，把整个市场加权平均，看在历史上处于什么样的位置。

以上两个观察方法之前都提过，大家可以实践"找底"的过程。

2. 感性底：小白们依然毫无信心

$$感性底 = 情绪底 + 市场底 + \cdots$$

情绪底可以用直觉来感知：一家企业的财报出来，因为低于预期，造成了一波大跌，过度反应非常明显。再比如高层喊话并没有提振市场造成持续效应，而是涨一天就跌，甚至没任何反应。

市场底就是看股价位置，是不是处于历史低位，就像在 2018 年 10 月底很多人喊"要跌到 2000 点"。我没有简单用点位去看，而主要看指数的 PB 在历史上的中位数。因为从历史角度看一个不断发展的国家的主要指数，其点位曲线肯定是慢慢上移。

2018 年 11 月初时上证指数 PB 中位数为 1.8，这个水平大概是 2008 年情绪最差的一个月的水平，之后就再没有低于过这个数字，而过去十几年的均值在 3.5 左右。

---

3. 事实底：看企业日子究竟好不好过

事实底 = 宏观底 + 经济底 + 盈利底 …

在我看来后面这三个所谓的底，描述的就是实证理性投资者和感性投资者的预期。

从宏观来看，是 GDP 这样的一系列经济数据好转；从微观来说，是企业财报数据的好转。

对这个底的判断，有个不好的地方，就是数据都是滞后的，即很可能出现数据还没出来，但行情已经转牛的情况。

Part 2　你在哪个底进去

你在哪个底进去涉及你对自己的了解。

从风险角度来说，理性底是风险最高的；从收益率角度来说，感性底最高；从稳妥角度来说，可能是选择事实底进入更合适。

就我个人的投资学习来说，第一步是先学着在事实底进入，但不是前面两个底部就不关注了，每一次我都先完整判断一遍。直到自己有把握、资金也足够多了，才开始从更前面的理性底切入，慢慢加仓，确保到感性底时依然有非常充足的弹药。

很多人想一步到位，但往往容易跌倒。

- 如果从小白开始，判断是不是要抄底时，建议反复琢磨感性底和事实底，用各种数据和事实去交叉验证。
- 短期炒股、选股能力不强或说对自己判断不那么自信的，不建议赌博式抄底，如了解理性底、感情底两个底部，可以定投指数基金。

8.7　面对亏损：自救的两个小招数

对于初跨入投资大门的投资者来说，**亏损是绕不过去的**。如何面对它，是你能否在这条路上长期走下去的关键。

很多知名投资人都会告诉我们：要学会管理自己的心智、投资最后是品格的较量等内容。因为这种成熟的心智模式，是他们成功中非常重要的因素。

Part 1　转换思维，从定投开始

下面说我自己的方法，给大家参考。

在 2018 年 7 月份，我发朋友圈说开始买 A 股股票，我妹妹评论："跌那么狠，我不敢买。"可以看出，她心中没有一只研究透彻的股票。但如果换成一件心仪的裙子，那么只怕是刚开始打折她就忍不住付钱了。

我为什么能在市场还在下跌的期间买？首先，我慢慢买，仓位较轻；然后，我和一些股票已经长期"接触"有了感情，思维和我妹妹完全不一样了。

和前面所说，我爱上了这几只股票，在它们身价暴跌时，买它们权当是帮助它们，等外面的世界再次向它们招手时，再放它们离开。而它们呢，几乎每次都给我留下一块小金子当作"困难时带来安慰"的回报。

就像找结婚对象一样，建立研究方法和评估维度，要让过程正确和结果正确达成一致，就必须经历一段很长的时间。一个正确的过程和方法，能够以较大概率保证我们在 5～10 年里取得不错的结果，但在 6 个月甚至一两年的时间范围内，就不一定有好的收成，而在这个阶段我就安抚自己去阶段性忘记成本，眼里只有这只股票（当然，刚起步时用少量资金购买，使得风险可控）。

成本是绝大部分投资者心中很难过去的一道线，但个人的购买成本和这只股票未来的走势完全没有关系。所以，忘掉成本，是投资者面对短期亏损需要战胜的第一件事。

巴菲特在 1977 年的时候说：

"股票不过是穿着股票外衣来参加华尔街化装舞会的，它其实就是长期收益率为 12%的债券。"

对巴菲特来说，长期来看，股票就是债券，且是相对安全的债券。

Part 2　把股票看成债券

从 1990 年到 2018 年年底，上证综指（也称上证指数）的年化收益率为 14.28%，之所以市场里大多数人都不赚钱，就是因为波动太大，投资者买卖较为频繁。只有把时间轴拉长，才能看清真相，如图 8-6 所示。

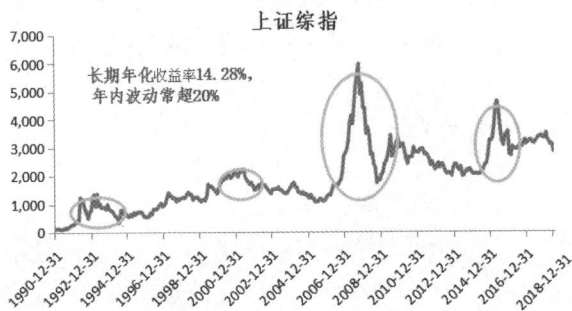

图 8-6　上证综指走势与年化收益率，让自己慢下来，去真正理解自己在投资什么

面对有太多不确定性的投资，尝试寻找一个让自己能长期坚持且犯错概率小的方法，然后不断优化它。大部分人企图每一年都找到最好的方法，而不是在一种方法里坚持和优化。

8.8　和自己好好说话 06：建起自己的"投资图书馆"

我大概上了一年的力量训练课之后才意识到，一个综合动作的完成，身体所有肌肉的协作是多么玄妙和复杂，而每个人，在这样的执行链条中，都有各自完全不同的受限点，如膝盖内扣严重、肘关节不灵活等，这样的阻力点让我们不能完美地做出一个标准的动作。

一个真正负责的私人教练，在进行深蹲、硬拉等各种基础动作模式教学前，都会检测你身体 9 大关节灵活性与稳定性，这是确认每个人身体不同受限点的过程，并找出相应的解决方案。

这些看似和投资毫无关系的事情其实会让你体会到，几乎所有的事情都有自我感知却难以言表的"通理"在里面。学到一种方法，用自己的方式整合，在规则中查漏补缺，到最后从你的头脑和身体中迸发出新能量去突破规则。

首先，投资无处不在。任何有益的原理均可改进使用，投资的基本原理可以被应用到商业、教育、健康或其他领域中，反之亦然。

经济学是什么？也许可以举几个生活场景帮你理解，经济学研究一朵在埃及盛开的棉花如何周游世界，最后变成你在床上抚摸赞叹其细腻纹理的床单；而新疆一片红火的辣椒园又经历了什么，最后才能用"斩男色"染红了你的唇等。这是整个世界的"库存"在金钱推动下经过一条奇妙的利润链，再经过变形、合体，分拆为各种姿态、形状、颜色被人的需求消耗的过程，其中就储存着你自己的完整日常生活。

其次，可以突破规则做投资。陈丹青在《局部》节目的第二季《规范与偏离》中就从绘画的角度，探讨了从规则中偏离带来的灵感与乐趣。而本书的很多内容，也期望能在投资中带给你这样的启发。

以上，也是我在这本书中尽量阐述的一些基础、规则，同时希望你通过思考找到自己的受限点，去建立起自己的"投资图书馆"。

"投资图书馆"是什么？比如，我看一本书、一篇论文、一份研报，或听一个音频，都会记下一些投资方法和简单判断原则，就像桥水基金创始人瑞·达利奥，用 40 年左右的时间整理出来近 300 条投资原则。如果这本书也能帮你初步建立几条，那么建议你从这几条出发，在不断学习中找到更多适合你的原则。

下面总结一下：

- 读书、看新闻，然后实操，通过这种方式慢慢丰满自己的"投资图书馆"。
- 基于"投资图书馆"里储存的方法和原则，在不同市场环境下，匹配足够便宜的投资标的并落地实践。
- 通过了解自己了解市场情绪。
- 让自己忘掉成本，更多地关注标的本身，并坚持下去。
- 如要某次投资失败，那么再把你的"投资图书馆"梳理一遍，找出漏洞，填补并更新它。

一个相对成熟的投资者，每一次被市场否定都是在完善自己的思维框架；而不成熟的投资人，则在抱怨市场。

当前，很多女孩子都有一个完美的 IPO 梦想，这个梦里，需要我们擅长装扮，会讲故事，然后实现财富自由。但对于我而言，其实当"老干妈"和"华为"也是一种选择，有自身的竞争力和判断力，IPO 与否就随缘吧！